电视节目休闲功能研究

李 弋 / 著

西南大学出版社
SWUP 国家一级出版社 全国百佳图书出版单位

图书在版编目(CIP)数据

电视节目休闲功能研究 / 李弋著. -- 重庆 : 西南大学出版社, 2021.12
ISBN 978-7-5697-0447-1

Ⅰ. ①电… Ⅱ. ①李… Ⅲ. ①电视节目 – 休闲娱乐 – 功能 – 研究 Ⅳ. ①G222.3

中国版本图书馆CIP数据核字(2020)第184741号

电视节目休闲功能研究

李弋 著

责任编辑: 谭 玺
责任校对: 李晓瑞
装帧设计: 闰江文化
照　　排: 夏 洁
出版发行: 西南大学出版社(原西南师范大学出版社)
地　址:重庆市北碚区天生路2号
邮　编:400715
电　话:023-68868624
经　　销: 新华书店
印　　刷: 重庆五洲海斯特印务有限公司
幅面尺寸: 170mm × 240mm
印　　张: 16
字　　数: 287千字
版　　次: 2021年12月 第1版
印　　次: 2021年12月 第1次印刷
书　　号: ISBN 978-7-5697-0447-1

定　　价: 68.00元

绪论

改革开放给中国社会带来了前所未有的变化：收入的增加、城市化进程的加快、国际视野的本土落地、闲暇时间的增多，以及人们逐渐增长的对新的生活方式的期待等。21世纪以来，中国经济在20年完成了GDP翻两番，连续超越意、英、法、德、日成为全球经济规模第二大国。与经济发展和对外开放政策的实施同步进行的是人们休闲态度的改变。人们不再简单地认为休闲是“游手好闲”的同义词而加以排斥。相反，闲暇更多地被看作个人成长过程中必要的生活组成部分——不仅可以帮助构建个人的健康与地方文化，而且能够推动经济发展，带给人们更多快乐，使人们体味到生活的真正意义。于是，越来越多的中国人开始关注工作之外的生活，其中包括休闲。

自1995年开始实行五天工作日和长假日以来，中国民众一年中有三分之一的时间是在闲暇中度过的。进入21世纪以后，国民财富的增长和闲暇时间的变多，使休闲逐渐成为人们日常生活的重要组成部分，关注中国人的休闲生活，已是社会发展的必然要求。

21世纪前20年新媒体与传统媒体交战频繁，在2006年“都市化与传媒发展高峰论坛”上，清华大学新闻与传播学院教授熊澄宇认为，传媒的定位不仅是新闻平台，还应该向服务发展。尹鸿也表示，过去的传媒在传达认知信息的时候，经常被叫作新闻传媒。现在，“新闻的功能在减弱，服务的功能在增强”。2000年后，娱乐节目和电视剧在吸引中国受众方面显示出越来越大的魅力，湖南卫视“快乐中国”、江苏卫视“幸福中国”的电视文化定位，以及安徽卫视主打电视剧，海南卫视改版为旅游频道……都意味着休闲作为电视文化的一部分内涵和功能日益被重视的趋向。“时尚+娱乐”的定位逐渐成为各电视媒体信奉的成功模式。

今天，几乎每一位传媒人都在关注传媒如何在竞争激烈的传播市场上抢滩占位、拓展自己的生存和发展空间，在政策允许的范围内，休闲娱乐成为各家传媒竞争的重点并日趋白热化。电视媒介欲吸引更多的受众，在竞争中取得优势，必须关注和研究其休闲功能。

在休闲生活领域，电视占据着重要的比重。电视与人们的日常生活交织在一起，在我们的日常休闲活动中扮演着微妙、复杂而重要的角色。一方面，电视是人们的休闲工具，为观众带来各种各样的休闲满足：身心放松、心理逃避、享受时光、宣泄情感、愉悦身心、解闷、消遣、打发时间等；另一方面，电视作为一种大众传播媒介，休闲又是其传播的重要内容，休闲现象、休闲信息的报道构成了电视内容必不可少的部分，休闲舆论、休闲价值观又要靠包括电视在内的媒介去引导，休闲教育、休闲技能等也有电视发挥作用的巨大空间。因此，电视与休闲表现出复杂交织的关系。

在大多数情况下，人们打开电视机只是为了消遣和娱乐——看看电视剧、听听新闻、欣赏一下音乐电视，或者关注一下体育报道、瞄一下自己喜欢的综艺娱乐节目，或者浏览几十种电视节目中的任何一种。毋庸置疑，电视主要是娱乐的来源和休闲的工具。

2010年6月，中国致公党上海市委员会进行的一项调查结果显示，上海市民最喜欢的休闲方式是待在自己的家中看电视。2010年9月，《小康》杂志社中国全面小康研究中心联合清华大学媒介调查室在全国范围内展开了国民休闲方式调查，结果“十大公众休闲方式”的排名依次是：上网、看电视、看电影、阅读、观光游览、逛街购物、参加各种社交聚会、度假休闲、打游戏、球类运动。看电视位列第二。而在以往各年的调查中，电视一直位列所有公众休闲活动的榜首。事实也确实如此，自电视普及以来，对城市居民来说，看电视一直都是最普遍的休闲方式。即使到了2017年，人们人均每天接触电视的时长仍为138分钟，电视媒体的日到达率为67.36%。电视媒介通过休闲的方式，直接或间接地影响着人们的思想观念、价值取向、审美情趣、消费时尚乃至言谈举止。同时，随着休闲在现代人生活中地位的提高，它日益改变了并正在改变着电视媒介的内容和表现形式，休闲正在成为电视潜力巨大的发展空间。

看电视构成了人们休闲生活的基础，成为人们情有独钟的选择。针对这一现象，人们选择看电视的心理动机是什么？在看电视的过程中，他们获得了怎样的心理满足，从而循环往复地选择以看电视作为自己的休闲方式？这些都是本书关注的内容。

目录

| 第一章 |

休闲与电视休闲

随着社会经济的发展，人们的物质生活和精神生活大为丰富，闲暇时间不断增加，生活中休闲比重日益增大。1999年第12期美国《未来学家》撰文指出，10~15年后，部分发达国家将进入“休闲时代”，发展中国家将紧随其后；专门提供休闲服务的产业在2015年将会主导劳务市场，休闲相关产业在美国GDP中将占据半壁江山。几乎同时，未来学家格雷厄姆·莫利托在《经济学人》(1999年12月)上发表文章指出，人类在2015年将迈过信息时代踏入休闲时代。[①]事实上，2021年的今天，我们既处于信息时代，也处于休闲时代。

经过改革开放40年的发展，中国经济社会建设取得了举世瞩目的成就，已经超越日本成为世界第二大经济体，人民生活水平不断提高，闲暇时间逐步增加，休闲方式日益多样化。人们的偏好从对物质的关心转向人文价值和更好的生活质量。在可自由支配的时间内从事自己喜欢的各类有益活动，已经成为现代人的一种基本生活样态。因此，我们有理由相信，休闲将成为人们不可缺少的现实生活。

① 刘德谦、高舜礼、宋瑞：《2010年中国休闲发展报告》，社会科学文献出版社，2010，第1页。

第一节 休闲及相关概念

从“为了生存而劳作”的清苦状态中摆脱出来，随心所欲、自由自在地生活，是人类最古老的梦想。因此，休闲不是一个时代话题，而是有人类以来即有的情怀。它在人类社会发展的不同历史阶段都有着不同的追求。

一、休闲概念的学理分析

美国休闲研究专家约翰·凯利指出，“休闲是一个复杂的现象，是一些现象的组合。任何单一的范式、模式、途径、理论和研究方法都不可能尽述其详”[①]。我国著名休闲研究学者马惠娣女士同样认为：“休闲如同其他任何社会活动一样——是在具体环境中构造出来的，具有多层次性和多样性，存在许多或然因素，因而不存在一个对所有人都适应的休闲概念。”[②]美国休闲研究学者杰弗瑞·戈比认为，休闲的定义必须因地制宜，必须以本国的文化为基础。

“在我国，休闲的词源含义可追溯到先秦时期，现代汉语中的‘休闲’在当时是两个词：即‘休’和‘闲’。”[③]“休”，《说文解字》训为“休息止也，从人依木”[④]。《辞海》解释为：“休息；休养；休假。”[⑤]“闲”，《说文解字》训为“闲，阑也，从门中有木”[⑥]，《辞海》中将“闲”解释为“木栏之类的遮拦物，引申为范围。多指道德、法度”，也有将“闲”作“无事；空闲”之解。[⑦]在先秦汉语中，“休”和“闲”开始联系起来使用，有了“休闲”一词，指“人于‘休’中守‘闲’，遵章守矩，净化心灵”[⑧]。

在西方文化中，休闲的起源与宗教有关。中文“休闲”对应的英语词语是“Leisure”。现代英语中，“Leisure”既可解释为“休闲”，又可解释为“闲暇”。在

---

① 约翰·凯利：《走向自由——休闲社会学新论》，赵冉译，云南人民出版社，2000，第6页。

② 马惠娣：《休闲问题的理论探究》，《清华大学学报》（哲学社会科学版）2001年第6期，第71—75页。

③ 张永红：《马克思的休闲观及其当代价值》，湖南人民出版社，2010，第18页。

④ 许慎：《说文解字》，上海古籍出版社，1981，第270页。

⑤《辞海》，上海辞书出版社，1999，第609页。

⑥ 许慎：《说文解字》，上海古籍出版社，1981，第589页。

⑦《辞海》，上海辞书出版社，1999，第2458页。

⑧ 张永红：《马克思的休闲观及其当代价值》，湖南人民出版社，2010，第20页。

古希腊，休闲不是单纯的休息、娱乐，更不是无所事事，而是人们对善与幸福的一种追求。①

(一)现代社会中的休闲概念

在现代社会，“休闲”可以从不同的角度获得定义。从时间的角度看，休闲是指拥有相对自由的、可以做想要做的事的时间，或者是“在生存问题解决以后剩下来的时间”，甚至可以简单地概括为“自由时间”。从社会学的角度考察休闲，休闲是一系列不同类型的活动。它是“一系列在尽到职业、家庭与社会职责之后，让自由意志得以尽情发挥的事情，它可以是休息，可以是自娱，可以是非功利性的增长知识、提高技能，也可以是对社团活动的主动参与”②。按照这种定义，许多体育运动便是典型的休闲活动，一般来说，人们在工作之余从事这种活动，并从中获得乐趣。当然，以体育运动为职业的人除外，他们进行体育运动的目的是挣钱。从生存方式的角度定义休闲，休闲是一种生存状态，亚里士多德认为，休闲是一种“不需要考虑生存问题的心无羁绊”的状态。在这种定义下，休闲常被用作形容词，表达人们从容、宁静、忘却时光流逝的状态。从心理学角度理解休闲，休闲被定义为一种心态，一种“心之自由感”，即心灵上的自由或驾驭自我的内在力量。“只要一种行为是自由的，无拘无束的，不受压抑的，那它就是休闲的。”

每种角度的“休闲”定义都有其独特之处，然而，休闲概念的某些方面可能无法适用于所有的人。比如，妇女的许多家务劳动是没有报酬的，但做家务时她肯定不是休闲状态。美国休闲学者杰弗瑞·戈比，辩证地考察了上述各种角度的休闲定义后，给出了一个相对全面的休闲定义：休闲是从文化环境和物质环境的外在压力中解脱出来的一种相对自由的生活，它使个体能够以自己所喜爱的、本能地感到有价值的方式，在内心之爱的驱动下行动，并为信仰提供一个基础。③他的这一定义得到了我国学界的广泛认可。

① 张永红：《马克思的休闲观及其当代价值》，湖南人民出版社，2010，第32页。

② 杰弗瑞·戈比：《你生命中的休闲》，康筝译，云南人民出版社，2000，第5页。

③ 杰弗瑞·戈比：《你生命中的休闲》，康筝译，云南人民出版社，2000，第14页。

(二)本文关于休闲含义的理解

纵观上述各种关于休闲的理解，尽管各有所长，但本文还是趋向于从时间、收入水平、兴趣爱好、人生观等角度去理解休闲。即，休闲是在摆脱了生存压力后的自由时间里，根据自己的趣味和经济条件选择从事的活动，目的是享受人生内涵的丰富性，它是一种人生追求。

首先，自由时间是休闲的前提。如果没有时间，休闲无法进行。而且在这个自由时间里须摆脱了生存压力。生存压力包含社会人的责任和义务，工作、学习、家务、生理需要等都属于生存压力。生存压力是长期存在的，但人们在享受休闲时可以暂时摆脱这份压力，或者人们在休闲时能兼顾压力，比如外出旅游时能顺便照顾小孩或老人，这也是可资利用的相对自由的时间。生存压力摆脱得越彻底，自由时间的“纯度”就越高，休闲的质量就更可能有保障。

其次，休闲需要一定的活动来体现，时间长短、收入水平、兴趣爱好、人生观等会影响休闲活动的选择。有的人喜欢在闲暇时间看电视，有的人喜欢在自由时间里外出旅游，还有人喜欢在自由时间里玩游戏、打麻将等，在时间允许的前提下，经济状况是影响人们选择的首要因素。中国人民大学休闲经济研究中心主任王琪延教授指出：“当一个国家的人均GDP达到1000美元时，就会产生休闲需求。”不同的休闲活动，需要支付的休闲成本差别很大，它是休闲活动选择的一个客观限制标准。因此，时间和经济状况是影响休闲活动的两个客观条件，不容易更改。

兴趣爱好和人生观则是休闲活动选择的两个主观条件，我们知道，休闲与心理体验密切相关，它有时是一种心理状态，一个对打麻将丝毫不感兴趣的人与一个热衷打麻将的人，如果让他们同时以打麻将为乐趣，二者获得的愉悦程度大相径庭。同样，休闲的目的是享受人生内涵的丰富，一个对人生没有多少追求的人，休闲活动的多样性对他也就没有多少意义。

二、休闲与娱乐的关系

娱乐的英文单词是“Recreation”，按照《韦氏(Webster)大辞典》的释义，“Recreation”是指在辛劳过后，使身体及精神得到恢复的行为。娱乐的概念大约产生于20世纪初，但对于娱乐的准确定义，国内外学者一直未能达成共识。

多数人的观点认为,"娱乐是人们在闲暇时间内从事能消除疲劳并在生理和心理都获得满足、愉悦的休闲行为,它是最主要的休闲活动,无论是个人还是集体参与,它都能使人感到轻松和愉快。习惯上,我们认为娱乐是工作的反义词。娱乐过后,一个人重新变得生机勃勃和充满活力。人必须工作,而后疲倦,于是去娱乐,使自己能重新投入工作。无论是从意义上还是从功能上看,娱乐都依赖于工作而存在。人们一般不认为娱乐是一件严肃的事情,它只不过是取乐(fun)和游戏(game)"[①]。

娱乐是人类在基本的生存和生产活动之外获取快乐的非功利性活动,它包括生理上获得快感,心理上得到愉悦,是人类为了再生产劳动而进行的休息、转换心情等活动。娱乐的目的是为了获得快乐。通常的娱乐包括:唱歌、跳舞、看戏、竞赛、听音乐、户外活动、读书、写作、演讲、社会活动、志愿活动等。

娱乐与休闲既有联系又有区别。二者的共同点是:"它们都是在自由时间内追求快乐的自发行为。"[②]

娱乐与休闲的区别主要表现在:休闲活动的含义宽泛,而娱乐活动则较为具体。休闲是综合性的、非组织性的个人行为,追求内在的满足;而娱乐则在活动的种类和范围上有限定性,而且大多具有一定的组织性,它强调社会利益。娱乐是广义的、合理化了的一种休闲的形式,是享受快乐的手段。休闲与娱乐的特征比较,如表1-1所示。

表1-1 休闲与娱乐的特征比较[③]

	价值取向	行为模式	资源情境	空间范畴	时间向度	活动内容
娱乐	满足个人、社会及心理需求	个人利用休闲时间自由从事的活动	社区或区域尺度	支持活动者产生愉悦的资源或空间	无义务的时间	获得满足与愉快体验的任何活动

① 陈来成:《休闲学》,中山大学出版社,2009,第75页。

② 孙海植、安永冕、曹明焕、李定实:《休闲学》,朴松爱、李仲广译,东北财经大学出版社,2005,第10页。

③ 李仲广、卢昌崇:《基础休闲学》,社会科学文献出版社,2004,第120页。

续表

	价值取向	行为模式	资源情境	空间范畴	时间向度	活动内容
休闲	在不受任何约束与支配下松弛身心	在自由时间内发生的行为	无特定空间范畴	任何合法及被允许的空间	在约束时间之外的时间	做自己喜欢的事

具体到电视休闲领域，电视娱乐节目的具体内容一般是不重复的，而电视休闲本身则可以重复。人们可以经常坐在电视机前休闲，而很少经常看同一娱乐节目娱乐。

三、休闲活动的类型及层次

（一）休闲活动的类型

亚里士多德认为，最主要的闲暇活动有两种：一种是符合理智德性的思辨活动，即沉思。亚里士多德特别推崇哲学家的沉思，认为它是符合人的德性的最好的部分，这是一种高于人而接近于神的活动，是对神的向往与追求，神就是理性本身，对这种理性神的追求是人的本性。另一种是符合道德德性的伦理实践活动，这是人作为政治动物的日常交往活动，这种活动本身培养人的德性并促进城邦正义的发展。①

在现代社会，休闲的实现手段包括游戏、体育、手工艺、舞蹈、音乐、户外活动、阅读、写作、谈话、观演，以及志愿服务等。几乎所有的人类活动只要是在休闲时光里做，都有可能成为休闲活动。也就是说，任何事情都可以在休闲时光里去做，并使我们感到愉快。一些人从事教书为生的职业，另一些人可能会在休闲时光里以教育他人为乐，比如志愿支教者。骑车是一些人上班必不可少的交通工具，另一些人却可能把骑车当成一项休闲运动。因此，休闲的核心是自由时间内的活动。这些活动因人而异，林林总总，千差万别。表1-2是《2010年中国休闲发展报告》列出的部分休闲活动类型。

① 张永红：《马克思的休闲观及其当代价值》，湖南人民出版社，2010，第34—35页。

表1-2 休闲活动类型(举例)

消遣旅游类休闲	长途旅游	如到异地参观自然风光、名胜古迹等
	市内或近郊旅游	如参观本市内博物馆、美术馆、名人故居、主题公园等,参与郊区农家乐等
文化娱乐类休闲	影视、网络等	如看电视、看电影,玩电脑游戏、欣赏音乐等
	阅读	如消遣阅读等
	娱乐	如观看表演,前往酒吧、歌厅等
体育健身类休闲	传统健身休闲	如逛公园、散步、跑步、游泳、球类运动、健身等
	高端健身休闲	如马术、高尔夫等
	特殊体育休闲	如热气球、滑翔伞、攀岩、漂流、沙漠穿越、野外生存、蹦极、潜水、冲浪等
怡情养性类休闲	养花草宠物	如饲养虫、鱼、鸟、兽及其他宠物等
	个人爱好	如琴棋书画、摄影、收藏、打牌、打麻将等
	休闲教育	如为了怡情养性而学习美术、声乐、插花等
社会交往类休闲	社会活动	如节庆活动、宗教活动、公益活动及各类聚会等
其他休闲	包含有休闲内容的活动,如休闲沐浴、休闲餐饮等	

由于受收入、兴趣爱好、人生观等主客观因素的影响,休闲活动的类型具有时代性,不同时代、不同社会形态里,休闲活动的种类和内容有所不同。哪些休闲方式更有价值,也因文化背景的不同而有巨大差异。在中国,以太极为代表的中国武术既作为健身也作为重要的休闲活动而被广泛开展。此外,每一个中国城市都有茶馆和广场,在这里品茶和闲坐都是中国经典的休闲文化。打麻将则是另一项本土化的中国休闲。现在,农家乐又成了中国家庭最流行的周末休闲去处。

鉴于休闲的全球性和国际性,一些休闲活动正在迅速全球化,志愿行为便是一个典型例子。作为一种严肃、随意或以项目为基础的休闲形式,志愿行为正从美国、澳大利亚、加拿大、英国、巴西传遍世界其他国家。咖啡馆是西方社会休闲的好去处,现在,它正在成为包括中国在内许多国家的城市休闲新时尚。

（二）休闲活动的层次

从事休闲活动时，随着个体参与程度和创造性的提高，人们通过休闲活动体验到的自我实现和自我发展的满足程度也会增加。从纵向上说，休闲活动的层级存在一定的递进关系。

1.从专业化程度看休闲活动的层次

1979年，社会学家H.布莱恩特发现，人们在从事一种休闲活动时，会经历几个程度不同的专业化阶段。在初始阶段，初学者对自己的行为没有多大的期望，有些人就满足于这个阶段。还有的人随着兴趣增加，决定做得更好，便会开始一个学习的过程，这便是第二阶段。在这一阶段，参与者开始不断地给自己提出挑战，并且，对成功的证明也开始变得重要起来。在专业化过程的第三阶段，参与者会成为某项活动某些方面的专家，对技术、装备、风度、美感，和与同行的交流，都有一定程度的追求。最后，在专业化过程的最高阶段，参与者的自我形象会同这项活动联系在一起，会爱上了这项活动本身。

这种将参与过程做阶段分析的理论适用于许多休闲活动，比如划船、钓鱼等活动。

尽管存在着不同的专业化阶段，但并不是每个坚持参与某项活动的人都会经历所有的阶段。比如，有的人为了滑雪，购置了越野滑雪装备，而且每年也会把它们拿出来在雪地上蹒跚一两次。但他仅停留在这一水平，而没有进入下一专业阶段的动力和想法了。而其他人可能会请专门的滑雪教练，进行专门的学习和训练，让自己在越野滑雪上的专业化程度更高。另外，并不是每个人在开始一项新的休闲活动时，都是从初学者开始的。因为某些休闲活动的技能可以互相转化。比如，一个打了几年羽毛球的人初学网球时，一开始就可能跨越初学者的行列，直接进入专业化阶段。

此外，进行休闲活动有“严肃型”和“社交型”两种出发点。“社交型”休闲者根本就不想在某项休闲活动上成为专家，他们甚至可以持续很多年参加一项活动也不想在技术上有所进步。因为对于“社交型”休闲者而言，同其他同伴一起度过美好的时光，要比所从事休闲活动知识的多寡和技能的高低重要得多。这时，从事休闲活动首先是为了加强同本俱乐部成员的关系。活动规则也不很严格。轻松的氛围和闲谈都是从事活动时必不可少的组成部分。但是，对于“严肃型”休闲者而言，技能或专业化程度是人们得以加入某个俱乐部的先决条件,而社交的功能是微不足道的。他们首先是把从事某项休闲活动当作一种需要不断提高自身水平的挑战。活动进行中,始终以专业化程度衡量自己。总之,对于某项特定的休闲活动,有些人持续了很长时间也没有开始其提高技术水平的专业化过程,而另一些却历经专业化的各种阶段,最终成为专家。

2.从道德水准的角度探讨休闲的层次

各种休闲活动的持续性和态度变化还可以从道德水准的角度进行考量。从事这一研究工作的是美国学者J.B.纳什。1953年,纳什提出了建立在道德水准基础上的"休闲等级模式图"(见表1-3)。在这个"休闲等级模式图"中,纳什把人们的休闲活动分为从低到高6个层次:反社会行为(不良行为);伤害自我(放纵);消磨时间、摆脱单调、寻求刺激、娱乐(解闷);投入情感地参与(欣赏者);积极地参与(追随者);创造性地参与(作曲家、画家、发明家、新模型的发明者)。

表1-3 从道德角度排列的休闲等级

级次	休闲分层	休闲内容	等级
4	创造性地参与	新模式的发明者 发明家 画家 作曲家	最高级
3	积极地参与	追随者	中级
2	投入感情地参与	欣赏者	
1	娱乐、寻求刺激、摆脱单调、消磨时间	解闷	
0	伤害自我	放纵	
负	反社会的行为(如犯罪)	不良行为	最低级

在纳什看来,创造性活动是最高级的休闲;而不良行为也是一种休闲,只是它位于最低的休闲层次。我们一般只把那些积极的休闲行为看作是休闲活动,而诸如赌博、吸毒、色情等对参与者和社会造成有害影响的活动则没有列入讨论范畴。除了反社会行为和伤害自我外,其余层次的休闲都属于积极的休闲行为。

纳什按照价值含量将休闲活动进行分类，引导人们积极参与高层次的休闲活动，为追求更高层面的休闲需求指明了方向。随着个人参与休闲活动的积极性、主动性和创造性程度的提高，休闲活动的层次也得到同步提升。休闲活动与个人发展程度密切相关，那些体现创造性价值的休闲活动居于所有休闲活动类型的最上端。可见，具有创造性价值的休闲活动在人们休闲生活中具有重要地位。

3.从精神层次对休闲分层

从精神层次来看休闲，休闲是通过参与而获得快乐或快感。这一休闲层次理论遵从1980年史密斯的划分原则。根据快乐产生过程中大脑皮层所起作用的部位不同，史密斯把休闲活动划分为感官娱乐休闲活动、情感皮层娱乐休闲活动和智力皮层娱乐休闲活动三个层次（表1–4）。

表1–4　休闲的精神层次

休闲等级	精神层次	休闲活动	休闲原理
低级	感官皮层	吃东西、孩子们的玩耍、摇滚乐、破坏公物、打猎、体育运动、雪上赛车、调情、冒险性行为……	所有这些活动都能给人带来肌肉运动所产生的由本体感受器（主管肌肉运动的神经系统）感受的快感。这样的活动有时还会包括对于冒险产生的心理快感。
中级	情感皮层	品酒、作画、拍电影……	这类活动是人们的感官和智力因素共同起作用的一种活动。在这类活动中，人们运用创造性的思维来进行某种能给人感官愉悦，或者将感官享受附在智力因素之上的活动。
高级	智力皮层	哲学家、神学家、语言学家、数学家、逻辑学家、某些历史学家、理论物理学家、神秘主义者，有时，还要算上政治家等进行的智力行为。	

(1)感官愉悦属于低层次的休闲,它包括吃东西、孩子们的玩耍、摇滚乐、破坏公物、打猎、体育运动、雪上赛车以及调情、冒险性行为等。这些活动能给人带来肌肉运动所产生的,由本体感受器(主管肌肉运动的神经系统)感受的快感。冒险产生的心理快感也属于感官娱乐休闲活动。

(2)情感皮层的休闲活动属于中级层次的休闲,包括品酒、作画、拍电影……这类活动是人们的感官和智力因素共同起作用的一种活动。人们运用创造性的思维来进行某种能给人感官愉悦的活动,或者将感官享受附在智力因素之上。

(3)智力皮层的休闲则指那些单纯基于智力行为而绝不涉及感官刺激的活动。在任何社会中,热爱这类活动的人都是整个社会中的精英分子。这些人包括哲学家、神学家、语言学家、数学家、逻辑学家、某些历史学家、理论物理学家、神秘主义者,有时,还要算上政治家。

史密斯对感官娱乐活动的评价最低,认为这类活动属于“亚人类”活动,而人类既然是所有动物中独一无二的,他们的娱乐方式也应该体现出这种独特性。这是史密斯认为的人类的休闲理想。

上述休闲的分层理论,是西方休闲学者对休闲学的贡献。[①]在中国,这种休闲层次理论仍然适用。儒家思想和道家思想是中国传统文化的关键组成部分,在这种文化语境中成长起来的中国社会的休闲具有一些典型特征:“许多中国人表现出对平静和沉思性活动(如看书、写诗、听音乐)的爱好而不喜欢较为剧烈的体育运动。而且,许多中国人喜欢在户外平静地度过时间,欣赏大自然,体验真正的休息和放松,领悟自己内心和客观世界的和谐。事实上,实现安宁的心境对许多中国人来说是休闲的关键,实现安宁的心境也是对生命意义的领悟。”[②]在休闲时间,人们通过融入大自然,或通过创造性艺术、武术、静坐、品茶、音乐或诗歌等获得一种休闲体验,这些体验可以带来无尽的幸福和欢乐,成为中国人休闲的最高追求境界。

① 杰弗瑞·戈比:《你生命中的休闲》,康筝译,云南人民出版社,2000,第102—105页。

② 埃德加·杰克逊编《休闲与生活质量》,刘慧梅、刘晓杰译,浙江大学出版社,2009,第39页。

四、休闲的发展价值

亚里士多德被认为是第一个对休闲进行系统研究的学者，被誉为西方的“休闲之父”。亚里士多德认为：“全部生活也可分为劳作的与闲暇的，或分为战争的与和平的，各种行为则可分为必需又实用的与高尚的两类……战争是为了和平，劳作是为了闲暇，必需又实用的事物以高尚的事物为目的。”[①]也就是说，劳动是必需而实用的生活，闲暇是必需而又高尚的生活，劳动是为了闲暇。亚里士多德还说，“人的本性谋求的不仅是能够胜任劳作，而且是能够安然享有闲暇。这里我们需要再次强调，闲暇是全部人生的唯一本原。假如两者都是必需的，那么闲暇也比劳作更可取，并是后者的目的”[②]。从这些论述中可以看出，在亚里士多德的观念中，闲暇处于无可替代的本原地位，闲暇是人生存的意义和追求的理想目标。

自从摆脱早期原始朴素赤贫的物质生活条件后，闲暇便成了人类的共同向往。现在，休闲不仅以各种形态影响着劳动、家庭生活、文化和整个社会，而且其功能也是多种多样的。

对于休闲的功能，顿克宾等人认为，休闲能给予个人心理的、情绪的安定，增进健康，有助于维持圆满的人际关系，提高了个人乃至整个社会的生活质量，能够解决社会化、再生产、社会整合等社会问题。最普遍的观点是1967年法国社会学家杜马哲迪尔提出的休息功能、转换心情功能和自我开发功能。[③]他认为，休闲可以让人们恢复日常生活和劳动中肉体的、精神的消耗；休闲可以使人通过从日常生活中的逃避来解放精神压力和倦怠；休闲把人从个人的日常生活中解放出来，使其参加广泛的社会活动，从而提供自我实现的契机。

（一）休闲提高生命质量

无可否认，休闲是衡量人们生活质量的一个要素或者一个促进因素。作为一种特殊的文化形态，休闲以渗透、融合、感染、凝聚、净化等多种形式影响人的生活方式和生命质量。它不仅帮助人们恢复体力，而且还有助于精神的

---

① 亚里士多德：《政治学》，颜一等译，中国人民大学出版社，2003，第256—257页。

② 亚里士多德：《政治学》，颜一等译，中国人民大学出版社，2003，第269页。

③ 孙海植、安永冕、曹明焕、李定实：《休闲学》，朴松爱、李仲广译，东北财经大学出版社，2005，第8页。

调整与升华，最后使人的广泛需要得到全面、完整、自由的发展。杜马哲迪尔指出，休闲能使人通过摆脱日常生活的单调和乏味，在超越现实的世界里自由地补偿自己命运的价值，这些价值包括自我尊重、挑战、自由、支配、成就和地位等。我国著名的休闲研究学者马惠娣指出，“休闲的一般意义是指两个方面：一是消除体力的疲劳；二是获得精神上的慰藉”[①]。在内心深处，每个人都渴望能通过某种方式，形成和发展某种兴趣爱好，从而让自己的生活变得更有意义、更加舒适和更富有价值。

1.休息

休闲可以使人们在日常生活或工作中的肉体、精神消耗得以恢复，即通过一段时间的休息，休闲可以从身体上和精神上消除劳动带来的紧张和疲劳。身体上，运动或游憩类休闲活动能促进血液循环、消除精神紧张，使身体均衡发展，保持具有协调性的体魄，减少机能退化性疾病。精神上，在闲暇时间里有目的地进行减压活动，能减少由精神因素导致的生理问题，如减少紧张和忧虑、放松精神、降低血液和尿液中激素含量、调节情绪等。为劳动再生产起催化、促进作用，从而让人体验到工作的自豪感和成就感，并进一步追求人生的乐趣。

2.转换心情

休闲正在成为人们生活中日益重要的一个部分。生活节奏的加快使人们的神经越绷越紧，休闲可以使人们从日常的、职业的压力或紧张状态中得到释放和舒展，从而维持正常的生活节奏。休闲活动可以锻炼现代人的意志和态度，积蓄新的活力和经验，还可以使他们产生对幸福和快乐的期望。

当面对负面生活事件时，通过放松性休闲可以实现康复和沉思，从而超越负面生活事件。

3.自我开发

休闲是身体的、精神的、情绪的自我表现，它对人类的活动和发展有着重要的作用。健康的休闲体验有助于满足人们最基本的欲望，去完成社会责任和丰富人生。通过休闲活动，现代社会的人们可以从刻板的、例行公事的工作中摆脱出来，选择自己喜欢的休闲方式，争取更好的自我解放、自我发展和自

① 马惠娣：《休闲：人类美丽的精神家园》，中国经济出版社，2004，第66页。

我实现，达到自我满足的目标。不同的个体对于休闲的理解是不同的，由于这种不同，休闲在某种程度上也表现为个体对自我的认识。

另外，休闲不仅仅是一种空闲时间，它也不仅仅代表着一种对日常生活的逃离，人靠休闲得到自我的完善，所以，休闲的价值体现在休闲行动中。它不仅具有培养自由心性的性质，而且能提高个性价值。

总之，“休闲能有效应对无论何时出现的发展挑战，这种应对挑战的能力对提高生活质量非常重要”[①]。通过休闲创造的意义能够在各种文化背景下促进人们的生活质量。

（二）休闲促进生产力的发展

劳动和休闲是人之为人的两种基本生活范式。劳动是休闲存在的前提和基础，“休闲在一定程度上确保劳动的意义与价值”[②]。休闲能让劳动者恢复体能、积蓄精神、提高技能、创造新的生活需要、产生新的产业和新的劳动领域。缺少休闲，劳动就变成了一种无奈与本能，人的劳动与机器的运转毫无区别。现代休闲是工业化的产物，生产力发展导致社会发展自发地产生了闲暇和休闲。如今，无论是按照现金流、收入、产出，还是按照创造的就业机会来衡量，休闲产业都是一个大产业。典型的休闲产业有旅游业、体育产业、娱乐业等。此外，休闲所具有的恢复身心健康的作用能从量和质两个方面提高劳动者的生产效率，并减少旷工现象。

（三）休闲促进社会进步

1.休闲是丰富自己和获得社会认同的一个机会

“休闲能产生个人、家庭、社会和多文化方面的一系列意义。”[③]参与体验能够培养自我决定的行为能力，并能进行自我确认，发展认同。“研究表明，休闲及其相关的活动和设施是一个国家和地区自豪感和满足感的重要来源。休闲资源和休闲机会也有助于维持社区的中心道德和正面形象。”[④]休闲支出对于一个国家或地区的经济发展和稳定有重要意义。休闲产业中的许多休闲文化

① 埃德加·杰克逊编《休闲与生活质量》，刘慧梅、刘晓杰译，浙江大学出版社，2009，第54页。

② 张永红：《马克思的休闲观及其当代价值》，湖南人民出版社，2010，第120页。

③ 埃德加·杰克逊编《休闲与生活质量》，刘慧梅、刘晓杰译，浙江大学出版社，2009，第54页。

④ 陈来成：《休闲学》，中山大学出版社，2009，第62页。

和休闲区域既可提高国民的文化和历史素养,也可增进人们对环境的了解。因此,从某种意义上来说,创造和保护休闲机会的行为是一股保护自然环境和文化、历史及传统遗址的关键驱动力量。不同的休闲活动和环境会导致人们形成不同的社会价值取向和行为规范。

近代工业社会以来,休闲除了给人们带来快乐以外,还具有象征性功能。休闲的象征性表现在物质象征性、活动象征性和精神象征性。物质象征性主要有享受型消费、品牌型消费和时尚型消费三个方面。活动象征性包括高雅性消费(如打高尔夫球)、奢侈性消费(如追求豪华场面和奢侈消费)和社会象征性(休闲活动成为人们衡量个人社会地位的识别标志)。休闲的精神象征性主要包括精神性消费(人们通过休闲活动获得精神上的最大满足)、偶像性消费(追星、为偶像而消费)等。①

在现代社会,休闲也可以培养人们的社会地位认同感。人们在社会群体中拥有何种地位、身份,遵守怎样的行为规范,取决于一定的休闲活动氛围和社会环境。人们在休闲活动中不同的身份认同感,是由经济条件的好坏导致的家庭在社会关系、社会生活中的不同地位所决定的,而不是由个人素质的差异所造成的。人们参与休闲活动的差异性已得到社会公认,家庭的社会经济条件赋予人们对休闲活动过程中相应的地位和身份的认同。

2.休闲是人类自由和快乐的源泉

马克思认为,自由时间、可支配的时间就是财富本身;从整个社会来说,创造可自由支配的时间,就是创造产生科学和艺术的时间;一个国家真正富裕的标志是劳动时间的减少,闲暇时间的增多。亚里士多德认为,休闲与思考不可分割,人只有在休闲中才能成为完整、成熟的人,休闲耕耘了心灵、精神和个性;休闲与幸福紧密相连,人只有在休闲时才有幸福快乐可言;休闲是建立友谊的方式,休闲中的每个人需要可分享的想法与理想的伙伴。

休闲是为了获得纯粹的快乐而进行的活动,它具有娱乐功能。人们在参与休闲活动中可感受到生活的意义,人生的内容得到丰富,精神得到极大满足。在现代社会,通过休闲获得的满足和快乐能使人们从社会责任的压迫中解放出来,满足人们对内在价值的追求和情感的需要。

---

① 楼嘉军:《休闲新论》,立信会计出版社,2005,第188—198页。

总之，休闲确实能够对人及人类的许多方面都有改进或完善的益处，而且，休闲所带来的这种改进或完善和自身的进步结合在一起。休闲能带给人愉快，在许多休闲活动中，与他人共处并交往是快乐的一个重要来源。它还具有身份认同的功能，在现代社会中，一个人选择什么、发现什么是有价值的东西以及如何做出选择都属丁自我定义的中心问题。许多活动具备激发人们创造性参与的潜力。休闲还具备康复或是宣泄的功能，许多人通过休闲使自己从繁重的工作或其他强制性活动所带来的危害中缓解过来。休闲还能促进消费。自从希腊黄金时代以来，自由时间内的活动一直都体现出一种精神性的功能。若在使用自由时间的许多形式中都含有宗教性的成分，在自由时间内，人们从事庆典活动，展现自由意志，尊奉礼仪并寻找真正的生活，从而将人的各个方面的需求一体化；他们寻求个人幸福和自我实现的感觉。①

第二节　电视休闲的界定

从电视普及到2009年，看电视是人们闲暇时间里占有时间最长的休闲活动。电视构成了人们休闲生活的基础。2010年9月，《小康》杂志社中国全面小康研究中心联合清华大学媒介调查室在全国范围内开展国民休闲方式调查。10月，《小康》杂志社发布《2009—2010年度中国休闲小康指数》，发布的调查结果显示，中国人的十大公众休闲方式是：上网、看电视、电影、阅读、观光游览、逛街购物、参加各种社交聚会、度假休闲、打游戏、球类运动。

也就是说，从2010年开始，上网首次超过看电视，成为当代中国人最常采用的休闲方式，居“十大公众休闲方式”榜之首。2019年中国社科院对外发布《休闲绿皮书：2018—2019年中国休闲发展报告》。报告显示，从居民自由支配时间的配置情况来看，中国居民在看电视上投入的时间最多，平均达到了100分钟。在休闲娱乐上投入的时间次之，平均达到了65分钟。其余比较集中的休闲活动包括健康锻炼（平均31分钟）、社会交往（平均24分钟）、阅读书报期

① 托马斯·古德尔、杰弗瑞·戈比：《人类思想史中的休闲》，成素梅等译，云南人民出版社，2000，第251—259页。

刊(平均9分钟),以及听广播或音乐(平均6分钟)等。也就是说,看电视仍是国人第一大休闲娱乐活动。国人度假特点以家庭室内休闲为主时,电视正可发挥其影响力。

一、电视的休闲属性

所有媒介都具有满足人们休闲需求的社会功能,这种社会功能随着媒介的发展而逐渐凸显。电视媒介上除了新闻、广告外,基本为休闲娱乐节目;广播媒介除了提供新闻广播节目外,功能也基本为休闲;电影,尤其是大部分商业电影核心的功能就是娱乐;报纸上的内容除了新闻信息外,也大部分是满足读者休闲的需要,而不是为了引导。

今天,“电视具有休闲娱乐功能”,几乎是毫无异议的公理。但是,在大众传播研究的早期,传播学者们对大众传播的功能却有一个逐步认识与肯定的过程。1971年,美国政治学家、传播学先驱哈罗德·拉斯韦尔在一篇经典论著中指出,传播有三种社会功能:守望环境、协调社会以适应环境以及使社会遗产代代相传。[①]之后,“在《大众传播:功能探析》一书中,查尔斯·赖特用社会学的观点观照传播,在拉斯韦尔的三个范畴之外又加上第四个功能——娱乐。”[②]此后,经过各领域社会科学家的汇总和梳理,传播功能的图谱才大致清晰起来。(见表1-5)

表1-5 传播的社会功能[③]

政治功能	经济功能	一般社会功能
监测(收集情报)	关于资源及买卖机会的资讯	关于社会规范、角色等的资讯;接受或拒绝这些规范、角色等的资讯
协调(解释情报;制定、宣传和执行政策)	解释以上资讯;经济政策的制定;市场的运作与控制	协调公众的理解和意愿;市场控制的运行

① 威尔伯·施拉姆、威廉·波特:《传播学概论》,何道宽译,中国人民大学出版社,2010,第30页。

② 威尔伯·施拉姆、威廉·波特:《传播学概论》,何道宽译,中国人民大学出版社,2010,第30页。

③ 威尔伯·施拉姆、威廉·波特:《传播学概论》,何道宽译,中国人民大学出版社,2010,第31页。

续表

政治功能	经济功能	一般社会功能
社会遗产、法律和习俗的传承	经济行为的洗礼	关于社会规范和角色规矩向新社会成员的传承
		娱乐功能(休闲活动、从工作与现实问题中得到解脱,无意为之的学习,社会化)

尽管传播的娱乐功能被传播学者们注意到了,但他们并没有对娱乐功能给予更多的关注。事实上,“大众传播主要用于娱乐的比例大得惊人。除了新闻和广告(其实,很大一部分新闻和广告也是让人消遣),几乎全部美国商业电视的宗旨都是提供娱乐”①。传播既有工具用途,亦有愉悦功能。今天,作为大众传播家族中的重要成员,“电视具有新闻传播、社会教育、文化娱乐、信息服务四大基本功能”②,已得到社会普遍认同。具体来讲,电视的休闲功能主要表现在以下几个方面:

(一)满足休闲信息需求

人们在选择休闲方式和进行休闲活动时需要大众传播媒介提供相关信息,这是电视作为大众传播媒介执行信息传播功能时,为休闲功能发挥的作用。比如,人们需要外出旅行时,首先会通过相关新闻了解旅游目的地的气候、风景、接待能力等信息,还会通过旅游信息了解当地的交通状况、风土人情等。此时,电视满足了人们的休闲信息需求,为休闲生活提供了方便。

此外,利用电视获取信息本身也是一种休闲活动。信息对于受众有两类含义,第一类是与我们生活息息相关的信息,我们渴望随时掌握,比如国家关于个人所得税的调整政策等。第二类是与我们生活没多大关系的信息,知道这类信息与否并不会影响我们的日常生活出行,但这类信息能带给我们知识的充实感、世界的接触感。获取这类信息就成了一种休闲行为。比如,观众收看电视娱乐节目《非诚勿扰》(江苏卫视)、《快乐大本营》(湖南卫视)就纯粹是在进行一项休闲活动。

---

① 威尔伯·施拉姆、威廉·波特:《传播学概论》,何道宽译,中国人民大学出版社,2010,第35页。

② 欧阳宏生:《广播电视学导论》,四川大学出版社,2004,第174页。

（二）满足休闲心理需要

除了提供休闲信息，满足受众休闲的实际需要以外，电视还能满足受众的休闲心理需求。这种满足主要表现在三个方面：

1.满足人的情感需求

人的情感需求是多方面的，而且十分细腻，这些情感需求很多并不能得到满足，而电视可以在一定程度上弥补人们情感上的苍白空虚和内心的孤独迷茫，满足人们寻求情感抚慰、重建心灵家园的心理需求。人们在接触大众媒介时经常会投入感情。“人不仅会对外界的刺激产生相应的情感体验，并通过多种方式表现出来，而且能将自己置身于外界的特定环境所形成的情绪氛围之中，设身处地地去感受这种情绪。”①如看青春偶像电视剧引起追忆逝去的青春时代的情感共鸣；看2008年汶川大地震的电视专题报道产生忧心忡忡、夜不能眠，甚至悲伤哭泣的情感体验；看体育比赛、真人秀节目情不自禁参与其中，为参与者加油打气；看国庆阅兵式从心底油然而生民族自豪感等。受众将自己心中的理想、情感、想法转移到电视中的人物、事物身上，达到满足情感需求。

2.满足人的社会化需求

“一个人从呱呱坠地开始，就经历着从自然人到社会人，即社会化的过程。一个人在成长过程中，要取得社会成员的资格就需要通过规范，不断发展自己的社会性。”②由此可见，人的社会化是一个不断发展的复杂过程，贯穿于整个人的一生。在现代社会中，随着电视的发展与普及，电视对个体社会化的影响越来越大。首先，电视向人们传播各种信息、知识和技能，长期接触媒介的人眼界更加开阔，知识更加渊博，变得更加社会化，也就更容易被社会接纳。其次，受众可以通过电视媒介了解公认的判断是非的标准，知晓社会承认的价值观和行为准则，学会扮演好自己的社会角色，确定自己的发展方向，完善自我。最后，受众通过大众传播媒介获取谈资，增加交际机会，比如和朋友一起谈论共同感兴趣的电视剧，一起收看某一个娱乐节目，这本身就是社会化的一种方式。③

---

① 郑兴东：《受众心理与传媒引导》，新华出版社，1999，第75页。

② 郑兴东：《受众心理与传媒引导》，新华出版社，1999，第63页。

③ 赵元元：《大众传播媒介与现代人的休闲生活》，吉林大学2004年硕士论文，第21页。

3.缓解精神压力、消除焦虑情绪

与西方内生的、自发的、经过数百年漫长时间逐步推进从而建立起来的市场经济体制不同，中国的市场经济体制的建立是自觉地、整体地通过对计划经济模式的改革而转换过来的，而且只能采取快速完成的方式。在这一转型期里，急剧变革的思想观念、行为方式、生活状态以及价值体系都从各个方面加速了社会的分化，使人们不得不承受随之而来的心理焦虑和精神压力。劳累了一天后躺在沙发上看看喜剧片，暂时将不快抛到脑后；观看恐怖片或武打片，使潜意识里的缺憾和不满得到宣泄和释放，最终达到暂时逃避现实和舒缓压力的作用。在这样的收视需求下，受众对娱乐节目的需求空前高涨，据2000年中国人民大学舆论研究所关于北京居民收视情况和收视意愿的调查显示，前几年一直位居市民收视选择第一、第二的电视新闻类节目已经让位于娱乐类电视节目，退居第三位。

电视内容的收看会改善观众的情绪和心理情况，包括增强认知能力、增强自信心，相信自己能够积极控制生活、情绪和健康。这种精神康乐是应对问题的一种重要方式，能减轻压力带来的负面影响。看电视也是一种让头脑忙碌的途径，能转移人们因丧偶等悲伤事件造成的巨大精神压力。电视通过保持受众头脑的忙碌，使之暂时摆脱或逃避这些事件的心理压力。这个"暂停"可能使他们进行心理"重组"。而当他们"回归"现实时，他们将可以更好地处理自己面临的问题。[①]

此外，收看电视还具有"沉思效应"。电视除了为观众打发无聊时间外，它也为收看者提供一个沉思、避免内心冲突或外界冲突的机会，或者说逃避现实的机会，使他们实现内心的平静和力量。同时电视节目中产生的共鸣心理也能消除观众作为个体的孤独感，为观众面对逆境和心理压力提供继续前行的动力和勇气。

（三）电视媒体休闲功能的显著性

"电视的影像特性使其在言说真实时具有自身显著的特点，首先是画面符号所表现的真实力量远超文字符号的描述，带给观众无阻隔的接触事实本身的亲近感受，其次，由于视觉传播作用于人的感官，观众感性的心理需求得到

① 埃德加·杰克逊编《休闲与生活质量》，刘慧梅、刘晓杰译，浙江大学出版社，2009，第106页。

张扬,因此娱乐消遣和情感慰藉的信息成为电视传播的强项。”[①]电视的影像特性在备受关注的事件或节目中有着文字报道难以比拟的视觉优势,许多观众为一睹为快或放松而放弃使用其他媒介。

在大众传播中,情感与理智是表述事物时的两个话语层面,文字语言的抽象性、概括性便于严谨表达事件信息,它更多地作用于受众的理智层面。而影像符号在反映事件或是人物时,它的具象性和细节性往往是诉诸受众的情感层面,通过唤起观众或悲悯或欢乐等情感体验,满足观众感性的心理需求。影像特性使事物在电视画面符号中能够得到细腻生动的呈现,视觉传播作用于人的视听感官,使受众理性的一面或多或少被抑制,而感性的一面在此消彼长中得到张扬,这即是电视的感官导向功能。许多电视中表现人物悲哀的泪水、愤怒的拳头、欢乐的尖叫等画面能让观众在看到它的同时,也能感觉到它、嗅到它、知道它,这正是电视的感官导向功能发挥作用的结果。

正是由于电视能满足人们的休闲信息需求、休闲心理需求,以及超越于其他媒介发挥独有的影像特性,才使电视成为了普通人最普遍的休闲方式。

二、电视在休闲家族中的谱系梳理

休闲是全球化过程中文化变化的一部分,运动、旅游、传媒、通信、饮食、服饰、艺术等都是休闲全球化的形式与载体。从休闲的定义看,休闲是在摆脱了生存压力后的自由时间里,根据自己的趣味和经济条件选择从事的活动,目的是享受人生内涵的丰富性,它是一种人生追求。看电视是人们在自由时间里,根据自己的趣味和经济条件选择从事的一项活动,在看电视的过程中还可以根据自己的趣味选择看什么频道和什么节目内容。它能让人们感受到人生内涵的丰富性,是人生追求的一部分。因此,看电视属于一种休闲活动。

前文提及,休闲类型包括消遣旅游类休闲、文化娱乐类休闲、体育健身类休闲、怡情养性类休闲、社会交往类休闲、其他休闲。在文化娱乐类休闲中,影视、网络休闲是重要组成部分,看电视则属于影视休闲。因此,从休闲类型的角度看电视与休闲的关系是:休闲—文化娱乐类休闲—影视网络休闲—看电视。因此,作为文化休闲的一种,电视能引导人们关注艺术鉴赏,提高文化感

① 欧阳照:《电视新闻传播的叙事学研究》,四川大学2008年博士论文,第125页。

悟，通过一系列的文化体验实现自我发展的价值目标。

犹如休闲的定义十分广泛一样，休闲产业的定义及范围界定同样十分模糊和混乱。卿前龙在对国内外学者关于休闲产业的界定观点进行综述性的梳理后，提出了自己的划分标准。用图示表示这种休闲产业的行业体系更直观。（见图1-1）

- 休闲产业
  - 休闲物品业
    - 休闲第一产业
      - 休闲农业
      - 休闲林业
      - 休闲畜牧业
      - 休闲渔业
    - 休闲第二产业
      - 休闲食品（饮料）加工制造业
      - 休闲用品（用具）制造业
      - 休闲设施建造业
  - 休闲服务业（休闲第三产业）
    - 休闲旅游业
    - 休闲体育业
    - 文化休闲业
    - 娱乐（游憩）业
    - 休闲餐饮业
    - 其他休闲服务业

图1-1 休闲产业行业范围①

在休闲产业的这个体系中，我们可以找到电视业属于休闲产业中第三产业（休闲服务业）中的文化休闲业。

根据国家统计局2004年3月29日正式出台的《文化及相关产业分类》②，“文化及相关产业”是指“为社会公众提供文化、娱乐产品和服务的活动，以及与这些活动有关联的活动的集合”。在其外延界定中，涉及休闲的是其第一部分“文化服务”中的第六项——“文化休闲娱乐服务”，这可看作文化休闲业的核心层。其他文化及相关产业也都与大众休闲有密切联系，属于文化休闲业的外围或相关层。就此，“文化休闲业”可简单界定为：“为满足社会大众休闲文化生活需要而提供的休闲文化、休闲娱乐产品和服务的活动，以及与这些活动有关联的活动的集合。”③

① 刘德谦、高舜礼、宋瑞主编《2010年中国休闲发展报告》，社会科学文献出版社，2010，第394页。

② 这是一份具有法律意义的文件，2003年7月开始，中共中央宣传部、国家统计局、文化部、国家广电总局、新闻出版总署、国家文物局等多个部门成立文化产业统计研究课题组，历时半年多，才制定出这一分类标准。

③ 刘德谦、高舜礼、宋瑞主编《2010年中国休闲发展报告》，社会科学文献出版社，2010，第132页。

在《文化及相关产业分类表》的“文化休闲娱乐服务”中，除了“旅游化服务”外，直接服务于大众休闲的有“娱乐文化服务”（包括“室内娱乐活动”“游乐园”“休闲健身娱乐活动”及“网吧服务”和“其他娱乐活动”几个小类）。这里的“室内娱乐活动”包括在家看电视、上网、读书等，以及相关公共或商业性场馆内的同类活动和休闲餐饮（比如酒吧、咖啡馆、茶艺馆、酒店）等，其产业内容与“其他娱乐活动”有交叉。“其他娱乐活动”所指不明，但可以从文化及相关产业的其他层、其他类中找到与“满足居民休闲需求”直接相关的休闲产品使用和相关服务，比如：广播电台和电视服务、电影放映、以手机为载体的各种休闲产品和服务、其他动漫及游戏产品和服务、文艺表演及相关场馆服务、博物馆、烈士陵园、纪念馆、图书馆、科技馆、档案馆、群众文化馆及相关群众文化活动服务、会展服务等。[①]

经过上述梳理，可以看出，从中国国家统计局的统计口径看电视与休闲的谱系关系是：

（1）文化及文化产业—文化服务—文化休闲娱乐服务—娱乐文化服务—室内娱乐活动—看电视。

（2）其他娱乐活动—广播电台和电视服务。

可以看出，无论是从休闲的领域寻找电视的位置，还是从电视自身的文化产业领域里寻找电视的性质，都能得出相同的结论：电视属于休闲家族中的一员。上述梳理为电视在休闲家族中找到了理论位置。现实生活中的各项调查也一再佐证了电视在休闲家族中的地位。无数调查结果显示，看电视是人们最普遍的休闲活动形式之一，人们从中获得各种公共信息，特别是其中的综合文艺和娱乐节目成为人们日常休闲的主要内容。

三、电视休闲的层次

看电视是一种休闲，这种休闲行为本身已经成为人们日常生活的一部分。它既有实体休闲的部分，如跟着电视上的健身节目一起运动，或跟着电视上的音乐节目一起大声歌唱等，但更多的时候，电视带给人们的是虚拟休闲，是人们心理上的一种情感体验。

① 刘德谦、高舜礼、宋瑞主编《2010年中国休闲发展报告》，社会科学文献出版社，2010，第132页。

人们接触电视这一休闲产品时，休闲程度的深浅是可以控制和调节的。既可以专心致志，全情投入电视节目构筑的虚拟世界，与剧中人物同悲同喜，也可以三心二意，一边看电视一边同家人朋友聊天、接电话，或者做家务。具体采取何种介入程度取决于每个人当时的生活状态。比如，很多中国居民的早间是忙碌的，此时，非独占状态就成了人们收看电视的突出特点。可以说，特定时间段的生活状态直接决定了人们电视休闲的程度，是全神贯注还是一心多用，是看听结合还是以听为主，人们运用自如。

哲学家冯友兰在其《新原人》一书中提出了著名的"四境界说"，即"自然境界、功利境界、道德境界及天地境界。人的一生最低的是生存境界，追求生活的富足、安适，往上应该关注艺术的精神维度，最高是天地境界，天地与我为一，具有一种世界性和人类性的胸怀。"[①]电视休闲与此相似，它带给人们的休闲感受既有消遣，也有欣赏，还有学习，存在着层次之分。

（一）电视休闲低级层次：消遣

电视休闲的低级层次以消遣类电视休闲为主，即以消遣（打发时间）的态度来看电视，这一层次的电视休闲基本上没有思想或艺术上的追求目的。

在这一层次的休闲里，人们要么百无聊赖，坐在沙发上盯着电视却想着另外的事情，也就是说形式上在看电视，精神上却在发呆或走神；要么就是让电视开着，却主要做别的事情，看电视只是做其他事情时的伴随动作。

"牛津大学学者彼得·科利特做了一项实验。他制作了一只箱子，里面放了一台电视机和一台录音机，录音机连着一台摄影机，摄影机是用来摄制打开电视时电视机前所进行的各项活动的。科利特说服了几户家庭把这种装置摆放在各自的客厅里几周。他在分析作为实验结果的录像带时发现，集中精力看电视只是一种少数人参与电视的模式。大多数时候人们让电视开着，却主要做别的事情，附带看看电视，有时甚至不看。这种'别的事情'包括和家里人聊天、吃饭、看报、学习或各种其他活动。"[②]

这个实验说明将电视当成最低层次休闲者大有人在。受众常常边看电视边干别的事情，处于一心几用的状态；他们的伴随行为转移了相当一部分注意

---

① 张文娟：《中国电视生态失衡的八大症候》，《现代传播》2010年第8期。

② 罗伯特·C·艾伦编《重组话语频道》，麦永雄等译，中国社会科学出版社，2000，第119页。

力,如与他人沟通或从事其他体力行为。处于消遣类休闲层次的观众,他们注意力的投放通常是片段式的,有时会相对完整地注意一段节目或频道,但不会忠实地胶着在上面;他们可能会选择经常变换姿势或走来走去地看电视——与电视保持松散的接触;看到自己喜欢的节目时不会有过激的反应,但很愿意与家人分享。对他们来说,电视休闲是从文化环境和物质环境外在压力中解脱出来的一种相对自由的生活。

消遣层次的电视休闲与“无聊”有关。按照《新华字典》的解释,“无聊”是指精神空虚,没有寄托。一个人无聊的时候,他需要消遣。如果是在家里,电视便成为最简单和方便的消遣品。坐在电视机前,什么也不用想,什么也不用做,“看”就可以了。而且这种“看”也可以选择程度,既可以断断续续地扫视,还可以认认真真地盯视,总之,一切由观众自由决定。

电视观众享受低级休闲的一种普遍形象是,“坐在电视机前,无所用心地被动地观看电视。这是一种终日泡在电视机前的观众。其男性形象是:看体育节目时,一手拿着一听啤酒,另一手拿着一袋土豆片;其女性形象是:对肥皂剧着了迷,只要可能,每集必看。这种被动观众的形象常常与对电视节目质量的独特见解和对这种观看实践的效果的看法相关。据说,被动观众喜欢琐碎的节目,因此,制片人便提供这种节目迎合他们。琐碎和被动的结合,导致沉迷和批评功能的减弱。因此,被动观众的形象将节目内容(琐碎的)、观看方式(被动的)及对观众的影响(令人麻痹的)联系起来”①。有时,人们在家做着不需要动脑筋的家务,比如叠衣服、拖地或者健身,这时,常常选择打开电视,让自己的眼睛有地方可看,耳朵有东西可听,即使他(或她)可能并没有待在电视面前,但他(或她)会有一种“我的地盘我做主”的惬意感觉。人们在这个空间里能够感觉到,自己才是控制者。这就是消遣类电视休闲的魅力。

(二)电视休闲的中级层次:获得快感

中级层次的电视休闲者以一种比较近距离的姿态跟电视机接触,在选择收视时注意力相对集中,有时甚至“胶着”在某些节目或者频道上;比较专心致志看电视,或者以看电视为主,同时做点别的对转移注意力影响不大的事,如喝水等。观众可能会选择坐着看电视,也有可能选择经常变换姿势,但在看到

① 尼古拉斯·阿伯克龙比:《电视与社会》,张水喜、鲍贵、陈光明译,南京大学出版社,2007年第2版,第120页。

自己喜欢的节目时,他们会表现出凑近电视机、鼓掌、跺脚、大笑、叫好叫骂、哭泣等幅度较大或者比较具有感染力的行为。

通过中等层次电视休闲可以获得两类快感,第一类快感以感官刺激为主,比如搞笑类节目。第二类快感是能够产生情感共鸣,获得深层次的心理快感。电视观众通过收看电视获得功能娱乐,在感知以后身心能够得到一定的升华。

(三)电视休闲的高级层次:学习

通过电视进行学习的行为既可能是电视观众有意为之,比如收看英语节目提高自己的英语水平,也可能是电视观众在一种完全无意识的休闲状态下完成,比如当一个好看的电视剧吸引我们时,我们常常在主题曲的带领下进入了剧情,连看几集后我们可能不自觉地学会了这一电视剧的主题曲。

1.模仿型学习

根据《新华字典》的解释,模仿是"个体自觉或不自觉地重复他人的行为的过程。是社会学习的重要形式之一。尤其在儿童方面,儿童的动作、语言、技能以及行为习惯、品质等的形成和发展都离不开模仿。可分为无意识模仿和有意识模仿、外部模仿和内部模仿等多种类型"。电视为人们的学习或模仿提供了重要的渠道。电视中有各种各样的行为描述,人们在社会生活中的各种行为表现都可能通过电视呈现出来,电视事实上起到了示范性作用,受众接触电视时,学习常常会不自觉地发生。比如,很多人将江苏卫视的《非诚勿扰》当作一档纯粹的娱乐节目来收看,而少部分人收看这一节目的目的却是向主持人孟非学习说话的艺术,还有部分人的目的是从24位女嘉宾身上学习穿着打扮的艺术等。

电视文化的巨大影响不只是表现在对具体的商品消费的诱导上,它更是表现在对生活方式的诱导上。休闲,是人们追求的一种人生境界,但休闲行为却是有层次的,一些负面的休闲行为对人类不仅无益,反而有害。早先,有闲阶级将暴力作为宣泄精力的主要出口。现在,精力没有正常出口的人仍然会给社会造成苦难……因此,休闲行为如果不加以正面引导,释放的能量十分可怕。媒体天然的舆论引导功能在此刚好可以发挥作用。尤其是电视媒体,电视魔幻般的画面能使观众对未知世界产生丰富的想象,激发人们的参与热情。"蹦极""攀岩""滑雪"等休闲方式正是在包括电视在内的大众媒介的引导下成了流行的时尚休闲方式。

休闲对自己、对社会都有弥补、完善、平衡的功能。媒体对社会消费进行引导，主要通过以下三种方式：首先是通过对具体的、个别的商品购买和消费；其次是对生活方式消费的组织和引导；最后是开辟新的生活方式和消费领域。有意或者无意的，媒介都会不同程度的利用传媒强大的渗透作用，对休闲生活进行引导甚至是控制。[①]

2.认知型学习

电视具有新闻传播、社会教育、文化娱乐、信息服务四大基本功能。“新闻传播”和“信息服务”能为人们提供来自世界各地各个领域的新鲜信息，更新人们的知识储备库；“社会教育”本身也能促进电视观众学习。

重要的是，电视带来的学习常常是在休闲状态下完成的。比如，根据国内多数电视台的节目编排，电视新闻的黄金时间是每天晚间6—8点。“现在有很多人，他们在下班前已经通过互联网知道了当天白天发生的新闻，手机也成为新闻的一个重要接收终端。所以电视台在6—8点播新闻，很多人是不看的。”[②]但是，每晚6—8点，是中国大多家庭吃晚饭的时间，在这时，电视里播的新闻可能成为家庭成员共同的谈资，并结合无关紧要的电视扫视，达到家庭聚会并聊天休闲的目的。晚间电视新闻就在这样接受起来方便、轻松的气氛下完成传播。

除了信息带给人们认知型学习外，欣赏也能促使观众学习。收看有韵味或有回味的音乐节目、鉴宝节目、百家讲坛等都是一种学习型休闲。但观众收看时需要一定的知识基础，或者说这类节目需要先对观众进行一定的相关休闲教育。还有些节目，观众可以在休闲中接受知识，比如《读书》《发现》，以及《开心辞典》、《中国诗词大会》等益智类节目。

在电视休闲的最高层次阶段，受众追求的是一种理性休闲，“电视内容不仅刺激受众感官，使其情绪产生波动，同时受众对这种价值观还要产生理念的认同，这种理性认同还会回归到感官层面”[③]，最后产生学习的动机和行为。

随着人们文化素养的提高，通过电视获得知识的心理和习惯越来越普遍，

① 高莹：《大众媒介的休闲传播责任》，《魅力中国》2009年第12期。

② 李幸：《新的传播环境与电视节目编排》，《现代传播》2010年第2期。

③ 靳智伟：《最大众化的营销方式——娱乐营销》，《第二届“广告价值最大化”系列论坛之——娱乐营销高峰论坛》，《广告主》2006年第5期。

因此，近年来益智型娱乐节目和含有知识测试的竞技类节目在国内大行其道。当下，电视提供一些较为系统的、实用的、便于视觉化的信息和知识，包括生活知识、政治经济常识、工作技能、经商等时尚热点知识、各种科技文化动态信息甚至人际公关知识等，尤其教育、理财、环保、车房等领域的信息，是电视的一块重要内容。此外，各类讲堂类节目也受到不同教育层次的观众欢迎。

四、电视休闲的总体模型

现代社会生活中人们的个人空间越来越私人化，个体活动也越来越个性化。不管人们是处于消遣式的收看状态，还是快感式地沉浸于电视休闲之中，或者是理性的学习型休闲，在观众与电视共处的私人空间里，人们既能够看到外面的世界，又能够不被外界所打搅，可以完全以自己的方式自由地，随心所欲地做事情。这才是电视休闲真正吸引人的地方。

（一）电视休闲模型：金字塔型

北京师范大学张同道先生曾经组织北师大学生进行过五次大型的中国电视收视行为及受众调查。结果发现："1/3的受访者专心致志地看电视，但2/3的受访者则是三心二意地看电视。其中39.9%的受访者以看电视为主，顺手做别的事；16.6%的受访者一心几用，边看边干别的事；9.2%的受访者偶尔看电视，以干别的事为主；3.1%的受访者则仅仅把电视当作背景，根本就不看。"[①]根据这一调查结果可知，1/3专心看电视的人有两类情况，一类是他们深深地为电视内容所吸引，沉浸于电视营造的虚拟世界里；另一类人则可能专心地通过看电视在进行学习型休闲，比如学习英语、学习化妆或学习健身操等。这两类专心看电视的人群中，假定各占一半（事实上学习型高级休闲肯定少于体验型中级休闲），那么可以大致推算出处于电视休闲的高级层次——专心地看电视并产生学习动机的人不会高于1/6。在另外2/3三心二意看电视者中，他们多数处于电视休闲的低级层次——为解闷而看电视，另有小部分人可能处于电视休闲的中级层次——获得快感，加上前述1/6专心看电视人群中追求快感者，处于电视休闲中级层次的人可能多于1/6但低于1/3。因此，电视休闲的总体模型可

① 张同道主编《电视看客——调查中国电视受众》，安徽教育出版社，2003，第8页。

以大致描摹成一个金字塔型。如图1–2所示：

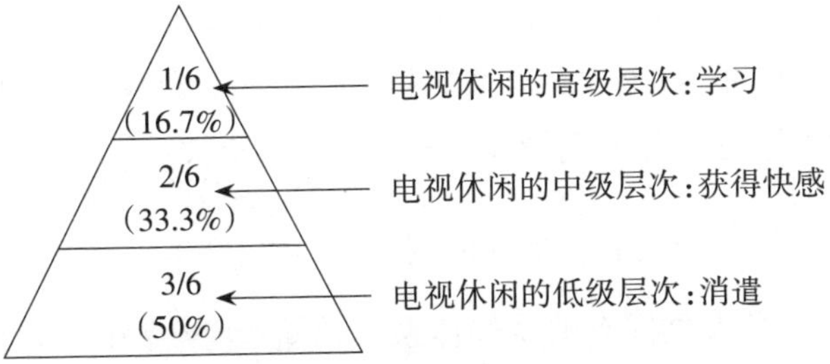

图1–2　电视休闲的总体模型

（二）休闲层次的相互转化

人们多半希望能自如地应对外部世界，电视休闲顺应了受众的这一认知体系，"电视在带领我们的舒适和愉快的直觉兴奋起来时，并不要求精神的努力，它使我们获得快感而不需要心理上和行动上的改变，不用动多少脑筋就可以获取快乐。这正如有学者总结的那样：传媒顺从于人的欲望和快适要求，以耽于娱乐、寻求刺激表征的传播消费法则，是一种'快乐至上'或'快乐主义'的思想"[①]。根据马斯洛的需求层次理论，人的需求分为生理上的需求、安全上的需求、情感和归属的需求、尊重的需求、自我实现的需求五个层次。这五个层次的需求像阶梯一样从低到高，按层次逐级递升。电视休闲带给人类的价值在于它能够为人类提供可变的需求。当人们无所事事打开电视时，比较靠近人类"思维惰性、追求舒适"的低级需求；随着对电视节目的喜欢程度，人们会逐渐变化介入电视内容的深浅，一旦被电视节目所吸引，则可能产生心理或行动上的互动，此时产生的对互动和认同的需求则更多地接近"交往、被承认"等中级需求；当电视受众在电视节目的感染下模仿学习电视内容时，他已经进入了自我实现的高级需求阶段。

也就是说，电视用其固有的"快乐原则"有力地改变着人们的精神交往层次。当电视中某类节目具有特别的吸引力时，会吸引新的受众群体参与，以及在老受众中增强吸引力度，当这种吸引强度超过一定的临界点，电视休闲的层次会由相对浅层次的休闲跃升为较深一层次的休闲。深浅的区别在于观众感情投入程度的高低。

① 拾景炎：《"快乐至上"传播思想的人文审视》，《新闻与传播》2004年第3期。

当电视休闲提升到一定的层次，电视观众可能成为电视迷，并走出电视休闲本身，而转入实际生活中的实体休闲，比如电视迷以“圈子”的形式参与社团活动、组成俱乐部、收集入迷者杂志（甚至撰稿），专注于某一特定的节目。有的电视迷社团甚至定期举行全国乃至国际性的会议。

（三）电视观看行为背后的休闲逻辑

电视顺应了人类固有的认知体系。约翰·菲斯克在《解读大众文化》中指出“人的惰性”——人在接受传播信息时因惰性心理，往往选择省时省力省心就能获得的信息。

电视是一种群众性、浅参与的媒体。首先，电视讲话的方式和交谈风格与家庭成员间的交流形式吻合。“它通常是在家里嘈杂的环境中被收看的，人们在看电视时仍在进行许多其他活动，结果人们总是不能专心致志地看电视。其实，电视通常不要求人们那样专心去接受。”播出内容的零散性、慢节奏，是电视适应家庭收看环境而衍生出来的特质（这一点，本文将在第三章论述）。“它不同于印刷媒体，尤其是书籍，因为看印刷媒体要专心。另外，看印刷书籍常常是在比较有利于这一活动的环境中进行的，如独自阅读。同时，在传递信息方面，电视的效果不如印刷媒体。电视浅参与的特性也表现在人们对连续节目或连本节目缺乏忠诚上，只有一半的观众在看了本周的一集连续剧之后，下周接着看第二集。”①

看电影也受外在环境约束，电影的接受条件由影院提供，人们在看电影的同时通常不允许干别的事情，比如在电影院相互交谈会影响他人观影。同时，由于阅读的专心度存在差别，在传递信息方面，电视的传播效果也不如印刷媒体。

上述特点导致的结果是，人们看电视几乎是以漫不经心的方式进行的，把它作为一种消遣，不管电视上播放什么节目，我们都可以坐在沙发上看，当电视内容吸引我们，我们就深度参与、专心地看，当电视内容乏味，我们就漫不经心地看，甚至闭目养神，根本不看，权当坐在沙发上休息。电视在人们生活中这种可调节的随意地位使它倍受人们的喜爱。当你很无聊时，可以将电视当成最重要的陪伴，当你没时间时，可以完全不理它，这种“招之即来，挥之即去”

① 尼古拉斯·阿伯克龙比:《电视与社会》，张水喜、鲍贵、陈光明译，南京大学出版社，2007，第2版，第132页。

的角色使电视一直是人们休闲的最主要方式，尽管近年随着网络的多重开发与应用，上网成了人们最普遍的休闲方式，但电视仍然位居休闲第二位。电视在休闲领域之所以占据如此重要的地位，主要有以下一些原因：

1. 电视机的普及。1985年我国城镇居民家庭平均每百户彩色电视机拥有量为17. 2台，1990年为59台，1995年为89.8台，1997年为100. 5台，2009年家庭电视机拥有率为98.1%，平均百户电视机拥有量为132台。[①]到2018年，中国家庭电视机拥有率为96.4%，拥有二台及以上电视机家庭的比例为25.4%。[②]电视机的普及是城镇居民看电视时间提高的主要原因。

2. 现代假日制度使人们闲暇时间增多。（在第二章将有详细论述）

3. 电视台、频道、节目、播放时间的极大丰富。

随着有线电视的发展和电视节目纷纷上星播出，2009年能够覆盖全国的电视频道包括中央电视台15个频道、中国教育台2个频道以及46个省级卫视频道，共63个频道。电视观众能收看几十个频道的节目。2015年，中国电视整体完成由模拟电视向数字电视的转换。根据央视索福瑞媒介研究全国收视调查网基础研究的结果，2009年"全国平均每户可以接收39.1个电视频道，其中城市居民家庭平均可以接收50.2个频道，农村居民家庭可以接收33.2个频道。"[③]2018年全国平均每户可以接收82.9个电视频道，其中，城市居民家庭平均每户可以接收到92.7个频道，农村居民家庭平均可以接收75.8个频道。[④]丰富的频道和内容为中国电视观众提供了足够多的休闲选择。

此外，电视休闲成本低、门槛低也是电视成为受欢迎的休闲物品的重要原因。一些休闲活动如网球、高尔夫球、赛车等具有一定的技术性，如果没有掌握技能便无法进行此项休闲活动；还有一些休闲活动普及度低、认同感差等使大家无缘接触。电视是典型的大众文化，适合大多数人的休闲口味。

这些客观环境为电视观众看电视提供了可供选择的精神产品。节目选择的增多，使得个体受众一般都能找到自己所喜爱或偏爱的节目，而不是独此一家、别无选择。

① 《2010中国广播电视年鉴》，中国广播电视年鉴社，2010，第288页。

② 国家广电总局：《2019中国广播电视年鉴》，2019，第219页。

③ 《2010中国广播电视年鉴》，中国广播电视年鉴社，2010，第288页。

④ 国家广电总局：《2019中国广播电视年鉴》，2019，第219页。

第三节　电视休闲的媒介独特性

电视与其他媒介相比有着显著不同的特点：视听兼备，是其最基本的特点；视听兼备使电视观众在收看时产生很强的真实感和现场感；同时，电视让观众产生强烈的身临其境式的参与感。

根据前文对休闲概念的理解：休闲是在摆脱了生存压力后的自由时间里，根据自己的趣味和经济条件选择从事的活动，目的是享受人生内涵的丰富性，它是一种人生追求。即从时间、收入水平、兴趣爱好、人生观等角度理解休闲。电视的休闲和电视的收视行为、收视模式有关，它具备以下特征。

一、电视的家用媒体属性

电视有显著的空间依赖特征，对于住所的嵌入度明显高于其他媒介，家庭、学校、军营、火车、汽车、甚至民工工棚都能常常看到收看电视的人们。住所既包含私密空间，如卧室、卫生间等，也包含半公共空间，如客厅等。在这样一个复合的空间里，人际关系既包含亲人关系，也包含朋友关系。

住所的核心构成是家庭。家庭是大部分电视节目的主要收看空间。而且，人们在家里的空闲时间，有很大一部分花在看电视上。因此，电视收视以居民家庭为主，带给观众的是一种室内休闲活动。“电视作为一种媒介，它从其他通俗文化媒介继承而来的每一样式都包含一种‘家庭主义’要素”。换言之，“不仅肥皂剧或者情景喜剧，而且西部故事、探险故事以及侦探故事都被电视进行了家庭化处理，其结果是电视媒介作为一种整体有一种适应核心家庭这一电视原始观众群的倾向”[①]。电视的家庭性表现在两个方面，一是电视与家庭紧密相关，人们不在家基本上也就没有机会看电视，尽管现在很多公共场所都安装了电视，但其总体数量与家庭电视数量相比是微不足道的。二是人们只要在家，多数都会打开电视。曾经有专门研究收视行为的学者对某一范围内的城市居民进行调查，发现40%的人回到家中第一件事情是“打开电视”，由此可见，“‘看电视’已经成为城市居民日常生活中重要的一部分，是人们在家

① 丹尼尔·戴扬、伊莱休·卡茨：《历史的现场直播媒介事件》，麻争旗译，北京广播学院出版社，2000，第4页。

中的一个'标志性行为'"[1]。也就是说,家庭和电视各自以对方为中心。电视遵照受众的家庭作息规律和家庭生活模式编排节目,比如综艺娱乐节目一般要晚上播出,如果有特别隆重推出的综艺节目则要在周末时间播出,因为按照家庭生活模式,在这种时间家庭成员才有闲暇共聚客厅同看娱乐节目。反过来,家庭生活节奏常常围绕电视节目安排,一些长期固定时间播出的电视节目常常使家庭开饭、就寝和出门的时间规律化。比如湖南卫视播出电视剧《回家的欲望》时,一些女性观众每天守着看完固定播出的两集就睡觉;小孩听到每晚电视里新闻联播前的音乐旋律,就知道快开饭了。

(一)客厅收看的集体性

所谓客厅收看的集体性,是指电视适合家庭成员在客厅里集体性收看,它常常是一个家庭集体休闲最简便易行的活动。电视是一个把家庭成员的休闲活动聚拢在一起的媒介。由于电视在客厅中对家庭成员的召集性和聚合力,使它在家庭中具有一种特殊的"威权"。正如孙玉胜所说,"中国家庭的客厅中央是一个颇耐寻味的地方,这个位置是神圣的。千百年来,这里摆放着家中最值得敬重的东西:牌位、尊者塑像、恩人雪中送炭留下的纪念物、某一幅或者特别昂贵或者特别特殊的图画……后来这里摆的是象征着权威的收音机、电视机……中国家庭的习惯,端放在'堂上'的电视机一般要等到晚饭的时候,一家人围坐上来,打开电视,一大家子开始了相同的娱乐,边吃边看……家家如此,大同小异。第四媒体网络之所以没有成气候,从这个位置也可见一般:计算机从来就没有堂而皇之地被摆放在"中堂之上",哪怕是短暂地占据,也没有"[2]。

"博客中国"发起人方兴东认为,未来媒介将会发展成两种模式:大教堂模式——传统媒体的大众传播,和大集中模式——新媒体的社会化传播。[3]两种媒介模式互补、共存,谁也取代不了谁。即使这样,电视仍然具有它高高在上的客厅"召集人"的角色,充当着休闲权威。同时,由于这一身份的长期存在,电视也遵循着家庭集体休闲必须遵循的社会伦理,家庭性收视最大的特点就是要照顾大众趣味,老少皆宜。客厅是家庭收视中的主要收视环境,它是家庭

① 孙玉胜:《十年——从改变电视的语态开始》,生活·读书·新知三联书店,2003,第335页。

② 孙玉胜:《十年——从改变电视的语态开始》,生活·读书·新知三联书店,2003,第27—28页。

③ 方兴东:《新媒体动能来自于人民群众的力量》,《商务周刊》2006年第17期。

内部的“公共空间”，由全体家庭成员共享，看电视是一种家庭内部的集体活动，并因此具有了集体活动的某些功能，如规范个体、维系家庭成员的感情，对家庭中辈数较低的成员进行教育等。

家庭集体共享是电视媒介的独有特征。即使现在很多家庭已不止一台电视机，人们还是宁愿选择一家人共同待在客厅里看电视，除非收视矛盾不可调和或家庭成员间有人不愿意共处一室。事实上，现代社会工作压力较大，生活节奏较快，晚上一起看电视已经成为家庭成员联络感情的最好方式之一，人们又怎么会轻易地放弃这种机会呢。

（二）收看的随意性

收看的随意性，是指电视可以大小不拘，既可以大如电影屏幕，置于客厅，坐在沙发上看；也可以薄如一幅画挂于墙上，躺在床上看。人们看电视的姿势是随意的，人有三个基本姿态——躺着、坐着、站着。在家里最容易出现的姿态是躺着或坐着。相对专注和舒适地看电视的姿态，应该是坐着。“有 54.0% 的人坐着看电视； 21.9% 的人躺在床上或沙发上看电视；还有 19.5% 的人经常变换姿势，也有人走来走去。这种自由自在的收视方式与家庭收视环境相关。”[①] 此外，由于电视收视环境的家庭化，家庭里可能发生的事都可能在电视机前发生：吃东西聊天、打电话、做家务、看书报杂志、打牌、健身乃至于喝酒、上网，多数受访者并不是单纯收看电视，而是附加丰富的伴随行为。作为一种普及的大众媒介，电视收视行为带有明显的家庭化特色，收视方式随意自然，收视心理放松自在。家庭是人们最放松、感觉最安全的地方，看电视的这种行为本身就是一种无拘无束的休闲状态，与这些行为相伴随的是电视带来的视觉、听觉愉悦，电视便成了人们最普遍的休闲方式。

收看的随意性，除了收看行为的随意性，还包括收看动机的随意性。根据张同道等人在《电视看客——调查中国电视受众》一书中的调查，“中国电视观众在收看电视时，在收视场的权利结构上，往往把电视看作是生活休闲背景和伴随性的文化消费行为，大约只有1/3的人在专心看电视，而2/3的人是三心二意地看。在1998年的《中国电视栏目》调查报告中发现，看电视的动机为休闲的比例是46%，近半数的中国人把看电视当作是不花钱的休闲，其次才是了解

① 张同道主编《电视看客——调查中国电视受众》，安徽教育出版社，2003，第5页。

信息”[①]。而不像电脑或手机的使用那样需要有意的精神集中，也与电影和戏剧观看不一样，电影和戏剧是有意识的、独立的文化消费形式，既需要安排专门的时间，还需要花费价值不菲的入场费用。

（三）与生活作息关系密切

电视的收视遵循着家庭生活作息的规律，一方面，不同时段家庭成员的分布和构成不同。早晨的电视是属于将要出门工作的人，白天节目的服务对象则成了赋闲在家和没有工作的人，晚上黄金时间的节目，是针对整个家庭设计的，到了深夜时分，白领或许成了最主要的收视群体。另一方面，家庭在不同时段的生活习惯影响着电视的收看。

天气影响着人们的生活作息，也影响着人们的电视休闲。天气好，适于户外活动时，人们离开家到户外休闲，电视被抛在了脑后，当天气不好，要么过于炎热，要么过于寒冷，要么细雨绵绵，这时，家才是人们遮风避雨的港湾。人们只要待在家里，电视便成了最好的伙伴，最好的休闲。因此，冬季电视观众明显多于一年中的其他三季。

时间是人们安排生活作息的重要依据，时间是影响、有时甚至是决定着电视休闲是否进行的重要因素。时间是电视休闲的一个重要前提，但闲暇时间的长短与人们花费在电视休闲上的时间长短并不成正比。当闲暇时间过长，比如长假、带薪休假期间，人们可能选择外出长途旅游，根本不待在家从而放弃或减少电视休闲时间；当闲暇时间较长，比如三天小长假，人们可能选择近郊游，每天都有可能待在家，只是白天大多数时间在户外，因此有大量的时间进行电视休闲；当闲暇时间很短，比如工作日，人们只有早晚有短暂的闲暇时间，而且待在家，此时电视休闲可能成为他们唯一的休闲选择；如果没有闲暇时间，即使待在家，也不会进行电视休闲。

① 蔡贻象：《合法化的快感：电视的休闲文化策略》，《文艺研究》2004年第3期。

二、电视休闲的便利性

(一)时间灵活

看电视是人们的一种日常休闲方式。日常休闲方式是相对于非日常休闲方式而言的,非日常的休闲方式是指人们在一些特殊节日,或者突发事件中采取的休闲方式。而日常的休闲方式则指除此之外,人们在正常的工作日和周末所采取的休闲方式。

由于电视是在家庭环境中收看,收视行为发生在最有归属感的家里,所以电视观众并不像电影观众那样在乎时间。它带来的休闲常常是零散性的(休闲时间可长、可短)。

电视的家庭性收看决定了观众在家里不能完全投入、所看节目零碎的特点。莱维曾抽样访问过很多人,问他们看电视新闻时是否还做别的事。如果是,那又做什么。只有24%的人回答说,他们在看新闻时什么也不做。其他人则表示,自己在看电视新闻时,至少偶尔会做一些别的事:

表1-6　收看电视新闻时的其他安排

吃晚饭	41.2%
看书读报等	25.8%
交谈	23.3%
吃零食、喝饮料	22.5 %
在厨房干活	19.6%
缝纫	17.1%
看孩子	15.0%
做家务	14.2%
准备就寝	9.6%①

正是因为在家里,又由于电视声画兼备的特性,决定了收看动作和时间上的随意性。

① 威尔伯·施拉姆、威廉·波特:《传播学概论第2版》,何道宽译,中国人民大学出版社,2010,第241页。

(二)休闲层次可调节

电视的便利性显而易见,不需要出门就可以进行,而且受众不需要什么休闲技能便可以进行此项休闲,甚至连识字能力都不需要。

看电视之所以能长期成为人们最普遍的休闲活动,除了内容本身的吸引力、居家生活在人们日常生活中所占时间比重大外,还有一个重要原因,即电视在人们生活中的可变地位——“看电视”既可以在人们的居家生活中处于一种从属性活动,观看时人们并不卷入其中;也可以让人们全身心地卷入一个激动人心的电视节目或电视剧,让人们全程投入和参与;还可以让人们在“看电视”的过程中理性地参与其中,学习自己想学的东西。这种休闲层次的可变性和随机性正是电视作为休闲工具在人们日常生活中的独特魅力所在。

三、电视休闲的低成本

国家广电总局原新闻发言人朱虹曾经说,为什么老百姓喜欢看电视剧?第一,在老百姓家放映不要钱,第二,不要交通工具,看电视的时候喝茶、上卫生间都很方便,群众很拥护。

(一)最经济的休闲

当下,许多居民的家庭收入还不太高,不能过于频繁地享受外出度假、旅游等休闲方式,而电视休闲既经济又实惠,物美价廉,是一项低成本的休闲活动。

当看电视作为一项休闲活动时,除时间外,其成本包括:一、购买电视机的费用;二、收视费;三、电费。电视机目前已经成为一件十分便宜的家用电器。“中国家庭电视机拥有率达98.2%,拥有两台及以上电视机家庭的比例已达29.4%。城乡居民家庭平均每户可以收看到39.1个频道。”[①]而在收视费方面,模拟电视用户每个月只需花费10多元人民币便可收看到数十个频道。数字电视用户付出的收视费稍贵些,但每户每月也只需付出23元,便可收看到96套数字节目(以上海地区为例)。相较于电影票动辄数十元一张的门票,休闲书籍数十元一本的消费,看电视确实是成本最低的休闲活动之一。

① 《2010中国广播电视年鉴》,中国广播电视年鉴社,2010,第288页。

(二)大众口味

电视是一种大众传播文化,它所面对的大部分观众是中、低文化程度的观众。根据《2010年中国广播电视年鉴》的统计,我国电视观众的基本特征是,中等学历观众在构成上占据了绝对优势,其中初中文化程度观众比例高达31.3%,高中文化程度观众比例则为26.2%,小学和大学及以上文化程度的观众分别占据18.1%和17.8%的比例,未受过正规教育的观众所占比例仅为6.7%。"2016年前5个月观众结构特征显示,25~54岁观众占总体观众的51.5%,是整个电视市场的中坚力量。"①

电视文化是一种典型的大众文化。电视媒体的家用属性决定电视是"平民化的"而不是"贵族的",电视对象是"大众的"而不是"精英的"。媒介遵循的是"多数原则",曲高则和寡,电视为了吸引大众的眼球,迎合大众的口味,满足多数人的收视趣味,常常降低艺术的品位,增加通俗、"快乐"的含量。

四、视觉盛宴带来的空间想象

1936年11月2日,世界上第一座公共电视台——英国广播公司(BBC)在英国伦敦郊外的亚历山大宫建成,当天英国广播公司转播了一场规模盛大的歌舞演出,这是宣布世界电视传播诞生的标志性事件。"这一电视的起源和之后电视在人们的娱乐现实地位告诉我们,电视绝不是为了传播新闻才产生的,电视最初的和直至今天的作用是给人们提供娱乐消遣。"②电视节目是以连续运动的图像、声音以及字幕等元素展现在荧屏上的。大量的纪实性电视节目涌入屏幕,给人以强烈的现场感,使屏幕前的观众身不由己地卷入节目的现场气氛之中。比如,为了看一场奥运会直播的精彩比赛,多少观众围坐在电视机前直到深夜。中国体育选手每获得一块金牌,人们都欢腾雀跃,拍手叫好;每一次失利,无数人捶胸顿足为之惋惜。遥远的奥运会现场通过电视的转播牵动着无数观众的心和他们的每一根神经。这种通过电视实现的强烈参与意识体现得如此充分,广播、报纸等媒介望尘莫及。

---

① 梁晓涛:《重塑电视支点》,人民出版社,2018,第2页。

② 吕正标、王嘉:《电视新闻节目理念、形态与实务》,中国广播电视出版社,2004,第328页。

电视的本性是拒绝深度的，它以每秒钟24格的速度不停地为观众播放画面，这样高速运动的视觉图像虽然给我们带来了强烈的感官冲击力，却在一定程度上抑制了我们的思考力。不可逆的线性过程容不得观众驻足联想，表明它只是一种浅思考的文化——让你一笑而过，不留下什么。同时，电视在无法让人深层思考、不能培养人们对知识的分析批评能力的缺憾的同时，却得到了能满足人们视觉快感的补偿。这种缺憾和补偿最终让电视义无反顾地成为了一种大众休闲工具。

电视的上述特性决定了它必须舍弃思想，来迎合人们对快感的追求，来适应电视休闲的发展。就审美而言，电视在视觉效果上不如电影的胶质画面和宽银幕，在音响效果上不如唱片，在抽象性上不如绘画、乐曲，在欣赏愉悦上不如电影、戏剧，因而，电视所能表现的美学状态，在深度和力度上都逊于电影、戏剧、绘画、音乐。不过，电视的欣赏方式则是随意的、开放的、日常生活化的。观众手中的遥控器可以对各种电视节目进行随心所欲的选择，它是一种方便、实惠、随意、自在的休闲方式，是理想的“家庭伴侣”。这一特性造就了电视在人们休闲生活中不可撼动的地位。

电视把视听视觉手段结合在一起，拥有强烈的目击感、现场感和冲击力。电视展示的是一个我们无法置身其中的世界，“但魔幻般的电视画面又使我们对另外一个世界产生丰富的想象，激发了我们拥有各种物质和渴望得到各种体验的愿望”[①]。创造出无穷的想象，是电视与其他媒介相比最吸引人们关注的地方。电视将时间压缩到空间里，创造同时性消费想象，它展现的世界，从某种意义上看，是一个无限制的世界，能对人们追求真实自我产生重要作用。“电视具有特定的表达方式，按照台湾学者吴翠珍的归纳，可用三类符号来说明，即，①视觉符号。如与内容有关的角色、场景、布景，镜头的运用如特写、中景、远景、镜头的运动和角度的采用等。②听觉符号。如对话、旁白、音效、配乐等。③结构符号。包括镜头间的衔接，如切换、淡入、淡出、溶解、分割等等；和剪辑的方式，包括直线剪辑、平行剪辑和象征剪辑等。”[②]三种符号构建起电视媒介独特的表达效果——一种浅思考或不思考的休闲。正如美国休闲学者杰弗瑞·戈比在《制约休闲的因素——时间》一文中所言：“至少三分之一的情

① 托马斯·古德尔、杰弗瑞·戈比：《人类思想史中的休闲》，成素梅等译，云南人民出版社，2000，第226页。

② 刘晓红、卜卫：《大众传播心理研究》，中国广播电视出版社，2001，第79页。

况下，看电视的时候我们也在进行其他的活动。即使那些在看电视时不做其他事情的人也在浏览节目表，不停地换频道。"①因为电视提供的是一种浅层参与的活动。

人们需要摆脱压力、消除工作的紧张疲劳，回归到简单的自然状态。电视为人们回归自然状态提供了契机。"电视机离观众很近，可以成为观众视野中可调控的流动空间，让人享有一种霎时畅游天下的快感，观众被赋予了一种主宰自己的时间、空间甚至虚拟自我的假想权力。"②展现在观众面前的电视画面和声音为收看之人营造了一个不受打扰、心无羁绊的空间。在这个空间里，人们能够随着电视的声画展开想象的翅膀，自由从容地享受身心放松，忘却时光的流逝，以完全自愿的方式愉快地活动，成为自由的控制者，实现一种随心所欲的状态。休闲与电视在时空中产生的对接，使电视构成了人们日常家庭生活的基础，成为人们居家休闲时的不二选择。

电视的休闲性主要是因为节目内容为观众带来娱乐、放松、趣味或知识，娱乐节目如游戏、真人秀、综艺、晚会节目的休闲性显而易见，电视剧、新闻、谈话节目，甚至广告也能满足人们的好奇、审美、体验等休闲心理。"电视节目通过戏剧性场面的快速转换，而产生了'快速吸引'的效果。把'合法的剧院'搬入家中。电视使得这个世界变得更小、更快、更为简单。"③

综合上述分析，电视休闲是一项既有别于实体休闲活动（如旅游），又有别于其他媒介休闲（如阅读报纸）的特殊形式。它具有家庭性、时间灵活性、低成本、大众化、消极休闲、肤浅、群体感等特点。电视在促进休闲活动的同时，也在很大程度上束缚和限制了休闲活动向更健康的方向发展。

① 埃德加·杰克逊编《休闲的制约》，凌平等译，浙江大学出版社，2009，第229页。

② 李婷：《电视与休闲文化》，《科教文汇》（上半月刊）2006年第7×期。

③ 托马斯·古德尔、杰弗瑞·戈比：《人类思想史中的休闲》，成素梅等译，云南人民出版社，2000，第225页。

第二章
历史沿革:电视休闲的发展演进

在媒介发展的历程中,休闲功能所占比重越来越大。在只有报纸的时代,报纸是严肃的媒体,虽然也具有休闲功能,但休闲的比重弱得多;到电视出现之后,媒介的休闲娱乐功能大大增强。现在,人们购买电视机的动机绝大多数都是为了娱乐、休闲;到了网络时代,人人都可以用一个手机实现自娱自乐。虽然网络媒介也仍然有媒介的其他功能,但游戏、娱乐、休闲功能却使越来越多的人沉迷其中。网瘾,成了现代人不得不面对的一种社会问题,而青少年的网瘾更是让家长们恐慌。其实,这也从侧面说明,网络媒介的功能中,休闲娱乐的吸引力让人难以抗拒。

因此,从媒介的发展趋势看,媒介越发展,娱乐功能比重越大。

在中国电视的发展历程中,电视最早是被作为新闻信息的传播媒介而加以运营和管理的,但到了1983年,中国广播电视部召开第十一次全国广播电视工作会议,确立了“四级办广播、四级办电视,四级混合覆盖”的广播电视发展方针之后,电视逐渐走向更广泛的大众,娱乐内容的比重越来越高,娱乐节目稳定增长,娱乐需求逐步得到开发和满足。

第一节 电视休闲的变化

休闲作为生活态度和生活方式的一种实现，与人类文明的发展进程紧密相随。休闲的发展受文化传统、经济状况以及个人爱好的综合影响，因此，休闲理念和休闲方式都深深地被打上了社会的时代烙印。

电视机是英国人于1924年发明的，它给人类休闲方式带来的巨大变化令发明者始料未及。今天，“看电视所占用的时间，几乎是其他所有消遣活动所占时间总和的两倍。实际上，除了睡眠和工作之外，我们看电视的时间，比我们从事其他任何活动的时间都多”[①]。当人们待在家中时，看电视是最受欢迎的一种形式。尽管从2009年开始，上网首次超过看电视，成为当代中国人最常采用的休闲方式，但电视仍然位居十大公众休闲方式的第二位，有56.0%[②]的人喜欢在休闲时间看电视。

一、电视休闲理念的变迁

看电视这种休闲方式主要依托电视内容的播出和被收看而得以实现。休闲娱乐功能是电视的基本功能之一，这一休闲功能是否发挥作用，发挥多大作用，与电视制作者和观众的休闲理念关系密切。休闲理念是人们对休闲的理解和集中阐释。电视的休闲娱乐观念与电视的产生和发展相伴相生，游戏娱乐节目则是构成电视节目的重要内容。但在中国过去数十年的电视发展过程中，其休闲娱乐理念却一直没有获得相对独立的地位，因过分强调电视的教化功能而使电视的休闲娱乐处于边缘地位。

（一）“电视是否要娱乐？”的早期存疑

中国电视娱乐节目的成长过程一直伴随着争议与风波。20世纪80年代中期，电视普及之后，电视文化的大众性得以体现出来，社会语境由文化批判转向了文化消费。1995年，国家假日政策的变化让人们首次将严肃的目光投向

① 尼古拉斯·阿伯克龙比：《电视与社会》，张永喜、鲍贵、陈光明译，南京大学出版社，2007，第127页。

② 《小康》杂志社发布的《2009—2010年度中国休闲小康指数》。

了休闲领域。1995年5月起，中国双休日政策出台之后，实施每周5天工作制。过去一周仅一天的休息日，人们多半用于睡懒觉、做家务。每周突然多出来的一个休息日让观众无所适从，甚至可以用“无聊”来形容双休日带给人们的最初困惑。当观众在每周新出现的双休日里还没有找到理想的休闲方式时，湖南卫视为电视休闲楔入人们的休闲生活找到了渠道，他们把周五、周六、周日的3个晚上都列为周末，强调“大周末”的概念，并在“大周末”的黄金时段安排《真情对对碰》《玫瑰之约》，以及后来的《快乐大本营》等名牌栏目。结果电视湘军一炮打响，由此崛起成为中国电视娱乐定位的领头羊。

前有中国的双休日政策，后有湖南卫视的成功经验，20世纪90年代末，电视的休闲功能逐渐为中国电视人所重视。1998年湖南卫视《快乐大本营》的出现，是中国电视重视休闲理念的一个标志性事件。正如中国传媒大学胡智锋教授的观点：“在过去短短的10年间，中国电视掀起了‘纪实’‘栏目化’‘谈话类节目’‘直播’‘游戏娱乐节目’五次浪潮，湖南电视台的《快乐大本营》是第五次浪潮的始作俑者。”[①]湖南卫视推出的《快乐大本营》带动了全国电视“快乐系列”节目的诞生。之后，各种以“快乐”“趣味”“游戏”等为主旨的休闲娱乐节目在电视中开始陆续出现，比如《欢乐总动员》《幸运52》《开心词典》等。“1999年6月中旬，国家广电总局总编室在北京顺义召开的广播电视文艺研讨会提供的材料显示，全国省级电视台办娱乐节目的有33家，地（市）级电视台开办娱乐节目的有42家。1999年至2000年，先后又有32家电视台开办或引进了娱乐节目。1999年1月20日北京有线电视台开播《欢乐总动员》，被全国近40个城市的电视台引进播出。”[②]

但是，即使有成功的先例，电视往休闲娱乐方面迈进仍然经历了重重阻力。1999年，北京召开了一个全国范围的“电视娱乐节目理论研讨会”，“当时电视娱乐节目刚刚兴起，处于兴奋之中的各地电视台的创作者，纷纷带着自己的代表性作品，与电视理论研究者们共坐一堂进行总结、交流与展望，以求电视娱乐节目的良性发展。当时有两种不同的声音给人印象深刻：一种是满怀激情地呼唤以电视娱乐节目为标志的大众文化的到来，认为电视的本质功能就是娱乐，娱乐节目的宗旨就是要满足观众的快乐感、趣味感、刺激感……甚

① 《2000年中国电视节目榜》，《新周刊》2001年第1期。

② 夏骏：《十字路口的中国电视》，清华大学出版社，2006，第85页。

至有人提出‘电视不需要文化’。而另一种理性的声音则认为,娱乐节目虽然应在电视中占有一席之地,但电视传播的社会功能不能动摇,电视媒体应该仍以使命感、忧患意识为重,‘创造’娱乐很不现实,呼吁‘大干快上’的游戏节目赶快‘悬崖勒马’”[①]。因此,电视是否娱乐在90年代末期仍是一个倍受争议的话题。

(二)电视台的定位彰显休闲理念的变化

与电视娱乐在理论界倍受争议同步进行的是,电视业界越来越发现,娱乐确实能够吸引大众的关注,电视娱乐节目确实可以提升收视率,实践是检验真理的唯一标准,娱乐逐渐为越来越多的电视人和电视观众所接受。此后,如何让电视更进一步发挥娱乐潜能成了人们思考的重点。

安徽卫视是继湖南卫视之后,再次意识到双休日带给电视观众的空闲时间和市场空白点,并着力挖掘双休日潜力的电视台。2000年4月,安徽卫视推出了一个集中播放电视剧的栏目《周末大放送》。“该栏目针对双休日电视观众收视需求的特点,每个双休日联播20集电视剧,从双休日白天早上8点左右开始,一天播10集;连播周六、周日。比如,2000年6月推出《天龙八部》《鹿鼎记》等‘金庸群侠系列剧’,结果在全国一炮打响,占领了双休日白天60%的频道市场份额,在合肥地区收视率超过10%。2000年7月,安徽卫视落地上海,在上海地区也创造了周末白天时段最高10%的收视奇迹,平均收视率高达6%!”[②]从那时至今,安徽卫视凭借电视剧的资源和定位,以及对电视剧进行富有特色的编排方式,跻身省级卫视一级阵营。

除了湖南卫视的快乐休闲理念、安徽卫视的电视剧休闲,近年来,还有一个电视台的成长、发展与转变休闲理念有关,那就是江苏卫视。江苏卫视近年来定位“幸福中国”,旨在通过电视节目满足受众的幸福诉求,带给观众幸福的休闲享受。江苏卫视先后在观众中推出过两个引起巨大轰动的电视节目,其一是2002年推出的民生新闻《南京零距离》,其二是2010年开播的《非诚勿扰》。《南京零距离》首播时间为18:50,时长60分钟,这段时间,恰是市民下班回家、做晚餐闲聊的时间,从一天的紧张劳作向完全放松的过渡,是一段“半休

① 李立、李强:《我们应该怎样娱乐?:电视娱乐节目之感悟》,《现代视听》2011年第10期。

② 张云、方世彤:《电视品牌战》,广东经济出版社,2004,第55、64页。

闲”时间。有研究者将《南京零距离》的选材标准概括为“有情”“有用”“有趣”。“有情，指大量的爱心故事、悲情故事；有用，指对生活有实用价值；有趣，指新闻娱乐化，奇趣好玩，让观众会心一笑。”[①]《非诚勿扰》是江苏卫视开创的另一个收视神话。江苏卫视的婚恋交友节目《非诚勿扰》之所以能持续多年热播，从休闲的视角来解读，可能缘于其吸引人的核心要素是娱乐。节目看似在帮忙介绍对象，其实是在帮闲，在帮助大家寻找快乐。该节目带给大家快乐的秘密武器是体验。观众获得的是纯娱乐体验，嘉宾们则参与其中，这种参与让他们暂时忘掉了眼前的烦恼，找到一种全新的相亲体验。江苏卫视根据年轻观众的收视时间和节奏，再将这种娱乐体验通过电视声画传播出去，收到了一种集体娱乐的效果。

过去近20年间，中国电视娱乐节目总体发展思路是：先借鉴国外模式，再进行本土化改进。

（三）矫枉过正的反思：对电视娱乐化的批判

电视的休闲功能之所以为大众所重视，其背后有多重推动力量，其中，中国电视经营的产业化转型是最强大的推动力量。电视产业化后强调过去一直被忽视的电视的商业属性，收视率日益被各家电视台所看重，受众成了电视频道争夺的焦点。投其所好，成了最简单易行而又见效快的争夺观众的手段。

2005年，湖南卫视的《超级女声》在全国观众中引起的轰动，用“地震”来形容丝毫不过分。伴随着《超级女声》的全国收视参与热潮，电视节目兴起了一股以“选秀”类节目为主打的娱乐风潮。与此同时，围绕“超级女声”所引发的对电视节目娱乐的各种批评和争议也成了当年度电视批评领域最大的热点。对《超级女声》持支持观点的一方认为，《超级女声》适应了后现代文化语境下的受众审美接受心理，以身体奇观和视觉快感为突破口，打破了电视传播中长期固守的封闭性思维模式，引领中国电视媒体真正进入了互动传播、张扬个性和敢于梦想、文化民主的多元化传播时代。[②]而反对者一方则认为，《超级女声》仅是电视媒体打着平民主义的旗号，乘着大众文化与消费主义流行的浪潮，与媒体知识分子和商业资本共谋而导演出的一出“审丑”闹剧；其在传统文

① 陈正荣：《电视第三次浪潮——解析“南京现象”》，中国传媒大学出版社，2006，第47—48页。

② 杨状振：《21世纪中国电视批评发展研究》，四川大学2010年博士论文，第168页。

化领域所引发的不切现实的"一夜成名"梦想，以及尽情张扬自我的极端狂热情绪，不仅会给青少年以错误的成长导向，而且还会对维护中国社会正常运行的传统伦理秩序和道德观念，形成解构与挑战。而另一些批评者，则保持相对中立的立场，以后现代文化语境为切入点，从相对单纯的学术观点出发，对《超级女声》节目和"超女现象背后的机制成因与文化征象"进行了全面分析与评点，认为"'超女'现象既具有明显的商业利益色彩，也具有不可否认的媒介文化革新意义，尤其是在传播的广泛参与性与话语表达形式的'民主性'方面"——批评者同时强调认为，"这种形式上的民主性其实也隐含着'集体狂热'与'多数人暴力'的弊端"[①]。

事实上，"超级女声"所引发的这场社会大讨论不仅仅局限于节目或栏目本身，而是在更为广阔的视野上折射出了中国当代社会对电视的休闲、娱乐定位走向的一种深层反思。在经历了市场经济崛起和社会文化的转型之后，中国电视媒体的角色在娱乐化浪潮的冲击之下，逐渐由传统的政治传达和信息传播本位向以强调娱乐本性的大众文化倾斜，但在这个过程中，显然还有很多问题需要正视与解决。[②]这场有关"超女"的社会大讨论，从2005年开始到2007年告一段落，其间几乎牵涉了中国当代社会文化生活和政治、经济生活的方方面面，但核心却是一个关于中国电视应该如何娱乐，如何休闲的问题辨析。

2007年，针对电视娱乐向低俗方向发展的现象，国家广电总局和相关部门对"电视节目低俗化"进行了历时最长、规模最大的一次整顿活动。在这次整顿活动中，《快乐男声》《第一次心动》《超级情感对对碰》《美丽梦工场》《美莱美丽新约》等电视栏目和整容、丰胸类涉性电视广告受到规范治理，或限令直接禁止播出。令人深思的是，在这次活动中，对广电总局所采取的相关措施，民意支持率竟高达96%以上，这一数字从一个侧面反映出了社会公众在娱乐化浪潮席卷的情势下，对其中所涌现出的过度娱乐现象的冷静反思与理性追问。

世纪之交的电视娱乐化浪潮所涉及的并不仅仅是综艺节目，它还包括电视新闻、谈话类节目、纪录片等电视内容表现手法和内容取向的娱乐化。这一现象从侧面反映出了中国电视观念的一次代际转换和世纪变革。"传受者之间的移势换位、价值观念上的多元取向、收视率造成的潜在经济压力和商业诱

① 赖大仁:《大众娱乐文化的一个"范本"——"超女现象"的文化解读》,《现代传播》2006年第1期。

② 杨状振:《21世纪中国电视批评发展研究》,四川大学2010年博士论文,第168页。

惑，不仅仅是在综艺娱乐节目上引发了一场娱乐地震，同时，作为一种精神理念和行业逻辑，它甚至成为了节目制播中的一种集体性症候，侵入中国电视节目制作和传播环节的方方面面。”[①]

二、电视休闲方式的变化

电视的休闲历程与科学技术和人们的经济生活水平息息相关。科技的发展促使电视机价格降低，商品经济的发展又推动电视机日渐在中国家庭普及，使人们的电视休闲成为举手可得的方式。录像机和遥控技术对电视的休闲影响深远。录像机的发明和使用，使时间在电视收看上变得可以逆转——人们可以将正在播出的电视节目录下供以后欣赏，使人们可以选择性地欣赏自己所喜欢的内容，不受时间和空间的限制，这种欣赏方式成为电视休闲者的乐事。

中国电视自1958年诞生。“电视在中国诞生之日，在中国整个北京城内只有30多架电视机。”[②]由于全国电视机数量极少，多以集体收看为主要方式。此后直至改革开放的数十年，中国的普通人通常没有机会接触电视。

（一）集体收看

从1958年到1983年，中国电视的家庭拥有量很低，电视机普及之前看电视只是少数人的休闲。但电视天然是一种聚集性媒体，少数人看电视的快乐不敌聚众看电视来得愉快。于是许多拥有电视的家庭将家门敞开，或者直接将电视放置于院内开阔地带，邀请左邻右舍一起观看，共享电视带来的休闲时光。

（二）家庭收看

1983年中国电视确立“四级办”的发展方针，电视逐渐普及，1985年我国城镇居民家庭平均每百户彩色电视机拥有量为17.2台。各家开始回家收看自己的电视，电视开始走进家庭。

---

① 杨状振：《21世纪中国电视批评发展研究》，四川大学2010年博士论文，第169页。

② 张政、罗振宇：《理解电视的一个角度》，中国青年出版社，2000，第9页。

1.电视在家庭中的社会用途

电视在家庭中的社会用途包括电视的结构用途和关系用途。结构用途可分为环境性和规定性用途;关系用途可分为交际辅助、联系或回避、社会学习以及能力或优势。(参见表2-1)[①]

表2-1 电视的社会用途

结构性用途	
环境性用途	背景噪声;陪伴;娱乐
规定性用途	守时和活动;谈话模式
关系用途	
交际辅助	经验例证;共同基础;交谈导入 焦虑减少;谈话安排;价值澄清
联系或回避	身体,文字接触或疏忽;家庭团结;家庭松散;冲突削减;关系维持
社会学习	做决定,规范行为;解决问题;价值传播;合法;消息传播;替代学校教育
能力或优势	角色扮演;角色强化;替代角色刻画;智力确认;权力行使,守门;辩论辅助

环境性用途的表现是:电视经常被用作一种背景噪声,有时人们靠这一噪声来驱赶孤独或恐惧;有时人们在这个噪声背景下从事其他活动,比如家务劳动或家庭交谈。也就是说,电视有时扮演的是一个环境背景的角色。人们开着电视的主要目的不是收看,而是表示自己已经回家或是把电视作为最轻松的背景声音充满家庭生活的空间。电视的规定性用途也常常在家庭中被使用,比如父母规定孩子,每天放学后做完作业就可以看电视了;或者规定看完什么电视节目后应该上床睡觉等,在这里,电视起到了行为管理者的角色。

关于电视的关系性用途,电视经常充当交际辅助器,人们聊天的开场白常常从电视节目开始。比如:昨晚你看《非诚勿扰》了吗?以此让谈话得以进行。有时,打开的电视可以用来代替或促进交谈、掩饰令人尴尬的表情,或者当客人来访时,电视可以避免因无话可谈而造成的冷场局面。"同时,看电视可以允

① 尼古拉斯·阿伯克龙比:《电视与社会》,张水喜、鲍贵、陈光明译,南京大学出版社,2007,第2版,第147页。

许一个人回避社会交往。人们生气或者感到疲倦的时候,可以用电视来拒绝家庭其他成员的关心。看电视几乎同看报或看书一样,可以创造一种缓解紧张感的社会空间。"①

2.家庭收视的目的

根据张同道主持的《北京城市居民收视行为与收视模式调查》(2002),结果显示:"家庭是一个相对比较宽松的环境,家庭收视的主要目的是娱乐和获得信息,但也有23.2%的受访者是为了增进家庭情感,受访者年龄越大,选择的人越多。也就是说,电视收视不仅是一种简单的娱乐活动,也是家人团聚、增进感情的仪式,甚至电视为他们提供了更多的话题,看电视的过程中,如果看到自己喜欢的节目,36.6%的受访者立刻叫家人一起看,27.3%的受访者和家人一起讨论,如果家人看的节目不是自己喜欢的,29.3%的受访者表示无所谓,跟家人一起看,这表明电视不仅是一件娱乐媒介,也是促进家庭团结、调节家庭气氛的媒介。从以上调查数据看,电视在一定程度上增加家庭成员的情感,但有时也会造成分裂——大约1/5的受访者受到电视收视的影响,11.2%的受访者因为选台产生分歧,9.0%的受访者因为看电视时间太多减少了交流。当然,从总体上看,半数以上的受访者认为看电视不会对家人的关系产生什么影响,并有27.2%的受访者认为电视收视让家人之间话题增多,促进了感情,尤其女性受访者更是如此。一般来说,全家人一起看电视主要选择热闹高兴与温馨轻松的节目,其次是有教育意义和刺激紧张的节目的吸引力,相比之下有文化品位的节目较少受到青睐。由此可知,目前电视收视对北京居民来说以积极面影响为主,是一种凝聚力量,节目选择的家庭倾向也非常浓郁,虽然半数以上的受访者表示电视对家庭生活没什么影响,但电视在家庭的地位似乎在不经意中显示出来。"②

3.遥控器的使用

遥控器的发明将电视转向休闲产品的行业大大推进了好几步,因为电视节目可以选择性收看,但遥控器发明之前,这种选择需要付出时间和体力上的代价。遥控器发明之后,选择变得随心所欲和轻而易举,休闲性大为增强。"在20世纪90年代,全美有70%的家庭有线节目订户,有171个可供选择的有线频

① 尼古拉斯·阿伯克龙比:《电视与社会》,张水喜、鲍贵、陈光明译,南京大学出版社,2007,第2版,第148页。

② 张同道:《电视看客——调查中国电视受众》,安徽教育出版社,2003,第3—4页。

道,电视观众不需依赖电视制作者所期待的方式,而是进行'频道冲浪'和'放牧',在一系列频道中快速地从一个频道跳到另一个频道,或者是随机抽看一些节目,可以自由地'击杀'广告,也可'封锁'住不想看的节目。这样,就在不间断的电视节目流中,有了休闲的选择。"①

(三)个体收看

首先,"现代社会生产方式的社会化、组织化变革,使传统社会中家庭的结构、功能发生了很大变化"②。中国传统的大家族或大家庭制生活方式正在解体,现代家庭逐渐走向小型化。在二十世纪八九十年代甚至更早,中国三代甚至四代同堂的家庭结构十分常见,现在,三代甚至四代同堂的家庭结构逐步解体,青年人从传统的大家庭中分离出来以后,整个社会的家庭结构日益小型化。传统的家庭结构正在由"老人+成人+孩子"的模式向"成人+孩子"或"老人+孩子"以及单纯由"老人"或"年轻夫妇"组成的家庭模式转变。这种结构的变化必然使电视的观众分化,老少三代或者四代同看一个电视节目的时代已经改变。

家庭成员越来越少,但是家庭里的电视机数量却越来越多,个体收看电视越来越普遍。住房条件的改善,使一个家庭可以拥有两台、三台甚至更多电视机,因此家庭成员作为电视观众进一步分化。1985年我国城镇居民家庭平均每百户彩色电视机拥有量仅为17.2台,拥有一台电视机是家庭的奢侈消费品,拥有两台就几乎是不可能的事情,然而到2009年,中国家庭电视机拥有率为98.2%,拥有两台及以上电视机家庭的比例达29.4%。这些条件为人们个人收看,满足个体收视偏好提供了便利。

其次,新媒体技术环境对电视传播的影响之一是收看方式的改变。电视新媒体的发展使收视终端由单一的家庭电视机变为电视机、手机、电脑、车载电视、掌上娱乐终端等,收看形式既可以是传统的居家收视也可以是移动接收,个体个性化收看越来越普遍。

① 蔡贻象:《合法化的快感:电视的休闲文化策略》,《文艺研究》2004年第3期。

② 王玲玲:《大众传播对现代休闲理念的影响与作用》,《浙江社会科学》2005年第4期。

第二节　中国电视休闲节目的发展进程

作为一种社会文化活动，休闲存在于中国人的生活之中由来已久，然而作为一种社会文化概念出现在中国人的面前，我们对休闲从生疏、怀疑走向理解、认同，并从容地接受。而作为一种社会文化的理论体系，休闲确立于中国人的精神世界还有一个漫长的过程。回顾中国电视休闲的发展史是我们对其进行整体认知的必要过程。

回顾我国电视节目，由于过去我们长时期过于强调电视传媒的宣传教化功能，电视休闲娱乐类节目发展缓慢，通常以电视文艺节目一言以概之。

一、忽视期(1958—1966年)：文艺节目的电视化探索

在1958年到1966年间，中国是一个“全民讲政治”的年代，电视节目包括新闻、专题，甚至纪录片，在这一时期都负载了很多的宣传教化的意识形态。媒体主要是党的宣传工具。不过，在办好政治宣传和教育性节目的同时，电视工作者对电视文化娱乐节目还是进行了一些尝试。“由于电视台办节目的能力不足，在很长时间里，北京电视台(中央电视台的前身)不得不较多地依赖外界，特别是电影和戏剧界的支持。开办初期，电影占播出时间的75%，转播剧院演出占15%，自办节目仅占10%。到1959年底，统计结果表明，电影故事片占50%，剧院转播占30%，余下20%主要是纪录片和过了半月20天的新闻简报以及一部分科学教育影片，另一部分是现代题材的小型电视节目。电视成了首映电影的家庭电影院。”[①]

1958年6月15日，试播期间的北京电视台播出了中国第一部电视剧《一口菜饼子》，此时的电视剧更接近于舞台剧。

1959年国庆10周年时，北京电视台的戏剧节目盛况空前。除了举办5场戏剧晚会，邀请著名表演艺术家马连良、谭富英、张君秋、裘盛戎、尚小云、荀慧生、小白玉霜等登台表演外，还转播了话剧《带枪的人》、京剧《穆桂英挂帅》、歌剧《刘胡兰》、舞剧《海峡》、越剧《红楼梦》以及苏联大剧院在中国的首演开幕式

① 刘习良：《中国电视史》，中国广播电视出版社，2007，第47页。

和芭蕾舞片段。

1960年,北京电视台首次在演播室里排练、播出的综合性春节文艺晚会,有诗朗诵、相声、歌舞等,为以后组织综合性文艺晚会做出了有益的尝试。

1960年,开始有了与电视剧十分接近的舞台剧,比如话剧《伊索》、昆曲《李慧娘》、川剧《燕燕》、评剧《祥林嫂》、京剧《红灯记》等。早期中国电视剧都担负着讴歌新时代的任务,因此娱乐功能不强。

1961年到1962年,戏剧界在“挖掘传统”的口号下开放了一批传统剧目。外国戏剧和电影也较多地出现在中国舞台和银幕上,广播电视中传统节目和外国节目都有增加。

1961年,北京电视台制订了一个以扩大取材范围、提高节目质量为重点的工作计划,并得到了广播事业局党组和编委会的首肯。时任广播事业局局长梅益指出,电视应比广播更进一步地和当地人民的生活联系起来,不但要有意义,而且要引起观众的兴趣,山水风景也应该有,扩大取材范围还包括今后有更多的娱乐节目。此时,北京电视台的领导根据中央精神,要求文艺组举办一些有益无害的娱乐性节目,以健康的笑声活跃群众的生活。在这种情况下,三次《笑的晚会》应运而生。

第一次《笑的晚会》于1961年8月30日播出,内容全部是相声。播出后收到一百多封观众来信,对这个节目表示支持,并要求再办。受到鼓舞的北京电视台于1962年1月20日举办了第二次《笑的晚会》。这次仍以相声为主,但为了弥补前次单纯以相声语言艺术为主、视觉形象不够丰富的缺点,增加了其他形式的喜剧节目,如话剧片段、独角戏和笑话。演播时参考外国电视台的做法,布置了一个茶座式景区,演员分散围坐着,既是表演者又做剧场观众,使晚会气氛更加轻松活泼。在一片赞扬声中,北京电视台又筹办了1962年国庆前夕的第三次《笑的晚会》。晚会以电影、话剧演员表演小品为主。三次《笑的晚会》是中国电视对电视文艺的一种探索,它试图突破当时现有晚会节目中文艺版块的局限,创作适于电视演播的喜剧节目,为之后电视娱乐节目的发展做出了有益的尝试。

1963年2月17日,北京电视台播出了根据柯岩写的话剧改编的《相亲记》,由石梁编剧,蔡骧、梅村导演。这个电视剧说的是饭店服务员和纱厂女工相爱的故事,是一部歌颂新社会、歌颂服务业新面貌的喜剧。该剧播出后受到服务行业职工的热烈欢迎。应观众要求又重播过4次，是那一时期播出次数最多的电视剧。

1964年前后，广东戏剧界在中南局和广东省的领导下大力掀起演革命现代戏的热潮，广州电视台（现广东电视台的前身）转播了歌剧《血泪仇》、粤剧和歌剧《白毛女》、粤剧及歌剧和话剧《夺印》、潮剧和歌剧《江姐》、话剧和粤剧《山乡思仇记》、话剧《千万不要忘记》、越剧《祥林嫂》，还有绍剧《三打白骨精》等。从此，工农兵的高大形象把“帝王将相”“才子佳人”“洋人死人”统统赶出了戏剧舞台，电视屏幕也变得更革命化了。

1958年到1966年是中国电视剧早期发展阶段。八年时间里播出了一百多部电视剧。由于电视机数量甚少，电视的影响不大，一过即逝的电视剧给观众留下的印象十分有限。

二、遮蔽恢复期（1967—1982年）：休闲功能屏蔽与恢复

（一）遮蔽阶段1967—1976年

“‘文化大革命’打断了我国电视事业的正常发展进程。在那场‘不仅涉及文化领域各界，也涉及党政各部门；不仅要批判，还要夺权’的政治风暴中，电视媒介被用作推波助澜的工具。”[①]在这一时期，北京电视台时播时停，播出的电视节目，不论内容还是表现形式都贫乏单调，趋向公式化、概念化。刻板、枯燥的画面配以千篇一律的空话、大话、套话的解说，成为那个时候电视节目的基本格调。“文化大革命”前所制定的“宣传政治、传播知识、丰富人民文化生活”的电视宣传方针被斥为“修正主义”；知识性、教育性、欣赏性节目全部被批判和撤销；娱乐性节目一概被视为“封、资、修”而受到批判和取消；当时电视屏幕上的文艺节目主要是八个样板戏（京剧《红灯记》《沙家浜》《智取威虎山》《海港》《奇袭白虎团》，舞剧《白毛女》《红色娘子军》，交响音乐《沙家浜》）和被群众称为“老三战”的三部电影（《地道战》《地雷战》《南征北战》），以及毛泽东思想业余宣传队演出的文艺节目。播出的有限的几首歌曲是《东方红》《大海航行靠舵手》《国际歌》《三大纪律八项注意》和根据毛泽东语录谱写的“语录歌”。

---

① 刘习良：《中国电视史》，中国广播电视出版社，2007，第78页。

“文革”时期，上海电视台的文艺节目也极为单调、枯燥，除了大量播映由“四人帮”及其亲信炮制的批“走资派”的文艺节目，如《盛大的节目》《春苗》《欢腾的小凉河》，就是八个样板戏和“老三战”电影，并且一遍遍地轮番播映。

哈尔滨电视台是我国继北京、上海之后建立的第三座电视台。1967年8月至1968年3月，由于受到“文化大革命”的冲击，哈尔滨电视台一度停播。后来，恢复不定期播出，但主要转播北京电视台的节目。“文革”后期略有变化，开办了《黑龙江新闻》节目，播出地方新闻，还办有《科学知识》《少年儿童》节目。在文艺节目方面，逐渐增加了音乐、舞蹈、歌曲、曲艺、话剧和新故事影片及社会主义国家的电影故事片等。

“文化大革命”期间，全国各地的其他电视台都无一例外地受到影响，绝大多数曾一度停播。“文革”开始后，电视新闻遭受严重挫折和破坏，社会教育性节目如《科学知识》、《卫生常识》和《文化生活》等的制作播出被中断。少儿节目被停播。体育节目时播时停。广播事业局对文艺节目制定了四项措施，要求编审人员加强阶级斗争观念，“不播毒草”，对“文革”前制作的大量文艺节目“一律不播”。在“四人帮”文化专制主义的统治下，中国的电视屏幕上，除了革命样板戏外，就是毛主席语录歌和忠字舞了。

（二）恢复阶段1977—1982年

1977年到1982年间，对于中国电视来说，是一个过渡时期。1976年10月开始，粉碎了“四人帮”，我国进入了百废待兴的状态，但十年“左”的路线造成的影响不可能在短期消除，“两个凡是”的出台又继续了“左”的错误。在这段特殊的历史时期，中国电视在徘徊中缓慢前进。

1982年，是中国电视发展的一个重要分水岭，首先，这一年中国“电视机的社会拥有量达到2761万台，电视观众逾亿”。[①]电视机开始由奢侈品变成了人们的生活必需品，电视机的普及为电视休闲创造了一个前提，在电视机拥有量有限的条件下，电视内容再娱乐休闲，都与大众无关。其次，1983年中国召开了第十一次广播电视会议，这次会议确定了“四级办广播、四级办电视、四级混合覆盖”的方针。这一方针将中国电视台的开办数量引入了一个极速扩张的时代，为以后电视的竞争、娱乐的取向等创造了另一个前提。

① 刘习良：《中国电视史》，中国广播电视出版社，2007，第172页。

“文革”十年，大批文艺人被赶往“五七”干校进行思想改造，他们那些曾经倍受欢迎的作品一夜之间成为“毒草”，被禁读、禁演、禁发行；交际舞、民间庙会被视为封资修的玩意儿坚决取缔；城乡各处的体育娱乐场地变成批斗游行的会所；红卫兵小将到处打烂文物，烧毁经典，破坏古籍和档案……在这样一个非常理行事的时代，休闲是无处生存也不可能生存的奢侈。在过来人的记忆中，看样板戏、电影，唱语录歌，跳“忠字舞”便是“文革”期间最富休闲意味的活动。这些是“文革”期间人们消磨时光的主要方式之一。同一部电影常常放了一遍又一遍。

“文革”后，尽管极端路线得到遏制，但人们观念的改变、社会经济的发展都需要假以时日，尤其是在电视被看成意识形态宣扬工具的思维模式下，电视观念的更新更是较之其他行业慢之又慢。因此从“文革”结束直到1982年，电视的休闲观念都还处于一个被遮盖的朦胧时期。

文艺节目最主要的功能是满足人民群众的文化生活需求。“文革后，”电视界逐渐认识到只有恢复播映丰富多彩的文艺节目和多种形式的艺术作品，满足群众需求，才能更好地发挥宣传及教育引导的作用。首先，中央广播事业局将一批保留的传统戏曲节目向大众开放。早在1974年初，根据毛泽东的要求和中央办公厅的指示，北京电视台到各地录制了一批传统节目。1977年10月18日，北京电视台文艺部向中宣部征求对部分传统剧目意见后，在电视台陆续播出了这批节目，包括湖南花鼓戏《十五贯》、京剧《闹天宫》、昆曲《大破天门阵》等。

此阶段，制作和播出各类文艺演出的盛况成为文艺节目发展的又一方面。1977年“五一”劳动节，北京电视台直播了“首都人民庆祝‘五一’国际劳动节焰火晚会”的实况。1977年11月，为了庆祝十月革命60周年，北京电视播出了“庆祝伟大的十月社会主义革命60周年文艺节目”和介绍苏联20世纪20至30年代的部分美术作品。1978年元旦，为了将这次元旦节目搞得红火些，北京电视台事先对元旦节目做了周密的安排，播送了一批反映工农兵各行业先进事迹的新闻纪录片和电视新闻专辑，直播了东方歌舞团、中央民族学院、中央广播文工团联合演出的《独唱音乐会》，转播了京剧《杨门女将》和话剧《霓虹灯下的哨兵》。电视机前的观众真正从屏幕上感受到了过节的气氛。接着，1978年2月6日除夕，北京电视台特地为观众办了一场春节晚会。这是粉碎“四人帮”

以后北京电视台第一次举办春节晚会，晚会采用现场演出的形式，有歌舞、猜谜、新排演的戏曲等。一些文艺界知名人士与观众见面并表演了节目。这次晚会的内容并不是特别丰富，但在刚刚解禁的特殊时期，已经让人民感到非常的欣慰。它标志着电视文艺已经开始恢复生机并重新塑造自己的形象。

1977年，北京电视台恢复了《文化生活》栏目，开办了介绍世界各国的经济、文化教育、风土人情、名胜古迹和地理风光的《世界各地》栏目，还开办了《外国文艺》栏目。1978年，北京电视台又开办了《体育之窗》栏目，并在栏目里推出了一些重要体育赛事。

在电视剧方面，“文革”结束后最初的几年，主要以播放外国电影或电视剧为主，比如南斯拉夫故事片《瓦尔特保卫萨拉热窝》《桥》《巧入敌后》；苏联故事片《伟大的曙光》《难忘的1919年》《乡村女教师》《革命摇篮维堡区》《安娜·卡列尼娜》；以及日本故事片《望乡》和《追捕》等。此后，中国也开始陆续拍摄播出自己的电视剧。1978年5月22日，中央电视台推出了我国自行录制的第一部彩色电视剧《三家亲》。接着，10月1日播出了电视剧《窗口》和儿童电视剧《卖火柴的小女孩》。电视剧开始逐步恢复，这一年，中央电视台共播出了中央和地方电视台录制的8部电视剧。

总之，在阻滞—恢复期（1967年—1982年），中国电视的功能发挥在被严重阻滞后显得单一、扭曲，后期虽然慢慢开始恢复，但总体来看，电视的休闲娱乐功能没有得到应有的地位和展现。

三、娱乐回归期（1983—1997年）：电视机是休闲产品

1978年十一届三中全会召开后，改革开放坚定地进行，中国经济开始持续增长，社会全面发展，人们的思想观念发生了重大改变。20世纪90年代，管理学大师皮特·德鲁克曾指出：由于工资的稳步增长和工作时间的不断缩减，人们会将财富积累的一半用于休闲。他的这一观点同样适用于中国社会，随着我国居民生活从温饱型向小康型和富裕型转变，居民的消费结构也发生了较大变化，恩格尔系数不断降低，与休闲相关的支出在总支出中的比例不断提高。

首先，1983年开始，作为休闲产品的电视机在中国逐步普及，电视频道和

节目数日益丰富。其次，休闲在中国开始有了生长的土壤。休闲观念发生着潜移默化而全面深刻的改变。休闲需求开始浮出水面，并迅速在经济生活中扮演重要角色：从休闲服装、休闲食品到休闲旅游、休闲住宅，从街头茶馆到各式各样的酒吧、迪吧、咖啡吧，从电影大片到畅销读物，各种冠以"休闲"名义的商品和服务成了城市居民趋之若鹜的消费时尚……休闲作为一种新的消费潮流，带动着城市居民生活方式、行为方式，以及城市经济产业结构的变化。

（一）电视的社会语境变化

从20世纪80年代开始，休闲对中国人才是一个真正展开的话题。改革开放在人们面前展开了一个越来越精彩的世界，经济发展鼓胀起国人越来越大的钱包，这一切，使得娱乐休闲一百年来第一次堂而皇之地成为这个时代响亮的、多彩的主题。

1.音乐的召唤

80年代，中国人的休闲生活，真正让不同年龄、不同阶层、不同文化背景的人们都卷入其中的要数卡拉OK了。或许是国人谦逊内敛的生存守则积郁了太多自我张扬的欲望，或许是改革开放的熏染使人们沉默着的表现欲苏醒过来，卡拉OK一出场就风靡了全国。彼时，流行音乐其实已经成为社会休闲生活的重要内容。电视节目中的音乐节目也倍受观众喜爱和模仿。比如《每周一歌》电视节目。每一年的春节联欢晚会上都有许多歌星因为自己唱的流行歌曲而一曲成名，家喻户晓。

2.体育的集体释放

80年代后期，中国体育产业迅猛发展。1983年，第5届全国运动会在上海举行。这是新中国成立以来第一次在首都以外的城市举办全国运动会。上海电视台向全国现场直播了这一大型运动会。1984年，中国体育代表团重返奥运会赛场，中央电视台每天播出4小时，对中国观众进行了电视体育的普及和推广。1986年的亚运会和1988年的奥运会都在韩国首都首尔举行。中央电视台直接派报道组到韩国进行现场报道。体育观众逐渐被培养起来。此后，电视推动群众体育运动的普及，90年代，体育成了最受追捧的休闲运动，不管是参加运动还是观看运动，都给人们带来前所未有的休闲体验和享受。电视顺应这一休闲需求，开办体育栏目，转播体育赛事，甚至开办体育频道。回顾中国电视体育频道的发展就会发现,90年代,各城市电视台几乎都先后开办了体育频道。与中国足球职业化同步进行的是,足球成了体育运动中最受球迷欢迎的项目。“宁可少吃一顿饭,也不能落下一场球!”除了那些带着大喇叭,挥着旗帜在现场呐喊雀跃的人们,更多的老少球迷是聚在电视机前等候每一场卫星转播。借助传媒,球迷们不仅对国内的几十支甲A甲B球队了如指掌,还对世界各地球星的特点、经历甚至家庭状况也如数家珍。报摊上的足球专刊品种繁多,却绝少滞销,电视台的每一个频道里都有说球评球的主持人。

1996年5月,北京至济南开出了一趟“专列”。这趟“专列”往返三天,旅客不是国家元首,也不是什么专家劳模,而是1500名北京国安足球队的铁杆球迷。1999年10月中国国奥队赴首尔与韩国国家队对垒,也有1500名球迷追随助阵。在国内,球迷们跟着自己钟情的球队南征北战更不是什么新闻了。每到国家队在各个城市进行比赛时,当地城市一定是万人空巷、交通堵塞。

尽管后来中国足球屡战屡败,但球迷看球之意不在看,而在于球场上那种山呼海啸的纵情宣泄。而纵情宣泄、吼叫、哭笑之后的那种松弛与愉悦,就是最好的休闲!

3.电视机被作为休闲工具

80年代,电视走进了寻常人家,从黑白到彩色,悄悄融入了人们的生活。看电视,大概是唯一一种未曾潮起潮落,而是稳扎稳打地占据了人们休闲空间的一种娱乐。80年代初,很多人家里还没有电视,每个周末的晚上,孩子们总是早早吃了饭,端着小凳聚在邻家九寸或是十二寸的黑白电视机前,焦急地猜测着霍元甲、陈真等电视剧主人公的命运。

80年代的节目频道还只有四五个,除了新闻、球赛,最具杀伤力的,恐怕就是电视连续剧了。从《排球女将》到《霍元甲》《上海滩》,从《血疑》到《射雕英雄传》,每一部都会掀起一场亿人争看的热潮。剧情有进展的第二天,上班或上学的人们见了面,最要紧的话题就是昨晚的主人公,如果你对此茫然无知,恐怕就像在今日的球迷聚会中不知昨晚的甲A战况一样,社交形象将大受损害。

1983年起中央电视台连年举办春节联欢晚会,晚会上让人捧腹的相声、小品开始成为真正的大众娱乐。在休闲需求一直存在、休闲供给严重不足的年代,作为中国人民电视休闲的一个开端节目,春晚提供的是一台长达数小时的娱乐休闲节目,并将数亿人召集到电视机前共同体验这一节目带给人们的激动和满足，因此，春晚迅速受到人们的认可和欢迎。“电视机的普及和春节晚会的出现带动了电视娱乐节目的发展，同时也逐步提高了观众的娱乐口味。此后，两者一直在交互中缓慢上升：观众的口味在缓慢提升，娱乐节目的品质和数最也在缓慢提升。这种状况一直持续到20世纪90年代初期。”①

（二）电视节目的休闲取向

90年代初期兴起的《正大综艺》《综艺大观》等节目是我国电视注重其休闲娱乐功能的一个早期表现。1990年3月14日央视开播的《综艺大观》将电视休闲节目带入综艺表演阶段。在当时物质相对匮乏、社会观念不甚开放、娱乐方式十分单调的社会背景下，这种“明星+表演”的节目形式集相声、小品、歌舞曲艺于一体，让人耳目一新。与此同时，80年代中后期还兴起了一档全新的娱乐节目形态《正大综艺》。这档汇集了知识问答、搞笑风光旅游短片和连续剧的新型节目，不仅开创了一个娱乐新形态，并且带动了当时各地方电视台一批综艺节目的问世。

此外，电视连续剧也在20世纪末给中国人带来前所未有的情感享受，甚至潜移默化地影响着人们的日常生活与观念。从80年代的“小鹿纯子的发型”“幸子衫”到90年代的“慧芳服”“小燕子服”，让很多中国人津津乐道……

中国电视节目一步步朝休闲娱乐本性回归。

总之，中国电视真正进入大众视野是从1983年之后，在有了广泛的观众的基础上，电视逐渐回归到了多种功能共同呈现的正常轨道，电视的休闲娱乐功能才逐渐为大家所正视，观众的休闲娱乐需求也才开始为电视人所重视。

四、繁荣期（1997年至今）：电视掀起娱乐化浪潮

1997年，在中国电视休闲历程中是一个重要的标志年，这一年湖南卫视开办了《快乐大本营》并向观众推介湖南卫视的“快乐中国”理念和定位，创建中国本土的快乐文化，在全国掀起了“娱乐旋风”。《快乐大本营》与《正大综艺》不同，它创立了“明星+游戏+观众参与”的新娱乐模式，在主持方式、节目设置上增强了游戏色彩，娱乐性也得到了强化。后来北京电视台也跟着推出《欢乐总

① 宗匠：《电视娱乐节目理念、设计与制作》，中国广播电视出版社，2003，第9页。

动员》,同样取得了成功,引来其他电视台竞相效仿。一时间,各地电视台先后推出了四十多个综艺娱乐节目。

1998年,央视推出互动益智类娱乐节目《幸运52》。此后"益智"类节目遍地开花,包括央视的《开心词典》《三星智力快车》、地方台的《财富大考场》《无敌智多星》等。这一时期的综艺节目将普通观众拉入现场,明星暂时退出了娱乐舞台,"观众+游戏+巨奖"成为新的电视娱乐模式。

2003年开始,真人秀节目成了电视台的娱乐主力,普通人开始被包装成娱乐节目的主角,其平民化特色消除了媒体过去高高在上的姿态,激发了观众的参与欲和观看欲。"百姓+生活游戏"成为新的娱乐模式。湖南卫视的《超级女声》、央视的《非常6+1》、东方卫视的《中国达人秀》等成为真人秀节目的典型代表。东方卫视推出的《舞林大会》也深得观众喜爱,湖南卫视和江苏卫视也分别推出《名声大震》《名师高徒》两档以明星为选手的综艺比赛节目,将真人秀节目的"平民秀"推向"明星秀",明星重新成为舞台的主角并借助自身的"明星效应"为电视台吸引了众多的受众。多种形态的电视娱乐节目开始共存和互补。

同一时期,上海电视台的《相约星期六》和湖南电视台的《玫瑰有约》两档婚恋相亲节目也吸引了大量观众的眼光,这一从台湾模仿来的节目模式迅速引来其他电视台的二次复制。

20世纪90年代中期以后,中央电视台创办《生活》栏目,强调服务生活,以科学、健康、智慧的新生活方式服务百姓,引导消费观念。之后,各地电视台也纷纷创办生活服务类栏目,内容涵盖衣、食、住、行、游、购、玩等各方面。生活中休闲娱乐的盛行推动那些以休闲为内容定位的生活服务节目,从以往处于其他类型节目的夹缝和边缘的尴尬境地,跃升为中国电视栏目中的一个独立支点。

世纪之交,真人秀节目开始在西方流行并迅速成为西方世界最火爆的电视节目类型,《老大哥》《美国偶像》《诱惑岛》等被业内人士视为真人秀的样板作品。与此同时,《幸运52》《开心辞典》又掀起一股益智节目风潮。它们在21世纪开头的几年成为公众收视的重点。同样引起观众关注的还有安徽电视台将搞笑上升到节目最基本制作理念地位的《超级大赢家》。此外,明星访谈、真人秀等新的节目形态陆续出现。

除了综艺节目，1999年一家民营电视制作机构——北京光线电视策划中心推出一档全新的节目《中国娱乐报道》，并很快扩展成日播节目，使娱乐成为新闻。至此，娱乐新闻作为另一种新的娱乐节目样式正式问世。在此之前，中国没有真正的娱乐新闻，只有娱乐专题片。这一节目的播出，极大地满足了青少年观众对娱乐资讯的需求，使之成为一种日常性娱乐消费。北京光线传媒公司直接将“娱乐”的英文开头字母“E”作为公司的标志，以宣告其靠娱乐打天下的雄心。随后，湖南电视台、福建电视台等地方电视台也相继推出了类似节目。

20世纪90年代以来特别是世纪之交，“时尚—娱乐”模式普遍成为各电视媒体的内容改革方向，更新了人们对媒介的传统观念。继20世纪90年代《快乐大本营》《玫瑰之约》《城市之间》等以“快乐”为主题的电视节目开播之后，进入21世纪，电视除了本身带给人们休闲体验外，电视节目里的休闲内容也越来越多。流行金曲、健身节目、收藏节目、旅游栏目……一切休闲的内容在电视上都能找到对应的节目。《超级女声》《梦想中国》《国球大典》《快乐男声》《绝对挑战》《我型我秀》《勇往直前》《名声大震》等也先后吸引了上亿受众的眼球。此后，中央电视台的运动休闲频道开播，海南电视台更名为旅游卫视，浙江电视台的民生休闲频道、武汉电视台的体育休闲频道、成都电视台的文化休闲频道等出现，几乎所有的电视台都推出了休闲类的栏目和节目。

在这些娱乐、休闲类节目大量推出的背景下，2000年后，各地相继诞生了一批专门的生活休闲类频道。2003年11月，江苏电视台开播“靓妆频道”；2004年元旦重庆电视台推出“魅力时装”服饰数字电视专业频道。休闲生活的新理念、新方式得以在一个频道的广阔空间中被放大和拓展。20世纪90年代后期，“以中央电视台《生活》和湖南卫视《快乐大本营》的推出为标志，全国形成生活服务、休闲娱乐节目热潮”[①]。在这股热潮的影响下，收看休闲、娱乐节目成为百姓一种典型的支配闲暇时间的方式。

在中国电视休闲的繁荣期，几个代表性的电视现象是推动中国电视向休闲、娱乐方向发展的重要力量。

---

① 曾志华：《电视与休闲生活的相互渗透和矛盾现象解读》，《电视研究》2004年第10期。

1.以春晚为代表的晚会热

在中国电视的休闲进程中，中央电视台主办的每年一度的春节联欢晚会是电视休闲演进一个典型样本。中央电视台春节联欢晚会从1983年开始开办，那时的“央视春晚”是一年中人们对电视最大的盼头，是中国老百姓大年三十合家共享的精神盛宴。从1983年首次举办到现在，中央电视台春节联欢晚会已经连续举办了30多年，它符合中国传统春节的节日气氛，从当初的质朴局促、因陋就简到后来的精心打造、豪华包装，春晚已当仁不让地成了每年除夕夜最受中国人关注的节庆休闲活动。在30多年的发展历程中，春晚由当年的万人空巷争看的辉煌纪录已经渐渐演变成了贯穿于中国电视休闲历程的一道新景观、一种新民俗。作为全球华人除夕之夜在“天涯共此时”的时空中共享的“家庭娱乐式”情感空间，春节联欢晚会的文化聚合功能和其创造的全民参与性、娱乐性与关注度，已经让其名副其实地成了中国电视文艺作品中的经典案例。

“晚会”这一形式非常符合节日的气氛，在晚会上，人们载歌载舞，既有利于快乐的传递和分享，也适于文化认同。高居不下的中央电视台春节联欢晚会节目收视率一方面使其成为难以超越的休闲节目神话，另一方面也引起了业界的重视和效仿。

每逢节假日，中央电视台作为国家级的大台便会推出多场晚会，如《敬礼！劳动者》、“心连心”艺术团赴宝钢慰问演出《中国创造》等等。地方台和卫星频道也纷纷制作各类晚会，比如浙江卫视的《群星灿烂五月天》晚会、辽宁卫视电视台“五一”晚会《劳动颂歌》、河南卫视的《魅力河南 辅仁大型文艺晚会》、河北电视台的《山花工程大型义演晚会》、广东电视台的《青春之歌——广州各界青年践行“八荣八耻”大型歌会》、湖北省的《与青春同行湖北省“五四”文艺晚会》等等。这些晚会并没有集中在一天播出，而是错落有致地分布在节假日黄金周里，形成中国人节假日期间重要的休闲内容。

自2008年，政府规定元旦为小长假、放假三天开始，电视台都不约而同地将晚会的打造重点放在了新年跨年晚会上，这其中以地方卫视为甚，出现了10多家电视台扎堆办跨年晚会的现象。跨年晚会之所以成了电视媒体的“兵家必争”之地，主要源于元旦正好是一年中的隆冬季节，寒冷将多数人挡在了家里，因此，在我国走向小康社会的初级阶段，元旦度假特点以家庭室内休闲为主，电视正可发挥其超乎平时的想象力。

2.《快乐大本营》的娱乐示范效应

1997年，湖南电视台开办的《快乐大本营》是一种新型的电视娱乐形式。它将“综艺”与“游戏”直接结合起来，“突出受众参与性，强化传者与受者的互动意识，淡化综艺节目的教育、导向功能，大力推崇节目的娱乐性，为满足人们自我实现的需要，对传统审美标准进行了颠覆性革命”[①]。此后，受其成功激励陆续开办的类似节目包括：安徽电视台的《超级大赢家》、北京电视台的《欢乐总动员》、浙江电视台的《假日总动员》、东南电视台的《娱乐乐翻天》、江苏电视台的《绝对唱响》、广东电视台的《空姐新人秀》，以及中央电视台的《开心辞典》《幸运52》《非常6+1》等节目。《快乐大本营》的一个重要特征是：以娱乐休闲为内容定位，以搞笑为“快乐”的手段。不管邀请的嘉宾是哪个行业的名人，主持人都善于挖掘和调动起现场的“快乐”氛围。因此，由于《快乐大本营》对中国电视休闲的巨大先锋和示范作用，湖南电视台被认为开启了中国大陆电视娱乐节目的一个新时代。

3.《超级女声》现象

《超级女声》被认为是一场大众化、群体化的卡拉OK活动，以小学生、中学生、大学生为受众群体，掀起的却是近乎全民总动员的声势。整个决赛历时半年，从3、4月份开始到暑假进行决赛，取得了空前的成功。《超级女声》有几个显著特点：一、流行音乐具有较强的号召力和吸引力；二、电视直播带来的悬念和同步真实感；三、全民参与的大众娱乐；四、“想唱就唱”的娱乐定位，展现出一种随心所欲的休闲心态。之后，各个电视台纷纷效仿，《加油好男儿》《舞林大会》等节目都是受其影响而开办的后继者。

以《超级女声》的迅速走红为标志，中国电视综艺节目的娱乐化发展趋势在全国走向高潮。根据相关统计，“仅在2005年度，电视综艺节目播出总量达14万个小时，其中综艺资讯节目254档，电视晚会767部／次、真人秀类节目982档、娱乐脱口秀节目148档”[②]。

4.假日电视冲击波

节日习俗是全球性的行为并且由来已久。自古以来，无论是东方还是西

① 黄会林：《中国电视艺术发展史教程》，北京师范大学出版社，2006，第90页。

② 谢耘耕、唐禾：《2006中国电视娱乐节目报告》，《现代传播》2006年第6期。

方，人们都习惯于以节日的方式来度过一年中的某一些时光。在节日里，人们放下手中的工作，暂停辛勤的工作，庆祝丰收和分享喜悦。歌舞狂欢和竞赛娱乐是节日的重要活动方式和生活内容。这是电视在节假日闲暇时间偏重娱乐游戏节目的文化传统基础。

古代的节假日缺乏稳定明确的制度规范，是不成文的或者不自觉的。近代以来，随着人性、人的权利、劳动者的地位等逐渐得到确认，现代国家开始以制度、法律的形式明确规定劳动者"节日"休假的权利。因此，尽管人们自古就有"过节"的传统，但作为一种明确的概念和常规化的生活日程，"假日"基本上是一个现代的经济名词。假日电视在西方已经形成比较成熟的体制和形态。第二次世界大战结束后，假日电视传播形态就已经在美、英等国初露端倪。研究资料显示，美国早在30多年前已经尝试根据季节的变化来调整电视节目的播出编排。而每年的感恩节、圣诞节以及元旦等节假日，主要电视网(台)都会在节目的制作和编排上费尽心机，以便尽可能地争取更广大受众的青睐。

假日电视是指"以适应满足假日中观众文化需求和社会需求为主题而产生的相对稳定的电视节目形态"①。20世纪90年代，浙江卫视推出了电视周末版，各卫星频道纷纷效仿，形成了较早的假日电视。

寒暑假是中国电视人将假日电视概念向更纵深领域拓展尝试的一个契机。80年代后期的学生群体成为中央电视台假日编排的第一批独特受众。此后，中央电视台一套在每年的寒假和暑假期间尝试为学生观众安排符合他们口味的电视内容，比如《西游记》在寒暑假时定时播放。这是一次试探性扩展——尽管没有形成假日电视传播的明确理念，但是中国电视人聪明地将春节晚会的成功经验移植到寒假和暑假期间的电视节目编排上来。

国庆假期，是中国电视拓展假日电视的又一空间。

1999年国庆之后，中国开始实行长假制度，人们的闲暇时间明显增多。长假期间做什么？一些市场调查公司通过对北京、上海、广州等城市居民"十一"生活方式的选择进行了电话访问，结果30%的人选择出游，55.2%的人选择在假日中陪着家人或是跟着好友一起逛街、购物等。这一部分选择居家休闲的人是电视的主要潜在观众。如果考虑到农村地区以及中小城市的经济状况，

① 马臻宇、孙一楠：《管窥中国假日电视》，《山东视听》2006年第3期。

假日里电视观众的人口比例还要扩大。那些即使选择出行的人们对于相关公共信息，诸如天气、交通等，也要通过电视了解。这些都为假日电视的存在提出了客观而现实的需求。因此，随着长假制度在中国推行，假日电视同假日经济一样，成为令人瞩目的社会现象，电视人开始思考如何在双休日周末满足人们的收视需求。

假日电视作为一个崭新的节目形态，逐渐受到传媒从业者和研究者的关注，各家电视台都开始使出浑身解数，利用难得的长假时间大做文章，期冀能够在长假期间打造新的收视制高点。包括中央电视台、《人民日报》、《经济日报》等在内的各大媒体，纷纷给予休闲及相关研究极大的关注。

电视台实行频道制后，电视台开始以频道为单位，考察自己的总体收视，各频道也开始独立地进行假日电视节目的策划和编排，整体性、频道化的假日节目便应运而生。

专门针对长假日、从整体上设计和编排电视节目，这样的尝试开始于2001年的“五一”。在这个假期里，中央电视台一套将节目编排为：每天上午的主要时段9点25分至11点播出电视剧《西游记》；将晚间电视剧的播出长度增加，平时每次晚间8点只播出一集的电视剧，5月2日、3日、6日、7日改为每次播出两集。这样，整个编排涉及全天两个大时段近4个小时的节目编排。在之后的国庆、元旦、春节等假期里，中央电视台的节目编排规模和范围渐次扩展——由开始的个别栏目到后来的大段时间；再到全天的整体设计直至整个假日期间频道编排的全程设计，初步形成假日电视编排的态势。而且设计思路由经验型、直觉型向科学化、理性化思路的转变，传播者对于假日电视编排的主动意识逐渐加强。

对假日电视的重视在2005年、2006年表现最甚。2005年“十一”黄金周期间，重庆卫视编排了为期八天的“麻辣中国故事会 欢乐国庆黄金周”的国庆假日电视。2006年年初，重庆卫视又策划了《黄金月 中国节》的大型电视活动，并首次提出了“播出季”概念。

2005年春节期间，许多频道将自己的品牌节目重新编排并集中在假日里播出。例如，中央电视台的经济频道采用“特别节目+精编节目+品牌栏目”的主体节目框架作为假日电视特别编排；科教频道则把《交流》《家庭》《当代教育》《走近科学》等品牌栏目通过特别制作采用“精编”的形式重新播出；有些频道则自制假日电视节目，如中央电视台的《梦想剧场：国庆七天乐》和《梦想剧场：过年七天乐》等就是专门的假日节目。

但是，很快，以央视为龙头代表的假日电视的概念就遭到了业界的质疑，因为全年365天只有3个黄金周总共不过21天，其市场空间的大小肯定有限，它值不值得电视人劳民伤财？成了一个令人怀疑的问题！更何况无论从理论还是实践上看，黄金周的掘金价值都主要体现于旅游、娱乐、餐饮等休闲产业，对于电视来说，假日电视是否仅仅是一次想象的盛筵？假日电视渐渐淡出电视人视线。2007年，伴随着“五一”黄金周改为小长假，黄金周电视或者说假日电视的冲击波终于偃旗息鼓。

尽管假日电视的概念渐渐淡出了电视人的日常词汇，但针对假日的特别编排节目已经成了今天电视业界一个基本的工作流程。

5.休闲频道遍地开花

电视休闲频道的开播，是电视作为休闲传播媒介进入一定阶段的产物。1996年至2000年前后，旅游频道、电影频道、体育频道、时尚频道、妇女儿童频道、电视剧频道等专门为休闲受众服务的专业频道相继开播。旅游频道的开播，使旅游服务方面的报道有了巨大的承载空间，天气、交通、人数、加上游客反馈，景点管理情况、景点文化内涵等相关细化的信息有了广阔的播出平台。时尚频道的开播则为生活资讯类栏目，如实时物价、出行讯息、票务讯息、购物指南、天气预报、新书/电影/唱片推荐……与生活息息相关的日常讯息占据了播出空间。

进入21世纪后，“中国社会正在形成多元化的社会需求和多样化的消费，人们在基本物质生活需要得到满足之后，在工作的快节奏和城市生活的重压下，爆发出巨大的休闲生活需求……具有自主意识的受众越来越需要通俗的、快乐的、能够起宣泄和放松作用的娱乐内容”①。电视媒体开始不断挖掘自己的休闲潜力，湖南经视、湖南卫视“第一个跨出了从文艺到娱乐这一步”②，湖南卫视干脆将自己定位于为观众提供娱乐综艺等休闲服务内容，2003年，湖南卫视将自己重新定位为“资讯、娱乐为主的个性化综合频道”。此前，2002年1

---

① 章云:《娱乐经济时代中国电视综艺晚会的现状与出路分析》,《魅力中国》2010年4月。

② 李幸:《告别弱智——点击中国电视》,江苏文艺出版社,转引自宗匠《电视娱乐节目理念、设计与制作》,中国广播电视出版社,2006,第10页。

月，海南卫视改版为旅游卫视，重新定位为主打旅游品牌的休闲类综合频道，提供新闻信息、风光专题、旅游综艺和纪录片等纯粹休闲化的内容。旅游卫视是电视作为休闲传播媒介取得成功的典型代表，它也是媒介顺应休闲发展趋势的一个成功案例。

2003年江苏电视台开播“靓妆频道”，2004年重庆电视台推出“魅力时装”服饰频道，2005年9月5日，浙江电视台原体育健康频道更名为浙江电视台民生休闲频道，是中国内地第一家定位民生休闲的电视媒体。一轮开播休闲频道的风气正在各地形成，只是浙江电视台民生休闲频道最典型，它是一个展示运动魅力、提供休闲资讯、倡导健康生活的频道，集民生新闻、体育赛事、健康娱乐为一体，以关注民生、服务大众、引领时尚、倡导文明为宗旨。

除休闲频道外，还有一部分电视台开辟了生活频道、影视剧频道、妇女儿童频道……这些频道也大多定位休闲。以四川电视台为例，四川电视台一共有10个频道，其中妇女儿童频道、星空购物频道、影视文艺频道、文化旅游频道、峨眉电影频道5个频道均立足休闲，满足人们的多样化休闲需求。其他电视台也大抵如此，除了综合、经济、新闻、科教传统频道外，新开发的频道大多都以满足受众的休闲需求为目的。

电视休闲节目之所以会在1983年之后逐渐增多，文化开放和中国电视的市场化转型是重要的两个背景。首先，文化开放为中国电视带来了大量国外成功的电视节目和经验，它使中国电视人不需实验便明白什么样的节目是观众喜欢的。其次，中国电视的市场化转型使电视业面临强大的市场竞争压力，这份压力迫使电视人不得不去主动寻找和创造受市场欢迎、观众接受的节目，以赢得收视率和良好的经济回报。最后，市场化转型也使大量电视节目成为商品，使文化接受行为成为文化商品的消费行为，使电视人开始以受众为中心，以满足受众需求为办节目的出发点。上述三种原因形成合力，共同推动了中国电视向休闲方向发展。

第三章
前提考察:电视休闲的时间经济条件

影像接触常常是人们在闲暇时间对于自身休憩的安排。闲暇时间里,人们渴望通过追剧、看网络综艺、看娱乐视频……影像消费来满足休息、放松、宅在家的休闲需求。因此影像消费离不开自由时间的获得。在农业社会,农民靠天吃饭,除了受季节和天气的客观制约外,完全自由安排自己的作息时间。在现代社会,有几类人仍然具有相对“自由安排”时间的可能性:富有者持久而自愿的闲暇;失业者临时而无奈的空闲;雇员们固定而自愿的休假;伤残者长期的休养;老年人法定的退休。在这些自由时间里,有人主动休闲,有人被动打发时间。影像,尤其是电视影像,可供人消磨时间。除此之外,多数在职职工休息时间的获得,与国家或地区等的假日制度密切相关。

自19世纪人们开始关注休闲以来,休闲研究者已经越来越清楚地认识到,居民休闲活动的产生和实现需要两大基本要素支撑:时间和经济,而其中最关键的要素,就是休闲者闲暇时间的获得。以观看影像为休闲方式的人,闲暇时间的获得仍然是他们观看行为发生的必然前提,如果受众没有影像消费的时间,影像节目的播出就变得毫无意义。尽管数字技术的发展使受众观看电视影像不再受播出时间的限制,可以在自己有闲暇时间的时候再“追剧”、看网综、欣赏娱乐视频……但不管在什么时候看，看总是要花时间。

闲暇时间是休闲研究中的一个重要概念，相对于工作(或劳动)，又不同于生活时间，特指人们在履行社会职责及各种生活时间支出后，由个人自由支配的时间，通常包括：工作之外的时间，星期日及节假日，各种假期，退休后的时间等。

闲暇有多种定义，马克思对闲暇的理解是："闲暇是摆脱了各种社会责任之后的、剩余的时间，而且这种时间不被直接生产劳动吸收，主要用于娱乐、休息和满足个人精神文化需要。闲暇的本质是自由。"①"个人时间常被分为个人必需时间、工作时间和闲暇三部分。"②闲暇是一个时间概念，它的表现形式主要包括：日常闲暇，公休日如周末、节假日，其他闲暇如奖励假期、带薪假期等。

日常闲暇是碎片化的、短暂的，而且是不连续的，这类闲暇适含注意力的转移和放松，目前手机媒体是日常闲暇的最大占有者，但一些耗时的休闲活动，如旅游等则不可能在这一闲暇时间进行。周末是现代社会固定的短期闲暇，适合于聚会、近距离郊游和影像消费。节假日在每个国家都以政策的形式被固定下来，一般相隔时间较长，持续时间较长，适于外出旅游、度假。带薪休假则是各个国家大规模推动度假旅游的基本自由时间形式，它已经成为发达国家人们休闲的极其重要的时间保证。

闲暇时间是休闲存在的一种"物质载体"，从一般意义上说，有了闲暇时间，才有从事各种休闲活动的可能。人们有了充裕的休闲时间，就等于享有了充分发挥自己一切爱好、兴趣、才能、力量的条件，有了为"思想"提供自由驰骋的天地。在闲暇时间里，人们可以不再为谋生而奔波操劳，可以自由发展个人在艺术、科学等方面的才能。亚里士多德认为，休闲是哲学、艺术和科学诞生的基本条件之一，知识最先出现于人们有闲暇的地方。数学之所以先兴于埃及，就因为那里的僧侣阶级特许有闲暇。阿基米德在洗澡时获得了寻找杠杆支点原理的灵感，牛顿因伦敦瘟疫被迫回乡赋闲时发现了万有引力定律，蔡伦养伤时发明造纸术，毕昇也在闲暇中发明活字印刷。事实证明，科学、合理、健康地利用闲暇时间对一个人的成长与成才至关重要。爱因斯坦说，人的差异在于闲暇，懂得休闲是一种人生智慧。

---

① 马克思、恩格斯：《马克思恩格斯全集》，人民出版社，1975，第26卷，第287页。

② 陈来成：《休闲学》，中山大学出版社，2009，第28页。

伴随着工业化和现代化的进程,我国居民假日制度正在逐步调整和完善。总体趋势是闲暇时间正在增多:城乡职工每周的工作时间经历了从48小时缩减为44小时,再缩减为40小时的过程;每周的公休日从一天增至一天半,再增至两天;每年法定假日从6天增至10天,再增至11天;此外还有正在逐步落实的带薪年休假。所有这些,都为我们考察中国居民的电视消费带来了现实条件。

第一节　电视休闲与经济的关系

休闲与经济发展密切相关,经济状况是休闲的重要前提。经济的发展为我们带来了更多的可自由支配时间。各国国民收入的增加使个人的生活水平和可以自由支配的收入增加,人们的休闲时间和休闲费用才有了明显的增加。也就是说,社会经济的发展促成了两件事:一、人们更有钱,二、人们更有闲。这两件事都是休闲得以进行的必要前提。因此,发展到一定程度的经济条件是实现休闲理念转变的现实基础。

一、经济与休闲的关系

马克思认为,"闲"是人们生产的目的之一。"休闲"就是"非劳动时间""不被生产劳动所吸收的时间"。[①]将人从繁重的体力劳动中解放出来,充分地投入到发展自己、完善自己、娱乐自己的休闲活动中去,这需要两个条件:一个是社会生产力的飞速发展;一个是人们自身修养的普遍提高。这两个条件都依赖于社会经济的发展。

托斯丹·本德·凡勃伦是最早揭示休闲与经济之间的关系的学者。20世纪90年代,美国社会生产力得到很大提高,但同时带来严重的分配不公,凡勃伦对当时的社会体系和结构分析后认为,历史上被统治阶级的物质生产劳动是辛苦的、无用的,表现在其懦弱性和劣等性之上;相反,统治阶级的精神劳动创

① 马克思、恩格斯:《马克思恩格斯全集》,人民出版社,1975,第26卷第3分册,第287页。

造是更有效、更有意义的，并指出“休闲是显示社会身份的经济象征，是区分上流阶级与工人阶级生活方式的象征，是用金钱消费来显示处于优越地位的姿态”[①]。

经济发展到一定程度，休闲经济便成为重要的组成部分，为休闲而进行的各种生产活动和服务活动在社会经济中占据着日益重要的分量。尤其是城市的经济模式已经越来越朝休闲领域转变，越来越依赖休闲活动的兴旺发达，休闲经济成了社会经济繁荣的一个重要领域。

休闲依赖经济。人们去参加休闲活动，通常是坐一些交通工具去的，如果交通成本太高的话，人们就会放弃外出休闲选择待在家里看电视。

二、中国人的经济与电视休闲

人们对电视休闲产品的需求是电视休闲产生的基础，而更深层的原因则是经济发展的推动力。经济发展带动工作时间的缩短和精神生活的增加。目前中国工薪阶层“全年有1/3的时间是闲暇时间，而知识经济的到来和新技术的发展还可以让人们生命中50%的时间用于休闲”[②]。同时，经济的发展还促使人们价值取向发生变化，人们越来越看重闲暇时间的利用和意义，追求通过休闲来获得自我肯定和精神生活的满足，这导致学习型休闲日益受欢迎。

“多种研究表明，人均GDP 3000美元是个临界点。”[③]这之后，人们的物质需求会减缓，精神文化需求会大量增加。也就是说，当人均GDP达到3000美元的临界点时，不少人会在更有钱(忙)与更有闲之间选择后者。

在中国，2019年中国人均GDP是70892元，折合成美元是10276元，早已超过3000美元的临界点。休闲成为更有切实研究价值的课题。从各地的电视台定位来看，21世纪后的最初十年，是中国电视定位转变最快的十年。湖南卫视定位“快乐中国”，安徽卫视做“电视剧大卖场”，江苏卫视强调“幸福中国”，都瞄准了中国迅速崛起的休闲领域。

① 托斯丹·本德·凡勃伦：《有闲阶级论》，蔡受百译，学苑音像出版社，2005，第53页。

② 曾志华：《电视与休闲生活的相互渗透和矛盾现象解读》，《电视研究》2004年第10期。

③ 张立伟：《传媒竞争法则与工具》，清华大学出版社，2007，第165页。

三、经济环境影响下电视的休闲定位变化

经济的发展使中国人的生活日益朝“有钱且有闲”的方向发展，这为电视休闲准备了充分必要条件，电视台在满足人们的休闲需求时煞费苦心。

娱乐和电视剧对吸引受众有着巨大的魔力，是电视台抢占市场份额的主要手段。舆论引导却是中国新闻事业重要的使命。在操作实践中，娱乐效应和社会责任常常成为电视台的鱼和熊掌。为争夺受众，提高市场关注度，在以自由化、市场化与全球化为标志的经济浪潮的裹挟下，电视媒体面临着商业利益和公共利益的平衡难题。在权衡与博弈中，电视文化能否回归和完成其与生俱来的功能和影响，实现其主体价值，已成为传播政策制定者与传播媒体组织者经常反思的一项课题。

（一）电视文化定位的多重分化

中国电视发展的最初20年里，电视全部是公益媒体。1992年6月，中共中央、国务院发布《关于加快发展第三产业的决定》，正式把广播电视业列入第三产业。此后，在电视经营产业化转型的制度要求下，电视产品的商业属性日益彰显，将电视的公益属性冲淡、模糊，而文化娱乐和提供服务的功能被空前重视和放大，以观众为本，贴近生活，根据观众需求构建节目成为崭新的制作理念，正是这种功能定位的转变，使得电视媒介以一种前所未有的姿态与活力全面介入人们的休闲生活。

中国电视文化的定位出现了明显的分化，首先是中央电视台对电视文化公共性的强化以及对舆论引导的示范性作用。舆论引导的直接渠道是电视新闻，“新闻立台”是牢牢掌握信息传播话语权和社会舆论引导力的根本保证。然而，在实际操作层面，新闻节目投入大产出小，在赢利能力方面普遍不被看好。这与市场经济条件下，企业追逐的赢利标准背道而驰。因此，其他地方电视台不敢贸然效仿。

其次娱乐定位争相效仿：以湖南卫视、江苏卫视的娱乐走向为标志。湖南卫视“快乐中国”、江苏卫视“幸福中国”的电视文化定位，以及安徽卫视主打电视剧，都意味着娱乐作为电视文化的一部分内涵有日益被重视的趋向。

其三，传统卫视台“新闻综合频道”定位：在不改变过去电视文化定位的情势下，走多元创收路线，东方卫视是最典型的代表。其办台宗旨是“新闻立台、

文艺兴台、影视强台”，强调自身喉舌与产业两大媒体功能并举的电视文化定位。目前，我国大多数省级以上电视台和发达地区的城市电视台都在往这个方向努力。

其四，公益定位的去功利化追求：走主流路线，停播商业广告，提高自办栏目和自身的电视剧制作能力，节约社会成本，同时获取政府资助。目前，重庆卫视已经走上这一路线。“通过公益频道倡导主流意识形态，弘扬主旋律，支持高雅电视文化，为大众提供免费的电视产品和服务。这既是对在市场竞争中运行的商业电视频道的有益补充，又在方向、风格、品位等方面起到了导向作用。”[①]公益定位为中国公共电视的发展和为中国建立公、商二元化的电视发展体制做出了探索，但电视媒体能否在自身发展的体制、机制等方面随着商业广告的消失和公益栏目的出现而做出正确调整，使中国公共电视长足发展还有待考察。

上述四种电视文化定位各定其性、各归其位、各行其道，已基本建构起了中国电视文化的大体格局。舆论引导是电视台必须完成的责任和使命，在产业化的推动下，电视文化的商业诉求日益凸显，舆论引导逐渐从新闻前台退隐至文化幕后。

（二）公益与娱乐的博弈

在电视文化定位的分化中，公益定位与娱乐定位一直处于动态博弈之中，但在市场逻辑作用下娱乐势强而公益势弱，娱乐定位成了电视发展的一个总体趋向。在这种局势下，中国电视台作为新闻单位的立论基础，“新闻立台”何以实现，文化如何谋求公共利益，既是十分重大的理论问题，也是极其重要的机制问题。

“电视文化倡导的主旋律，实际上就是一种艺术化了的社会意识形态。”[②]电视作为文化产业是精神文明建设的重要组成部分，它的推广能够从更大的范围，更多的层面提高全民的文化素养，推进整个民族的文明进程。这是传媒的社会责任，但是需要在政府、社会的积极推动下完成。公益频道，是政府对电视文化社会责任进行强化的具体做法之一，旨在向公众免费提供电视产品

① 李立功：《理性的回归改革的突破——为我国第一个公益频道喝彩》，《声屏世界》2011年第7期。

② 邢卓：《试论电视的文化属性在新媒介技术下的发扬》，《新闻传播》2011年第5期。

和服务，最大限度地满足公众对信息服务、文化娱乐的需求，同时努力倡导主流意识形态，以实现电视的舆论导向、资讯服务、艺术审美、知识教化等多项功能为目标。内容方面注重文化深度和历史凝重感，重新解构电视台与受众的关系，进一步强化电视台的传播理念和社会责任。[①]在传播主流文化和满足受众多层次的收视需求之间寻求最佳的结合点。

娱乐定位强调电视节目的娱乐化。“电视娱乐化实际上包括两个向度：一是综艺娱乐类节目本身的勃兴；二是娱乐化向其他类型节目蔓延。”[②]例如《快乐大本营》《非诚勿扰》《天天向上》。娱乐定位的电视台强调的是电视休闲功能，旨在为观众带来娱乐。在电视新闻版块，节目追求娱乐消遣，用极具戏剧化的夸张手法展现新闻故事；在电视纪录片领域，编导们具有强烈的讲故事意识，并调动所有的“娱乐”手段，把纪录片做得像故事片，吸引观众眼球。

在电视文化的诸多功能之中，目前看来，娱乐游戏功能被电视台放大，并成为电视功利化追求的工具，而舆论导向、资讯服务、艺术审美、知识教化等其他功能却由于其去功利化的文化定位特征而被电视台忽略或弱化。在市场逻辑的游戏规则下，电视朝着逐利的方向进行功利化追求是其生存的根本，留给电视研究者思考的是，如何在功利与非功利，如何在娱乐功能与其他功能之间均布其影响？

第二节　电视休闲的时间前提

于光远先生曾说：“‘闲’是生产力发展的根本目的之一，闲暇时间的长短与人类的文明进步是并行发展的。从现在看将来，随着工作时间的进一步减少，闲的地位还可以进一步提高。”[③]随着社会竞争而出现的时间观念的改变，是造成人们休闲方式变化的深层次的社会原因。

休闲与时间密不可分。时间是休闲的前提条件，没有时间，一切休闲皆变

---

① 吴卫华：《从重庆卫视改版看我国公益频道的发展》，《传媒》2011年第8期。

② 夏骏：《十字路口的中国电视》，清华大学出版社，2006，第19—28页。

③ 于光远：《论普遍有闲的社会》，《自然辩证法研究》2002年第9期。

成了空中楼阁。电视休闲同样如此，如果受众没有看电视的时间，电视节目的播出就变得毫无意义。

时间对电视受众的意义体现在两方面：一方面，休闲时间里，人们渴望通过看电视这一休闲方式满足休息、放松、待在家的休闲诉求；另一方面，即使在休闲时间里不想通过看电视休闲、希望外出的人，他们对相关公共信息的需求也十分强烈，需要通过电视的快捷传播服务，了解天气、交通等与自己相关的旅游信息。

因此，考察时间对电视受众的意义，有利于电视台根据假日里人们的行为特点、作息特点和欣赏趣味，合理配置电视节目内容和时段满足不同人群对电视的需求。

一、时间与休闲的关系

从休闲的概念——“休闲是指那些不是以解决衣食住等基本生存问题为主要目的的、自发进行的闲暇活动”[①]，可以看出，休闲与时间之间存在着密切关系，休闲发生于闲暇时间里。时间是构成休闲的一个重要维度，休闲不仅可以从性质上定义，也可以从时间的角度定义，比如，在有的研究中，休闲指的就是自由时间，这主要就是从时间的角度考察休闲。

时间又是制约休闲活动的一个重要因素。“休闲有三类制约因素：内在制约因素、人际关系制约因素、结构性制约因素。”[②]三者对休闲的制约存在着阶段性联系，当内在制约解除了，人际关系制约才会被考虑，当人际关系制约也被解除了之后，结构性制约因素才会被注意到。时间属于休闲的结构性制约因素。工作制度就是对休闲时间与工作时间的一种规范。让人们的休闲能够一定意义上消除时间约束，给休闲以时间保证。从而使那些解决了内在约束和人际关系约束的人可以获得休闲的机会。

时间不仅对休闲活动有制约作用，同时它还是休闲活动必不可少的条件。没有时间，休闲就无从谈起，更无法实现。

---

① 孙海植、安永冕、曹明焕、李定实：《休闲学》，朴松爱、李仲广译，东北财经大学出版社，2005，第123页。

② 孙海植、安永冕、曹明焕、李定实：《休闲学》，朴松爱、李仲广译，东北财经大学出版社，2005，第124页。

二、时间与休闲的交集:闲暇

第一章中关于休闲概念的学理分析,简单提及了自由时间是休闲的前提。如果没有时间,休闲活动无法开展。闲暇是休闲活动必不可少的条件,它决定着休闲活动的每个方面,包括参加活动的时间、频率,能有多少时间分配给每次的活动、什么时候进行休闲活动、每次活动的节奏、活动的准备时间以及从活动中恢复所需要的时间等。休闲与时间之间存在密切的关系,休闲发生于闲暇时间内。因此,"时间是构成休闲的一个重要维度。休闲不仅应该从性质的角度来定义,也应该从时间的角度来定义。由此,休闲可以定义为:闲暇时间内的一个活动空间,它是自由选择的,并获得快乐体验的活动总和"①。

闲暇时间是休闲研究中的一个重要概念,相对于工作(或劳动),又不同于生活时间,特指人们在履行社会职责及各种生活时间支出后,由个人自由支配的时间。通常包括:工作之外的时间,星期日及节假日,各种假期,退休后的时间等。

关于闲暇的定义有多种,本文倾向于采用马克思对闲暇的理解,即"闲暇是摆脱了各种社会责任之后的、剩余的时间,而且这种时间不被直接生产劳动吸收,主要用于娱乐、休息和满足个人精神文化需要。闲暇的本质是自由"②。"个人时间常被分为个人必需时间、工作时间和闲暇三部分。"③闲暇是一个时间概念。闲暇的表现形式主要包括:日常闲暇,公休日如周末,节假日,其他闲暇如奖励假期、带薪假期等。

三、传播的偏向:媒介与受众的时间空间

媒介环境学派的代表人物、传播偏向论的提出者哈德罗·伊尼斯认为,传播和传播媒介天然具有某种"偏向",媒介的性质影响着文化的偏向性。传统电视"转瞬即逝"的线性传播方式决定了它是一种主要以"时间"为资源的媒介,然而,在数字技术和网络技术异军突起的今天,互联网传播,特别是移动互

---

① 孙海植、安永冕、曹明焕、李定实:《休闲学》,朴松爱、李仲广译,东北财经大学出版社,2005,第123页。

② 马克思、恩格斯:《马克思恩格斯全集》,人民出版社,1975,第26卷,第287页。

③ 陈来成:《休闲学》,中山大学出版社,2009,第28页。

联网传播正使电视传播打破时间限制，时间资源对电视的重要意义也因在线视频、互动点播等的出现被消解。电视的传播逻辑也经历着由“时间”思维向“空间”思维的转变。

95后们是在数字革命中成长起来的第一代人，他们常常随身带着一套电子设备，越便携越好。在信息的“枪林弹雨”中长大，他们能同时应对QQ、微信、游戏上的聊天、网上冲浪和各种影像播放软件中的节目表。腾讯视频、爱奇艺、优酷客户端是他们手机或平板电脑桌面上的标配。在这些视频软件的播放列表中电视节目的比重日益增长，从传统电视节目到网剧、网综，应有尽有，此外还有抖音、网络直播平台供他们点播。

美国弗兰克·N.马吉德联合公司于2004年对媒体受众进行了一项调查，调查发现：美国最年轻的三代人都偏好在电视上观看30分钟以上的节目，而不愿通过电脑或手机屏幕观看。而“千禧一代”（出生于1984—2002年）却最喜欢“在互联网上观看视频剪辑”①。90后们从小就开始使用个人电脑，如今他们长大成人，手机、电脑和网络已经成为他们这一代人的一种生活方式。他们是最极端的空间转换者，无论走到哪里，他们都可以自由随意地观看影像和享用其他媒体。80后、70后甚至60后也一样离不开手机，但他们只是时间转换者，他们娴熟地使用数字电视点播、回放功能观看影像，不再拘泥于电视按时间线性播放的限制，他们自己成为电视节目设置者，可在自己方便的时候观看节目、暂停直播的电视节目，还可以轻易地跳过商业广告。

在传统电视时代，电视是一种依赖时间序列线性展开的传播媒介。所有影像传播的效果达成最终要以有人看为前提。特定时间段的生活状态直接决定了人们收看电视节目的方式。不同的时间决定了不同的人群坐在电视机前，不同时间的闲暇决定着观众的生活状态，不同的时间影响着受众对电视的收视需求。时间成为联系与贯穿收看影像行为的决定性纽带。

（一）时间分配的电视化

电视是环境性的、难以察觉的，就像所有其他环境一样。电视出现60年以来，建构了人们对日常生活时间的观念。电视通过内容的线性组织、节目的编排和时间提示等手段，使人们形成了以电视节目为时间参考标准的观念，即媒

① 加里·R·埃杰顿：《美国电视史》，李银波译，中国人民大学出版社，2012，第270页。

介时间。电视使人类改变了对传统的时间感知方式，实现了以电视时间或媒介时间为参照系的人类日常生活和工作的节奏、次序和结构。比如，在很多家庭里，《新闻联播》开播意味着晚饭开饭时间到了，而某个电视剧播出结束则意味着该“洗洗睡了”。在这类家庭中，电视节目播出时间表取代了自然时钟时间，成为家庭活动的时间参考标准。另一方面，电视通过新闻节目、娱乐节目、广告、天气预告、电视剧等单个节目的无间断连续播出，把一年以集、季、赛等分解开来，并为人们的生活提供连续性的时间坐标。考察一些人的日常生活后发现，电视按照生活的规律为这些人安排好了每日的时间进程，从早上的新闻到中午的娱乐再到晚上的电视连续剧。这一电视时间表常常成为一些非上班族的日常生活历程。正如保罗·法斯所说，“电视定时地出现在我们多数人面前，就像晚宴上的不速之客，像睡魔，它常常是导师，而对许多人来说，又是天天相处的伙伴。它是种习惯、一剂镇静药”[①]。可见，个人时间与电视时间已经融为一体。

（二）人均收视时间

戏剧理论家田本相认为：“观众主要是在闲暇时间来收看电视的，而电视也以占有人们的闲暇时间作为它的存在状态。”[②]

根据《2019年中国广播电视年鉴》的介绍，“2018年全国人均每日电视收视时间为129分钟；2017年，我国人均每日电视收视时间为139分钟”[③]，也就是说，电视占去了我们每天2个小时的时间。经济学家钟伟研究中国人的时间分配，将人生时间分为四类：①工作学习时间，除了正常的工作学习之外，还包括加班、上下班途中、非本职工作时间等；②生活必需时间，包括睡眠、用餐、个人卫生等时间；③家务劳动时间，包括购物、做饭、缝洗衣物、照料老幼等时间；④闲暇时间。“以目前中国城市男性平均寿命为72岁、女性为75岁来计算，男性工作学习时间为13年7个月，生活必需时间为32年5个月，家务劳动时间为5年，闲暇时间为21年；而女性工作学习时间为12年，生活必需时间为33年8个

① 德勒·长特：《作为一种文化力量的电视》，纽约出版社，1976，第37页。

② 田本相：《电视文化学》，文化艺术出版社，1990。

③ 国家广播电视总局：《2019年中国广播电视年鉴》，第221页。

月，家务劳动时间为7年6个月，闲暇时间为21年10个月。”[①]如何占领这数目可观的闲暇时间一直是电视工作者致志以求努力的方向。

（三）从“打发时间”到花时间收看

考察人们接触电视的初衷与最终的实际后果，我们发现，看电视的过程常常发生了“服务主体的调换”，即从开绍以“打发时间”为初衷，最后不知不觉为电视节目所吸引，最后转变为“花时间看电视”这一结果。也就是说，很多人最初打开电视的动机是消遣、打发时间。一旦当电视内容具备足够吸引力后，受众就可能把用于其他活动的时间花费在继续收看上，甚至电视受众还会由于某个连续剧或系列节目的持续吸引力，而对其形成“约会期待”，就会花费更多的时间收看电视。此时，本来为时间服务的电视就完成了服务主体的调换，变成了时间为电视休闲服务。因此，尽管收看电视的时间有随意性，但电视内容的吸引力常常让受众不知不觉中将随意打发时间的休闲，变成了专门腾出时间收看电视。影像的高度吸引力在不知不觉中占用了受众的大量时间。《中国电视年鉴》统计表明，中国人平均每天花费看电视的时间近3小时，而且有趣的是，他们大都没有意识到他们在电视上实际花了多少时间。有的人平时没有闲暇，一遇假期或手头工作告一段落便会以“追剧”（可能是在网上，也可能是通过电视的回看功能实现）作为最大的休闲方式。

当然，看电视也常常是一个伴随性的动作。“至少三分之一的情况下，看电视的时候我们也在进行其他的活动。即使那些在看电视时不做其他事情的人也在浏览节目表，不停地换频道。”[②]因此，看电视与花时间有三层关系：①我们每天花了起码2个小时的时间看电视，占我们所有休闲时间的近一半。②我们最初打开电视可能是为了打发时间，但最终我们却不由自主地花费了专门的时间去看电视。③虽然我们每天花费了2个小时看电视，但我们常常一边开着电视一边干其他的事。

（四）新媒体时代影响受众的时间自由

电视数字化之后，影像受众获得了时间上的自由，彻底改变了电视观众原

① 钟伟：《中国人的一生和一天》，http://www.caogen.com/blog/Infor_detail/5347.html（2020年12月15日查询）

② 埃德加·杰克逊编：《休闲的制约》，凌平等译，浙江大学出版社，2009，第229页。

来只能按照电视台播放节目同步观看的传统，在数字技术条件下，受众可以在任意时间随心所欲地收看电视台或网站已经播出过的任何节目。获得时间解放的同时，可移动特性也使新媒体时代的影像受众获得了空间上的自由，受众不再局限在客厅或卧室里观看影像，而是可以在自驾车、公交车、火车车厢、飞机客舱，甚至海边、草原、田野里、街道上，用手机收看各种各样的资讯、娱乐节目，并能享受个性化和人性的影像需求，而不必为尊重客厅里的大众需求而放弃自己的个人喜好。

第三节　中国观众的闲暇

闲暇是一种新的生活方式，它是社会进步和经济发展的重要产物。现代休闲是工业化的产物。工业化之前，在农业社会，工作与休闲没有时间上的固定划分，人们日出而作日落而息，如果碰到下雨，没法工作，也就继续休息。社会工业化后，上下班有规定的时间，工作和闲暇被截然分开。世界各国进入工业社会的时间存在着早晚差别。美国早在19世纪初期就进入了工业社会，英国更早，18世纪中叶瓦特发明蒸汽机后，社会开始了从手工劳动向动力机器生产转变的重大飞跃，社会随后进入工业化时代，并带动欧洲大陆一起工业化。

我国工业化时代到来较晚，目前仍处于工业化的进程中。在这一进程中，政府先后实行了4次大的工作时间和休假制度调整。第一次是1960年，全国统一推行8小时工作制，改变以往各地8~10小时不一的工时制度。第二次在1994—1995年，两次调整周工作时间，先定为每周工作5天半，后确定每周5天工作制，实施“双休日”制度，并一直沿袭至今。第三次是1999年，修订《全国年节及纪念日放假办法》，改革休假制度，将“五一”国庆休假日增至3天，加上春节，三个3天的假日又与相邻的两个双休日位移连用，首次出现了“春节”“五一”国庆三个7天连接的“黄金周”长假。第四次调整在2007年，再次修订《全国年节及纪念日放假办法》，将“五一”法定假日减为1天，增加清明、端午、中秋3个法定节假日，各放假1天，形成1年2个黄金周和5个3天小长假的假日格局；同时通过并施行《职工带薪年休假条例》。

经过以上4次改革，中国受众就有了工作日的“8小时之外”、双休日、小长假和黄金周，以及带薪休假五类闲暇时间，这就是中国电视休闲传播的时间背景。除每天工作“8小时之外”的日常休闲外，中国公民整体上享有国家法定假日115天，其中一些群体的闲暇时间拥有量更多，比如：学生、教师拥有寒暑假，他们全年的假日约有140~160天。国家公务员以及外资企业管理人员享有“带薪休假”制度，每年约10天，加起来他们就拥有全年约124天的假日。此外，从事第一产业的农民，由于机械化程度的提高，全年约有半年闲暇。因此，中国居民的休息日以一年三分之一的时间渗透人们的生活领域。

一、日常闲暇

日常闲暇是指人们工作的“8小时之外”的空闲时光。目前我国正处于工业化进程之中，城市化进程的加速及生活方式的改变使劳动时间和非劳动时间区分明显，工作制度要求劳动者遵守严格的工作时间，在业者几乎同时上下班。工作和休闲界线分明。在没有达到物质极度丰裕之前，劳动者不得不把工作放在优于休闲的位置，就业与否成为决定休闲选择的首要因素。

(一)生活作息

我国东西部时间相差3个多小时，作息时间也存在较大差异，但由于实行的是统一的8小时工作制，因此，总体看来，中国人的作息时间还是有一些共同的规律。

工作日的平均起床时间在6点35分，早餐，早上出门上班、上学平均时间在7点27分。中午在单位吃饭（中小城市上班族习惯中午在家吃饭），午休1小时，下午上班，6点下班回家，真正的闲暇时光是从晚上6点开始，至深夜12点，一般上班族在12点左右上床睡觉，结束一天的作息。

以武汉地区为例，一项对武汉地区电视观众生活形态的调查显示，人们周一至周五作息规律为：[①]

1.起床时间：起床高峰时间：6点~8点，起床的人比例为14.3%~31.3%。

① 以下调查结果引自中国广播电视学会电视受众研究委员会编《电视受众探析：2004年电视受众研究获奖作品选编》，中央编译出版社，2005，第145—147页。

2. 早视习惯：每天看（8.2%）、经常看（6.5%）、有时看（1~2天看）19.1%、不看（66%）。

在6点30分~7点起床后大多数人早晨不看电视，出门在外吃早餐（占43.6%），而在家中吃早餐的人（占51. 4%）中，部分人有早视习惯，因此，收视意向率先扬后抑。

3. 出门时间：出门高峰时间，6点30分~8点30分，比例为13.3%~27.7%。

4. 离家做事：大部分人出门上班，其中，上班（59.2%）、买菜（21.1%）、晨练（10.7%）、做生意（6.6%）、购物（5.6%）、逛街（3.9%）。

收视意向率从8.1%继续下跌至上午11点~12点的最低点6.7%。

5. 午视习惯：每天看（12.7%）、经常看（15.4%）、有时看（1~2天看，29.8%）、不看（41.6%）。在单位看（6.8%）、在家看（52.8%）、在其他地方看2.4%）。

午间休息，边吃午餐边看电视的人占24%，且没有午睡习惯的人（44.4%）中，部分人有午视习惯，因此，中午12点~13点形成全天收视第二高峰。随后，下午14点~18点为大部分人忙事务时间，收视意向率一路下跌至最低点4.7%。

6. 下班时间：高峰时间，17点~18点30分，人数发比例为13.2%~34.7%，最高峰时间：17点30分。

7. 到家时间：高峰时间，17点~19点，人数比例为14.9%~29.6%，最高峰时间：17点30分—18点。

8. 晚餐时间：高峰时间，18点~19点30分，人数比例为28.7%~42.2%，最高峰时间：18点30分~19点。

晚间18点大部分人劳作而归，18点30分~19点为晚餐高峰时间，边吃晚餐边看电视的人占55.8%，收视意向率急速上升。饭后之余，人们闲暇的时间更多，为了消除工作的疲劳，看电视成为人们首选（占85.6%）的业余活动。其中平时每天看电视的人占52. 7%，经常看电视的人占25. 1%，有时看电视的人占21. 8%，从不看电视的人占0.4%。在固定的时间收看固定的节目（占50%），使得收视意向率大幅攀升，晚间收视掀起全天第三波收视大浪，也是全天最大巨浪，周一至周四晚间睡觉高峰时间21点30分~23点，人数比例为23.7%~27.7%。收视尖峰形成时间为21点，尖峰值为72.3%。此后开始下跌，到22点依然有58.7% ，到23点跌至37.7%，23点~24点下降幅度更大，收视意向率为13.4%，在深夜24点以后睡觉的人约占7.8%，而此时收视意向率下降到6.4%。

周五晚间睡觉高峰时间为22点~23点30分，比平时晚半小时，在此时段中睡觉的人比例为22.6%~26%。周五，人们的收视时间较平时更长。

(二)“8小时之外”的休闲作息

根据中国人民大学休闲经济研究中心对2000多名北京市民的调查，在北京地区，“居民在工作日人均拥有的休闲时间为220分钟，约占一天时间的15.28%。从不同类型休闲活动消耗的时间看，工作日用于看电视、听广播、上网的自我娱乐性休闲约为108分钟，占用将近50%的休闲时间；用于读书、看报、学习知识类知识型和体育锻炼类康体型休闲约为58分钟，占据1/4的休闲时间；用于教育子女、公益活动或探亲访友等社交和文体表演、展览类观赏性休闲活动较少，约为8分钟，仅占全部休闲时间的3.6%。此外，由于缺乏休闲目标和有效的休闲引导，每天约有21分钟休闲时间被漫无目标地消耗”①。

人们一般午间休息大约为1小时20分，中小城市居民与大城市人们的工作日作息存在较大差别。中小城市上班族习惯中午在家吃饭，这也是电视接触率相对较高的时段，而大城市上班族更多的在单位附近就餐，午间接触电视的概率相对较低。

二、周末双休日

我国自1995年实行双休日工作制以来，闲暇时间的增加改变了人们的生活方式和起居安排。“双休日”为中国居民安排休闲生活、实现较为充分的休闲创造了前所未有的有利条件。

根据央视索福瑞的调查，“观众周末的起床时间较平时推迟，三分之一的人在8点以后才起床；与起床时间相对应，观众周末晚上的就寝时间也较平时推迟了十多分钟。周末白天在家看电视成为一个重要的放松休闲方式(见表5-1)”②。(数据来源：CTR)另一项更详细的调查表明，双休日人们的作息规律发

① 郭茜：《收入和时间双重视野下的休闲需求》，对外经济贸易大学出版社，2009，第75页。

② 徐立军、袁方：《电视播出季——频道编播创新前沿》，中国传媒大学出版社，2007，第61页。

生了与工作日明显的变化:[①]

1.起床时间:起床高峰时间是7点30分~8点30分,比平时晚一个多小时。

2.用餐与收视:

早餐时间:吃早餐的高峰时间在7点30~9点30分,在此时段内吃早餐的人的比例为16.70%~27.6%,最高峰时间为8点~8点30分,在家吃早餐的人占70.7%,边吃早餐边看电视的人占10. 1%,比平时多,双休日有早视习惯的人占45.7%,比平时高出许多。

从8点30分(早餐高峰时间)开始收视意向率快速上升,上午收视意向高峰在10点~11点形成,峰值为28.3%,随后走入低谷。

午餐时间:午餐高峰时间11点~13点,人数比例为28.9%~51.2%。

进入午餐高峰时间,收视意向率再度直线上升,冲过前期高点,形成午间收视意向最高峰,午餐边吃饭边看电视的人增多达35.1%,午间收视意向最高峰值达30.7%,时间为12点~12点30分,从8点30分~13点收视意向率在20%以上。由于双休日有午睡习惯的人比平时多,占60.5%。因此,收视意向走入下降通道,下午最低值12.9%产生在17点~18点之间。另外,业余活动有可能是该时段收视受影响的原因。

晚餐时间:晚餐高峰时间为17点~19点30分,人数比例为20.1%~39.7%,最高峰时间是18点~18点30分,晚餐时间比平时提前1个小时,晚餐边吃边看的人占48.9%,比平时略少。

几乎是晚餐时间过后,收视从18点~19点渐渐启动,随后迅速走高,此后,形成全天收视最高峰。最高峰产生在19点~20点之间,峰值为69.9%,与平时一样,看电视是主要的业余活动,从全天来看,看电视的人比平时多。晚间19点~23点比平时略少。23点~24点以后收视比平时对应时段要高。

3.睡觉时间:周六睡觉高峰时段为21点30分~24点以后,人数的比例为14.3%~31.4%,最高峰时间是22点30分~23点00分,周日睡觉高峰时间是21点30分~24点,人数比例为14.9%~29.3%,最高蜂时间为:22点30分~23点。

根据中国人民大学休闲经济研究中心对2000多名北京市民的调查,在北京地区,“休息日人们拥有的休闲时间为435分钟,相当于工作日的2倍。用于

---

① 以下调查结果引自中国广播电视学会电视受众研究委员会编《电视受众探析:2004年电视受众研究获奖作品选编》,中央编译出版社,2005,第148—149页。

看电视、听广播、上网的自我娱乐型休闲时间为194分钟；用于教育子女、公益活动或探亲访友等社交型休闲42分钟；用于读书、看报、学习知识类知识型休闲的时间为52分钟，用于体育锻炼、游园散步等康体型休闲的时间为58分钟，消磨型休闲28分钟。自我娱乐型休闲仍然是双休日主要的休闲方式，约占全部休闲时间的44.7%”[①]。

“在工作日和周末休息日，各种类型休闲的时间配置结构较为相似，均以看电视、听广播、上网等自我娱乐型休闲为主……对不同年龄、性别、婚姻和学历的被调查者进一步研究显示，在自我娱乐型的各种休闲方式中，人们对大众媒体，尤其是对电视的依赖性最强。电视已经成为休闲生活不可或缺的组成部分，每天有1/3的休闲时间用于看电视，在工作日看电视的时间为88分钟，占据自我娱乐休闲时间的4/5；休息日看电视的时间为140分钟，占自我娱乐休闲时间的3/4。看电视不仅取代了以往花在听广播、看电影上的时间，甚至还挤掉了其他休闲活动的时间。”[②]

三、节假日特点及受众生活习惯

人类学家认为，“节日就是人们暂停平日的活动，回到一定的整体中参加一些选定的活动，表达某种共同的情感和信念。在这个过程中，所有个人再次感受和确认自己所属的共同体，重新明确自己与整体不可割断的纽带。这个纽带不仅是划龙舟、吃月饼、贴对联、品汤圆、敬门神，以及其他仪式活动，而且更在于人们以特定时间、特定地域为时空布局，以特定主题为活动内容，以一种集体的民族文化精神生活将整个民族凝聚在一起”[③]。中国是节日最多的国家之一，其节日的历史也最悠久。春节、清明、端午、中秋、国庆……不同的节日主题不同，特色各异。现行假日制度政策是国务院正式公布的《国务院关于修改〈全国年节及纪念日放假办法〉的决定》，2007年12月14日公布，自2008年1月1日起施行（包括周末双休日、小长假、长假等的具体规定和安排）。在节假日，出现了大量平时不看电视或者没有时间看电视的观众。不同的节日呈现

① 郭茜：《收入和时间双重视野下的休闲需求》，对外经济贸易大学出版社，2009，第75页。

② 郭茜：《收入和时间双重视野下的休闲需求》，对外经济贸易大学出版社，2009，第75—76页。

③ 马惠娣：《走向人文关怀的休闲经济》，中国经济出版社，2004，第234页。

出不同的节庆特点。这一假日制度明显带有中国传统文化特色，是中国学界和民众对传统节日共同关注的结果。

（一）小长假

2007年起“五一”黄金周取消，出现了以“清明”“端午”“中秋”“五一”为中心的三个三天小长假。“清明”“端午”“中秋”是具有传统意义的中国节日。经过几年中国主流价值观对传统文化的强调和培育，现在，传统节日的传统文化氛围日益浓烈。

“新的小长假的效应，使得传统节日的休闲意义得到了实现。小长假的积极效应体现在对短途出游的促进上，17.8%的人认为短途旅游的机会增加了；消极效应是对长途旅游的抑制上，34.3%的人认为长途出游的机会减少了。”[①] 这从时间上刺激了电视休闲的更进一步发展，因为短途出游或者不出游，意味着居民待在家的时间更多，只要待在家里，看电视就是最大的休闲活动。

（二）长假

中国的假日制度规定的长假是指“春节”、国庆的7天假期。如果说双休日实施后中国仍然有许多职工未能从家务劳动中摆脱出来，那么，1999年国庆开始的长假日却真正让老百姓知道了“休息”与“闲暇”。

同为长假，“春节”和国庆对中国人的意义却有着迥异的内涵。国庆是一个举国欢庆的日子，多数人在这个难得的7天假日里选择旅游休闲。而春节，却有着中国传统节日里最浓重的仪式需要遵循，因此，多数家庭都不会外出旅行。在《休闲的制约》一书中，作者为了证明文化对休闲的制约，引述了一位20岁的中国男性的访谈片断：“现在，我们有三个长假——春节、劳动节和国庆节。在劳动节和国庆节期间，我可以告诉我的父母我得在家休息或是拜访朋友或者出去旅游。但是在作为家庭团聚的文化象征的春节期间，我得去看我的父母并且和他们待在一起。中国的父母亲们不能接受他们的孩子在春节期间不去看他们，传统的文化也不允许我在春节期间参加自己的休闲活动却不去看望我的父母。”[②]

---

① 王琪延、龚江辉：《新休假制度对北京居民旅游活动影响的实证分析》，《旅游学刊》2009年第9期。

② 埃德加·杰克逊编《休闲的制约》，凌平等译，浙江大学出版社，2009，第208页。

(三)带薪休假实行的漫漫长路

1994年,第八届全国人民代表大会常务委员会第八次会议通过了《中华人民共和国劳动法》,这部法律自1995年1月1日起已经正式施行。根据其中有关"工作时间和休息休假"的第四章的规定,中国"实行带薪年休假制度","劳动者连续工作一年以上的,享受带薪年休假。具体办法由国务院规定。"但是,基于各种客观条件的制约,从1995年1月1日到2007年12月,这一"具体办法"一直未能出台。2007年12月14日,国务院总理签署国务院令,公布了《职工带薪年休假条例》条例,于2008年1月1日起施行。

为了配合国务院《职工带薪年休假条例》的施行,使条例的实施更为顺畅,2008年7月17日经人力资源和社会保障部第6次部务会议通过《企业职工带薪年休假实施办法》。2008年9月29日新华网发布消息公布这一办法,并自公布之日起施行。条例和办法不仅为职工的带薪年休假提供了相当明晰的法律依据,而且也有利于克服实施中可能遇到的障碍。

从《职工带薪年休假条例》的明文规定来看,全国所有机关、团体、企业、事业单位、民办非企业单位、有雇工的个体工商户等都必须执行。因此,过去曾经对劳动者"带薪年休假"权利置之不理的单位,无论其原来是基于主观原因还是客观原因,现在都不得不真正行动起来。虽然条例的第五条也规定了"统筹安排"和对未休年假职工"支付年休假工资报酬"的一些弹性条款,但是从条例的第六条、第七条、第八条所规定的县级以上地方政府人事部门,劳动保障部门对条例执行的"监督检查",对未能实施条例单位的"责令限期改正"及"申请人民法院强制执行",依法处理"因年休假发生的争议"来看,国家对《职工带薪年休假条例》的实施十分坚决。

然而,从执行情况来看,国家机关职工较为充分地享受了带薪年休假,一些经济效益较好的大型企业职工也有机会享受《企业职工带薪年休假实施办法》带来的休闲,但是,相当多的地方和单位没有很好地推行《企业职工带薪年休假实施办法》,导致职工发出带薪休假是"镜中月水中花""形同虚设"的评价。"据《山东商报》2010年4月9日的报道,一份'你享受带薪休假了吗'的职场调查显示,59%的参与调查者表示,在最近几年中,他们从来没有享受过带薪休假;64%的调查者表示,他们公司根本没有休假制度。在'为什么不休假'的调查中,52 %的人表示自己希望休假,但老板不批准;14%表示,因为休假时间加班费高而主动放弃休假；13%的人是因为工作压力大，自愿放弃休假；还有10%的调查者表示，其他人都不休假，自己也不好意思休假。重庆市一家集团公司的工会调查报告《关于'带薪年休假制度'执行情况的调查与思考》也称，2008年该公司真正按规定享受年休假的职工仅占13.5%，未休完年休假的职工占34.6%，未享受年休假职工比例高达51.9%。"①

"带薪年休假"不只是保护职工的身心健康，它更是职工进一步享受人生休闲权利的时间保证，是老百姓生活质量提高的新起点。然而这一制度的落实和彻底执行还需我们每一个人共同努力并假以时日。

四、非上班族的闲暇时间

根据《2019中国电视年鉴》记载，"在全国149个样本城市中，无业群体（包括离退休人员）在电视观众中占据了较大的比例，为20.5%"②。

农村家庭成员、家庭中的老年成员、家庭主妇、失业人员、自由职业者成为非上班族的主体构成。他们的作息时间呈现出不规律的特点，但白天是他们主要闲暇时间。日间电视的主要受众是非上班族。

值得注意的是，近年来，我国总体经济状况发生了明显的改善，并深刻影响了人们的生活形态和作息规律。电视机越来越普及，休闲投资比重逐步增加，工作、生活的自由度不断增大，传统"朝九晚五"的生活模式被更多富有弹性的工作安排所改变，中国受众的闲暇也发生了相应的诸多变化。

第四节　电视收视的时间特征

时间，是电视收视的一个前提，哪些人看、在什么时间看、他们用于看电视的可支配时间是多少，以及他们在某个特定时间段的生活状态及其特点等等，都直接影响着电视收视的效果。

---

① 刘德谦、高舜礼、宋瑞主编《2010年中国休闲发展报告》，社会科学文献出版社，2010，第71页。

② 国家广播电影电视总局编纂《2019中国电视年鉴》，中国广播电视年鉴社，第221页。

在1958年中央电视台创立之初，中国电视一天只有几个小时的播出时间，后来播出时间逐渐延长。现在，多数电视台都是24小时不间断播出，观众不再担心某个时间没有电视可看，而是电视台担心某个时段的节目没有观众收看。“电视的发展史，其实是一个时段开拓史。”[①]现在，对于大多数人来说，使用媒介已经是看似随意、其实是十分稳定的习惯。受众看电视的时间量，已经是一个基本而持久的特征。

电视整体收视在时间上呈现出以下特征：①周末与工作日的收视情况明显不同；②人们收看电视的时间不是集中的，而是分割成时段的；③收视呈现出季节性特征，传统节日和寒暑假期间收视上扬；④晚间收视高峰是电视收视规律中最典型和最重要的特点。

面对受众相对固定的收视行为，线性传播的技术逻辑决定了节目播出的转瞬即逝和不可逆转，与此同时，受众的注意力又是互斥的，只要收看了这一频道的节目就无法同时收看其他频道的节目，不同时段资源的价值和受众注意力的价值得以凸显。

影响观众收视最重要的时间前提是人们的作息规律，而且作为一种家用媒体，电视的收视受限于人们在家庭中的作息时间。根据调查，“周末休息日（周六、周日）的日间收视明显高于工作日（周一至周五），周末深夜22点之后的收视高于工作日。在周末收视上升时段，上班上学的54岁及以下观众周末白天收视上升明显，尤其4~14岁的少年儿童在周末日间收视率几乎增长一倍。深夜时间段、周五和周六、周日各年龄段人群收视率也都有提升。在18点~22点晚间时段，34岁以下观众周末收看电视更多，45岁以上中老年观众在周末黄金时段反而总收视略有减少。周末为日常忙碌于工作和学习的年轻人提供了休闲娱乐时间，周末荧屏也为他们提供了大量的娱乐节目，形成了一周内的收视高峰”[②]。电视台根据受众调查和长期的播出实践，将电视随时序流动的播出时间划分为早间、午间、下午、晚间、深夜等五个时段。晚间时段（19点~22点）因与多数受众的休闲时间重叠，形成了开机率高、到达率高、收视率高的“三高”现象，被称为“黄金时间”。而且，“黄金时间”的价值和意义又通过电视广告的变现得以体现。

---

① 陈立强：《电视频道的本体阐释与传播研究》，新华出版社，2007，第84页。

② 陈晓洲、周欣欣：《2010年中国电视市场收视动态》，《现代传播》2011年第5期。

一、电视时段的划分

什么叫时段？根据电视收视的时间特征，人们将时间进行了划分。从这种意义上来说，传统电视就是一种时间产品，它通过延长播出时间至24小时不间断播出，实现了对受众时间的全覆盖，又将“黄金时间”作为核心的受众资源高价卖给广告客户实现了资源变现。美国电视是娱乐业的重要组成部分，电视产业是一门重要的吸金产业，“娱乐业乃美国的生意”[①]，按照电视收视的时间特征，美国电视界将一天的时间划分为九个节目时段：[②]

(1)4点~9点 晨间(early morning)

(2)9点~12点 上午(morning)

(3)12点~16点 下午(afternoon)

(4)16点~18点 下午晚些时候(late afternoon)

(5)18点~19点30分 傍晚(early evening)

(6)19点30分~20点 准黄金时间(prime access time)

(7)20点~23点 黄金时间(prime time)

(8)23点~23点30分 晚间(late evening or late fringe)

(9)23点30分~4点 深夜(late night)

在不同的时段里，电视台根据不同的有闲人群播出不同的节目内容，满足细分受众的收视意向。

中国受众的生活习惯和作息规律与美国受众存在差异，因此，我国电视时段的划分与美国电视时段也有差异。但大体上，中国的电视时段也存在一个“9段式”划分：

(1)6点~8点早晨

(2)8点~12点上午

(3)12点~13点中午

(4)13点~17点下午

(5)17点~19点傍晚

(6)19点~22点晚间黄金时段

---

① 加里·R·埃杰顿：《美国电视史》，李银波译，中国人民大学出版社，2012，第227页。

② 以下内容引自吕正标、王嘉：《电视新闻节目理念、形态与实务》，中国广播电视出版社，2004，第90页。

(7)22点~24点夜间

(8)24点~2点深夜

(9)2点深夜~6点凌晨

而且在中国，由于地域、民族、作息的差别，各地的黄金时间存在微小差别，比如，在南京，电视的黄金时间与上述时段的“9段式”划分就有差别，将下午4点10分至晚上11点45分之间长达7个半小时的时间统称为黄金时段，在此基础上，再细分为第一黄金时间（19点~21点50分）、亚黄金时间（18点~19点、21点55分~22点45分）、第三黄金时间（22点45分~23点45分、16点10分~18点及10点40分~13点30分）。早晨7点以前以及深夜23点以后的平均机率不足3%。[①]被视为非黄金时间。

无论中外，电视收视规律中最典型和最重要的特点是晚间收视高峰。以2010年中国的统计结果为例，“超过全天平均收视率的时段主要在晚间17点30分~23点30分，中午12点~13点的收视也超过全天平均水平。19点30分~21点30分的平均收视率为全天平均收视率的3倍以上，两个小时就累积了全天总收视的28%，18点30分~22点30分的4个小时累积了全天总收视的50%，庞大的晚间收视总量是频道和节目获取高收视的重要基础。在晚间相对短的时间内集中了竞争各方的最优质资源，晚间收视效果对全天整体收视的影响至关重要。同时，不容忽视的另50%收视分散于18点30分~22点30分以外的其他20个小时中，其中12点~13点的中午时段、17点30分~18点30分傍晚时段和22点30分~23点30分深夜时段的收视相对较高，三个时段各贡献5%-6%的收视量，成为晚间黄金时段收视制高点以外争夺收视的第二级战场；其他低收视时段，依靠长达17个小时的时间长度积累了全天收视的三分之一，尤其成为一些24小时播出频道以长时间弥补低收视，取得积少成多收视效果的外围阵地”[②]。因此，电视台日常的节目编排也主要是根据观众日常的起居、收视习惯进行编排的。

---

① 陈正荣：《中国城市电视台发展报告》，中国传媒大学出版社，2007，第140页。

② 陈晓洲、周欣欣：《2010年中国电视市场收视动态》，《现代传播》2011年第5期。

二、"8小时之外"的电视

在工作日，观众的收视实践有明显的日常规律，"白天至下午晚些时候这段时间内，看电视的人占总人口的10%~15%；自下午晚些时候开始，观众人数逐渐增加；从下午8时至10时为高峰时间段，在此期间，观众人数几乎达到总人口的一半"[①]。有人将受众与电视的收视时间简单归结为：电视机遥控器的掌控者，按时间段大致排序：17点30分~20点未成年人；20点~21点30分老年人：21点30分~23点中年人。每晚7点30分央视《新闻联播》和《天气预报》结束后的时间段是观众第一次集中换台时间，该时间段的栏目能否吸引观众，将直接影响这一频道整晚的收视率。

（一）早间电视

在英国，早间电视节目被称为"重要的早餐"。在美国，咖啡、牛奶、早间电视，似乎成了许多美国人的早晨生活习惯。"自1952年NBC的第一个清晨电视节目Today开办之后，美国的四大广播网之间开始了早间新闻的争夺战。美国专栏作家理查德·海客曾专门撰文《疯狂的早晨——早间电视节目的收视生死战》，分析了美国45年间的早间电视战。目前，美国早间电视节目一直名列前三名的是NBC的Today（《今天》），ABC的Good Morning，America（《早安，美国》），CBS的The Early Show（《清晨秀》）。"[②]

我国电视早间节目在1993年之前几乎是空白，除了北京台办有《北京您早》以外，全国各地电视台的早间节目都是复播。1993年，中央电视台创办《东方时空》，打破了早间电视的沉寂，也改变了早间电视没有新内容的格局。此后，其他地方电视台也效仿中央台开办了一些早间电视节目，如辽宁卫视的《第一时间》、湖南卫视的《潇湘晨光》、湖北卫视的《新闻早班车》、安徽卫视的《新安晨讯》、江苏卫视的《江海晨曲》等相继推出。然而，一个严峻的现实是，在我国，早间电视节目的收视率始终低迷，即使是《东方时空》，中央电视台花了很大的人力物力和财力去办，收视率也不断走低。2005年1月，中央电视台最终将《东方时空》移至了晚间18点14分播出。

---

① 尼古拉斯·阿伯克龙比：《电视与社会》，张永喜、鲍贵、陈光明译，南京大学出版社，2007，第2版，第127页。

② 陈正荣：《中国城市电视台发展报告》，中国传媒大学出版社，2007，第131页。

全国其他地方电视台的早间节目也大抵如此：往往花很大的精力做早间节目，但运作一段时间后，又只得向市场低头。

探究其中的原因，中国人的日常作息时间可能是不可忽视的原因之一。我国东西部时间相差3个多小时，作息时间也存在较大差异。东部地区早上天亮时间早，西部地区日落时间晚，但全国又实行的是统一的北京时间，影响到人们的作息时间差异。同样是早上7点，西部的成都人还赖在床上不想起来，因为天还没亮，而位于东部的北京和上海早已是车水马龙，阳光明媚了。因此，早间节目对于西部的上班族，确实没有什么意义。他们的早上是起床后的"狼吞虎咽+匆忙赶路"。但对于东部人就不一样了，天亮就意味着起床，起床后或许才6点，离上班还早，悠闲的早餐是可以靠打开的电视来作为背景声音的。因此，早间电视节目对中国东部更有意义。这也从侧面说明，早间电视节目有地方性和区域性。

当然，上述所有讨论都是以观众是上班族为重要前提预设的。事实上，虽然上班族可能是电视观众的收视主体，但还是有相当一部分非上班族，使早间节目的存在价值变得复杂。

早间时段的电视收视具有一些基本特征，早间的电视观众主要是老人、准备上学或上班的人和家庭主妇。除了老人较为悠闲地享受着做早餐和看电视的乐趣外，准备上班或上学的人和家庭主妇都较为忙碌，即使打开电视也无法专心地坐在电视机前慢慢观看。他们常常一边埋头吃早餐、做家务，一边"听"电视。因此，早间节目的收视多数是一种"心不在焉"的收看状态。属于电视休闲的低级层次。

适合此类休闲状态的早间电视节目多以短、平、快的新闻资讯为主。深度报道、慢吞吞的电视剧、大型综艺类节目不适合这一时段。

（二）午间电视

中国人的午间作息与日本、美国等许多国家居民的作息存在很大差异。在日本、美国等国家的综合性电视视频道中，AC尼尔森等调查公司对电视的九大时段划分中并没有把午间时段清晰地划分出来。这意味着，午间，在国际上并不是一个重要的时段。原因可能在于这些国家的午间生活作息与中国明显不同，他们没有午休的专门时间。因此这些国家的午间电视观众和上午、下午一样，仍然是赋闲在家的老人、家庭妇女、无业者，午间节目也和上午、下午的节目一样，主要是消磨时光的电视剧、脱口秀、游戏节目等。

与西方国家的情况正好相反，在中国，中午是一个重要的休息时段，它是日间紧张工作或学习的夹缝中的休闲小插曲。人们会在这一闲暇时间里利用电视进行休闲，它形成了白天的又一个收视高峰。在全天九个时段平均收视率排名中，居第四位。前三位都出现在晚间。

午间是午餐和午休的时间，城市越小，人们午间待在家的可能性越大。工作地点离家越近，午间待在家的频率就越高。而对于家庭中不上班的成员来说，午饭时间打开电视机，也是常事。因此，从时间上考量，午间电视比早间节目更容易为更多受众接受。

午间休闲时间的短暂性和午休的需求决定了午间时段人们漫不经心的浅层电视休闲状态。观众在中午看电视一般是边吃边看（比如办公室里、大学的食堂里、家里），边说边看，甚至边睡边看。对电视节目的收视欲求是可看可不看，随意看看。一种常见的收视状态是：大伙（有可能是一家人，也有可能是一群同事、学生）在吃饭时，背对着电视聊天，电视里的内容有意思，大家就转过头去看一眼，然后又回过头继续吃，电视里的内容没吸引力，就只能充当背景声音。

总体来看，午间电视节目的收视状态呈现出以下特征：随意性强，流动性强，一般不会连续收看；浅层收视，一般不深度关注电视内容；常常是伴随性收视，“听”电视的状态较为普遍；与其他时段相比，集体收看的现象更突出。

因此，在午间，人们的休闲状态仍然处于电视休闲的低级层次。此时，及时准确的新闻信息公布、谈话节目是午间观众最大的内容需求，综艺游戏、搞笑等娱乐节目也能得到年轻观众午间收视的青睐，同时与当日新闻相关的开放多元的热点评述，也是集体收看时容易吸引观众的重要谈资。

根据央视—索福瑞数据的分析，在午间时段（12点~13点）中国的总收视人群比较稳定，周一到周六平均有18%的观众群体收看电视，周日有21%的观众收看电视，而且在这一时段新闻节目是观众的第一选择（占34%），这表明午间新闻还是有充分的观众规模保证的。就全国市场而言，央视几个频道的午间新闻尤其是《新闻30分》，占有绝对优势。

（三）晚间电视

从某种意义上说，电视似乎是属于晚间的。“与早间电视观众的忙碌状态不同，晚间电视观众相对轻松；与午间电视观众的短暂休息不同，晚间电视观众拥有大段的休闲时间。与早间、午间收视状态更为关键的区别是，晚间收视是以家庭为收视基本单位与基本环境的。”①晚间收视“那种自由、随意、轻松、懒散的‘家’的收视状态，是早间时段的忙碌与午间时段的短暂所无法比拟的”②。这也从根本上决定了电视给人们带来的是一种消遣。此时人们有大把的时间，可以以任何程度介入电视休闲，无论是打发时间的低层次电视休闲，还是追求体验获得快感的中等层次休闲，或者在休闲中学习，追求最高层次的电视休闲都是可能的。

电视台总是把最好的自制节目、花很高价格购买的电视剧放在晚间时段播出。晚间，成了电视台举办“夜宴”的时间，一个个节目是电视台用以招待出席“夜宴”的观众们的一道道菜品。观众熙熙攘攘，流连于各电视频道之间：电视节目也“你方唱罢我登场”，不遗余力地争取留住观众。

1. 黄金时间

黄金时间，是指一天中电视节目收视率最高的时段。它是所有电视台的必争之地。电视台广告创收的90%来自晚间黄金时段的电视节目。广告商似乎也只是看晚间时段的电视节目。

以前19点~21点为黄金时间，现在，晚间黄金时段一般是指19点~22点，按照我国观众休闲习惯，这一时间是他们收看电视最为集中的时，有60%的观众。这一时段的总体观众规模在全天中最大，忠实观众比例最高，收视稳定性最强。在这一时间，观众收看电视剧的时间最多，占晚间总收视时间的40%，其次是新闻／时事类（19%）和综艺／娱乐类（13%）。这三类节目形成了晚间时段的“三大支柱”。

深夜时段是指每天22点以后的时间。

2. 电视黄金时间的分散和摊薄

电视曾经改变了报纸的出版时间与广播的黄金时间，傍晚曾经是读报的“黄金时间”，电视黄金时间的出现，多数的晚报变成了早报。新的视听媒体也

① 吕正标、王嘉：《电视新闻节目理念、形态与实务》，中国广播电视出版社，2004，第128页。

② 吕正标、王嘉：《电视新闻节目理念、形态与实务》，中国广播电视出版社，2004，第128页。

将改变电视节目的编播规律。因为相当一部分人的生活习惯已经改变。城市的扩大和拥堵，工作竞争的加剧等因素使晚间黄金时间后移或分散。“后黄金时间”涵盖晚上10点以后到深夜。在这一时间段里，“很多人才忙完，需要放松一下，白领成天都面对电脑，入睡前的闲适时间有两三个小时，这时只有电视是最容易接受的媒介”[①]。因此，可能从晚间6点开始至凌晨1点都为黄金时间。“后黄金时间”里，年轻观众居多，且为收入较高的人或购买力较强的人。电视台在这些年里忽略了这个变化。电视台一味抱怨青年不看电视，或者说是不好好看电视。事实是，电视台不断将节目变时尚，将主持人变漂亮……总之就是将节目不断创新，却没有就观众生活习性已经发生变化这个现实，在节目编排上做针对性的改变。

根据华南理工大学新闻与传播学院李幸的总结，目前，“晚间电视节目编排在时段上大致可以分为‘黄金时间’‘后黄金时间’和‘静夜时间’三大块（三块时间有一点交叉重叠）：一是6点到10点，主要面向老观众的，怎么对付他们，电视台很有经验了；二是9点到12点，主要面对青年观众，湖南卫视解决了娱乐节目问题，又把青春偶像剧搞起来；三是11点以后，入睡前，电视机声音要关小点儿，财经、高端访谈、精英事迹，做这些‘凤凰’比较有经验。这三块时间首尾有重叠，大致如此，不必拘泥”[②]。

此外，日间电视主要是指工作日里上班时间的电视节目，即“8小时之内”的电视，其收视主体人群为非上班族。日间电视节目主打电视剧。

三、周末电视

周末是电视的黄金时间。一项对武汉地区电视观众生活形态的调查发现，“周一至周五人均每天收看电视的时间大概在3.6小时左右，双休日人均收看电视的时间大概在4.3小时左右”[③]。周末的晚间，则是电视收视时间中黄金的黄金。

---

① 李幸：《新的传播环境与电视节目编排》，《现代传播》2010年第2期。

② 李幸：《新的传播环境与电视节目编排》，《现代传播》2010年第2期。

③ 中国广播电视协会电视受众研究委员会编《电视受众探析：2004年电视受众研究获奖作品选编》，中央编译出版社，2005，第140页。

(一)双休日新闻与休闲

20世纪90年代末，浙江电视台率先推出双休版节目，之后，全国有近20家电视台成立了“双休部”，专门负责编播双休日节目，双休日新闻栏目也随之应运而生。在这些双休日新闻栏目中，表现比较突出的有北京电视台的《第7日》、中央电视台新闻频道的《本周》、中央电视台新闻频道的《实话实说》、成都电视台的《道听途说》等。

这类新闻栏目从观众特定的收视心理出发，围绕“休闲”的定位，一方面在题材上进行开掘，注重报道那些发生在观众身旁的、趣味性强的、有社会意义的新闻事件；另一方面巧妙地对一周来发生的重大新闻进行“二次制作、二次传播”，以一种街谈巷议的“软”视点把握“硬”题材，以妙趣横生的导语、故事化的叙事方式和注重细节的画面表现追求轻松自然、入眼入心的传播效果。

《实话实说》可以说是中国双休日制度的产物。1996年3月中央电视台创办的《实话实说》栏目，每周日7点20分至8点播出，“话题选择上注意贴近民生，谈话气氛平等、轻松、诙谐，这一栏目在短时间内就赢得全国广大观众的欢迎，收视率居高不下。据统计，1997年3月至6月，每周日7点20分至8点，在所有收看电视的观众当中，62%以上的观众是在收看《实话实说》”[①]。有评论认为，《实话实说》改变了人们周日上午的收视习惯。《实话实说》的成功，带动了其他电视频道创办大量周末电视谈话节目。一些个性化谈话的电视节目中，电视节目主持人扮演着倾诉的角色，把富于个人感受的情感倾诉给观众，在观众中引起了共鸣。

《本周》是央视创办的另一个具有休闲性质的新闻节目。它不像普通新闻栏目那样强调时效性、重要性，突出思想深度，而是以故事性、趣味性和一定程度的艺术性手段表现新闻。主持人贺红梅像一位朋友那样同观众娓娓道来身边发生的新鲜事。使观众产生一种没有距离、舒服自然的拉家常的感觉。

《本周》最鲜明的特色是，把新鲜事讲得好听好玩。比如，《本周》里曾播过一条新闻，动物园里的马想和狮子“交朋友”，可是狮子不领情，老是侵犯小马。但是小马不畏强势，硬是用“尥蹶子”这一独招保护了自己。这个时候，电视里的解说词“狮子只能回想当年爷爷们的威猛了”，再配上一首老北京的歌“我爷

① 刘习良主编《中国电视史》，中国广播电视出版社，2007，第360页。

爷——"正是这种妙趣横生、绝妙的人情化表现手法,吸引了大量追求休闲的受众。观众称它为"真正的平民新闻"。

此外,北京电视台的《第七日》也是著名的双休日新闻栏目。节目将各种社会新闻以有趣的面目展现,镜头量多,信息量大。主持人话语平和亲切,新闻视角独特,富有童真和童趣,受到了老百姓的喜爱。同样,成都电视台的《道听途说》也用调侃的方法将新闻制成"新闻蛋炒饭",让观众在看新闻的时候体会到一种闲适和幽默。

(二)双休日的电视娱乐

"游戏娱乐是人类生活的一项重要内容,也是电视节目构成中的重要内容。但在我国电视长期的发展进程中,游戏娱乐却始终没有获得相对独立的地位,这与我国社会生活的状况以及电视媒体自我认识上的局限有着不可分割的联系。"[①]中国电视观众最初体会到电视带来的娱乐是从1983年的春节联欢晚会开始的。虽然电视春晚1960年就播出过,但在电视没有普及的年代,春晚也就只是少数人的联欢。1983年,春节联欢晚会在电视上隆重播出,无数中国观众首次体会到了电视带来的娱乐乐趣。但是,春晚一年只有一次,远远满足不了人们的娱乐诉求。1990年,《综艺大观》的出现让观众眼前一亮,这个节目将相声、小品、歌舞、杂技、魔术等各种文艺手段集于一体,吸引了众多观众的目光。以后每逢星期六,《综艺大观》便成了许多中国百姓必看的节目,中国观众"周末看娱乐节目"的习惯也是从这里起步的。

但是,包括《综艺大观》在内,我国电视节目中大量的游戏娱乐元素和游戏内容并没有以独立的节目形态呈现出来,而是附着于大量的文艺、综艺及专题类节目中。随着1995年双休日生活的到来,我国电视工作者加快了对双休日娱乐节目的开发和学习。1997年7月,湖南卫视《快乐大本营》栏目的开播,是我国电视发展史中一个重要的转折点。它"使人们看到了一档纯粹和独立的电视游戏娱乐节目"[②]。此后,《真情对对碰》《幸运52》《开心辞典》《非常6+1》《超级女声》《中国达人秀》……游戏娱乐节目经历了综艺型娱乐节目、益智类游戏节目、真人秀节目等各种形态,娱乐程度节节升级,中国电视以极大的热

① 刘习良主编《中国电视史》,中国广播电视出版社,2007,第424页。

② 刘习良主编《中国电视史》,中国广播电视出版社,2007,第424页。

情义无反顾地投入这场全球化的"娱乐盛宴"中。娱乐节目和电视剧成了电视台提高收视率的主体力量。而且,它们的播出时间有一个共同特征:在周末播放。《真情对对碰》1998年7月17日开播,每周五播出;《幸运52》每周六、日播出;《开心辞典》周日播出;《非常6+1》周六播出;《超级女声》周五播出;《中国达人秀》周日播出。

《快乐大本营》是湖南卫视在全国刚实行双休日时应时而需提出的"周末战略"的产物。与此同时,湖南卫视又提出了"大周末"的概念,在周五、周六、周日的黄金时段安排《真情对对碰》《快乐大本营》和《玫瑰之约》供观众休闲。正是因为顺应了人们双休日生活带来的休闲需求,《快乐大本营》才迅速为观众接受和认可,"取到了良好的效果,在周末的黄金时间收视状况一度遥遥领先,仅低于央视一套"[①]。电视湘军也由此声名崛起。

除了周末的晚上,更有大量电视观众在期待双休日的白天休闲能够更有内涵。2000年4月,安徽卫视意识到双休日白天大量受众的存在,推出大体量电视剧板块:《周末大放送》。它首创双休日白天专播电视剧,通常是早上8点左右开始,一天播10集,连播周六周日两天,即每个双休日播出20集电视剧,真的是让观众享受到了"视觉大餐"。首轮播出的电视剧有《天龙八部》《鹿鼎记》等。安徽卫视在全国一炮打响,占领了双休日白天60%的频道市场份额,在合肥地区收视率超过10%。2000年7月,安徽卫视落地上海,其"电视剧大卖场"在上海地区也创造了周末白天时段最高10%的收视奇迹,平均收视率高达6%!成就了电视淮军"一卖成名天下知"的名声。

另一个娱乐节目《非诚勿扰》的大热与周末也有着重要的联系。作为一档相亲节目,《非诚勿扰》的参与几乎是年轻人的专利。周末时间,是上班的年轻一族最好的休闲时光,节目放在这个时候播出才会有足够多的观众。因此,制片人给《非诚勿扰》设计了一个适合年轻人的播出时间和节奏。

效仿周末电视的思路、2010年东方卫视推出了《中国达人秀》、2012年浙江卫视推出了《中国好声音》、2014年推出《奔路吧兄弟》,都获得了空前的收视热潮。可以这么说,多数知名品牌的电视栏目,其最初得到观众广为认可都与其周末播放最大可能地吸引到了受众有极大关系。

① 梅文慧、何春耕:《综艺大本营——〈快乐大本营〉娱乐模式》,中国传媒大学出版社,2007,第194页。

四、节假日电视

调查显示："观众在节假日的作息时间明显不同于非节假日。年轻人习惯于晚睡晚起，而中老年人则习惯于晚睡早起。31岁以上的人习惯于早上8点前起床，而30岁以下的人则习惯于早上8点后起床。总体来看，大部分观众在黄金周是在10点以前起床的。午休的情况是：有1/3的观众不午休。晚休时间也比较有规律。晚休时间比较集中在晚上10点至凌晨零点，一半观众是在这个时间休息的，其他观众则在零时以后才陆续休息。只有3%的观众起居时间不定时，无规律。"[①]节假日受众作息的规律性和大量的闲暇时间给电视节目留下了巨大的开发空间。

中央电视台1983年创办的"春节联欢晚会"是中国电视最早的假日节目。80年代中后期，中国大众传播媒介中兴起了"周末"版现象。1984年《南方周末》的创刊和受欢迎是这股媒介"周末风潮"的典型标志。随后，"更多的媒介推出自己的周末版、周末专栏或者在周末的内容安排上明显地区别于工作日。这个风潮在电视界同样引起反响。包括中央台在内的许多电视台纷纷尝试电视编排的'周末版'——比如在周末定期安排综艺节目和影视节目等。这大概是中国电视媒介在整体上对假日生活加以关注的一个起点。在缺乏理论准备的情况下，中国的电视人几乎完全是依靠直觉产生了那样的编排念头并付诸实践"[②]。这是中国电视史上假日电视的一种直觉的启蒙。

此后，1999年长假制度实行，大量中国居民开始重新安排自己的生活节奏和生活方式，旅游成了假日里的生活时尚。一些调查数据显示，在长假期间，平均约4成的城市居民选择出行，约6成以上的居民选择居家为主要的生活方式。这些假日里待在家的人群，是电视的主要潜在观众，而且收看电视是他们长假期间的一种心理期待，很多人希望在连续的假日期间满足平时难以实现的收看优秀电视节目的渴望。如果考虑到农村地区以及中小城市的经济状况，假日电视人口比例还要扩大。这些都为假日电视的存在提出了客观而现实的需求。人们在追求电视休闲时，要求节目更符合自己的生活节奏，要求节目能更完美地表达和满足自己的利益。这是电视在考察受众需求时不可忽视

---

① 胡莉霞、谭天：《打造电视节目的"黄金周"》，《新闻与写作》2005年第5期。

② 钟伟：《中国人的一生和一天》，http://www.caogen.com/blog/Infor_detail/5347.html（2020年12月15日查询）

的受众环境。因此，假日电视编排早已为中国电视界所重视。

（一）假日电视的特点及需求

电视休闲的假日原理是：假日收视高于工作日；但假期越短，人们待在家的概率越高，收视率也就越高。

观众在元旦、寒暑假、春节和两大黄金周的收视时间明显高于平时，且观众构成和收视偏好都与平时明显不同。节假日期间电视收视的黄金时段随受众的作息时间而变化为：上午10~12点，下午15~17点成为黄金收视时段。假日期间大多数观众作息时间有明显改变，青岛电视台曾做过一次节假日期间的收视情况与日常收视情况的比较，结果发现：

1. 假日期间的新闻收视高峰期在18点30分~19点30分，服务性信息越丰富，收视率就越高。同时，与日常新闻节目收视最高值时间20点（最高为11.32）不同，假日期间收视的最高值提前至18点45分（最高值为8.76）。

2. 日常的收视率曲线图显示，在22点黄金时段过后，收视情况基本很低，而假日期间不同，收视情况的变化缓于这一段日常收视情况，也就是说，假日期间22点之后仍拥有一定的收视群。

3. 假日期间的生活服务类节目不仅是收视率有所提高，而且收视高峰期也由日常的20点45分推后到21点30分。

4. 假日期间影视节目的收视率反而不如日常，收视高峰期都是19点30分20点30分。

5. 假日期间，地方电视台在18点~23点45分之间的频道总占有率上是30.1，而日常为29.8。

节日期间，观众构成也发生了明显变化，简单来说，"如果根据观众的注意力程度来划分观众群体，可以分为：有较为明确收视意向的忠实观众群体、无明确收视意向的游离观众群体两部分"[①]。节假日期间（包括长假、小长假）的观众特征与周末的观众特征基本相似，即：出现了大量平时不看电视或者没有时间看电视的观众。因此，假日，尤其是长假，成了电视争取受众的关键时期。

1. 长假

一提到黄金周，很多人本能的反应是旅游和购物。但事实上，虽然每个节

① 徐立军、袁方：《电视播出季——频道编播创新前沿》，中国传媒大学出版社，2007，第74—75页。

日全中国有几千万人次出游，但绝大多数人还是留在家里，因此对电视而言，待在家的人们就是电视收视的保证。假日里，大量的观众同时拥有大量的闲暇。调查显示，长假期间，电视的总收视率有较明显的增长，并且从2000年开始，有逐年增加的趋势。

①春节

春节是中国民间最悠久、最隆重的传统节日。作为中华文化的一部分，"过年"已经深深地浸润在每个中国人心中。人们对幸福生活的渴望，对来年的期盼都寄托在这一特殊的节日里。春节的主题是：欢乐和团圆。春节期间，许多中华民族民俗文化得以集中展示。置办年货、贴春联、放鞭炮、吃饺子、守岁、拜年、走亲访友、全家吃团圆饭、祭祖敬神、逛庙会等成为较固定的年俗。因此，春节期间全国电视呈现集体收看和流散型的收视特征。由于春节的收视行为可能不连贯，加上春节传统习俗中，对夜晚礼花、戏曲表演的关注，使综艺类、大型晚会类在春节期间倍受关注。而耗时较长的电视连续剧受冷落，收视数据也显示，综艺类节目收视在春节期间普遍看涨。春节电视的节目基调是喜庆、娱乐性强、轻松、闲适。

在春节期间收看晚会已成为中国观众的收视传统，几乎所有的电视台都为春节准备了综艺晚会类节目。其中，大年三十中央电视台春节联欢晚会是所有中国观众的收视重点。它给家庭营造了团圆祥和的氛围，又传达出举国欢庆，人人共享这一美好时刻的意义。"一方面相对于外出享受各种娱乐休闲设施，电视是一种非常经济的娱乐休闲方式。由于电视的易接触性，不论贫富贵贱，大年三十晚上围坐在电视机旁准时收看20点开始的春晚成为家庭团聚共度除夕的最佳选择。春晚不仅使人们共享'天涯共此时'的仪式感，为'想象的共同体'提供了物化的对象，而且抹杀了人们之间经济状况、社会地位等的差别。"[①]从2001年到2017年，春晚直播收视率每年都超过30%，其中2005年春晚收视率最高，达到37.6%，这年春晚的总导演是郎昆，代表性节目有省市电视台主持人送春联，舞蹈《千手观音》等。以2014年羊年春晚为例，这年春晚的总导演哈文曾执导的2012—2013两届春晚，收视占除夕夜电视市场份额72%，春晚观众的平均收看时长为149分钟，也就是说约有56%的观众完整收看了春晚。

① 金玉萍：《媒介中的国家认同建构——以春节联欢晚会为例》，《理论界》2010年第1期。

表 3-1 近年央视《春节联欢晚会》收视率

年份	导演	收视率
2003	金越	38.6%
2004	袁德旺	41.6%
2005	郎昆	36.7%
2006	郎昆	34.7%
2007	金越	无
2008	张晓海、陈临春	32.29%
2009	郎昆	34.82%
2010	金越	38.26%
2011	马东、陈临春、张晓海	31.04%
2012	哈文	32.75%
2013	哈文	31.17%
2014	冯小刚	30.98%
2015	哈文	29.60%
2016	吕逸涛	30.98%
2017	杨东升	31.46%
2018	刘真	34.39%
2019	杨东升	34.35%

春节假日及新年特有的喜庆气氛，对于大多数观众常态收视习惯有所改变，尤其是白天时段，观众对优秀娱乐节目的需求成倍增加。节目资源丰厚的部分省级卫视均在白天拉通播出拥有一定收视基础的娱乐类节目，如浙江卫视下午播出的《更生更有乐》；湖南卫视《天天向上》《快乐大本营》等。不过综艺节目不足以支撑全天的收视，因此，各电视台都会策划以晚会为主打，以电视剧、春节特别节目为辅的组合节目，以满足观众在春节的收看需要。

每年春节新年伊始，中央电视台都会推出号称开年大戏的电视剧，如《走西口》《闯关东》等，一般这种开年大戏都会在观众中引起强烈反响，取得极高收视。省级卫视也发现了这一规律，并迅速跟进，同样吸引了大批观众的眼光。

以湖南卫视为例，2006年春节，湖南卫视采取"大型音乐晚会+电视剧《大长今》+春节特别节目”的编排组合作为春节的节目策划方案。首先，根据春节期间观众收视呈现家庭集体收视特征，大型音乐晚会、相声小品集锦更契合春节期间喜庆、祥和的节日氛围，有助于收视的提升。其次，湖南卫视在黄金时段播放大型音乐晚会进行差异化编排，避免在此时段与其他电视台进行电视剧的同质恶性竞争，同时也区别于一般的综合性频道，确立自己专业化的频道形象。再次，将《谁是英雄》《歌友会》《快乐大本营》以及历届晚会中的小品相声等重播价值较高的节目，制作成“春节特别节目”最大效率地运用节目资源，提高节目的广告产出比，同时还有利于自办节目广告的延续和消化，化解广告客户的纷争，使黄金段自办节目的广告分布将更合理。最后，借助独播剧《大长今》的收视热情还没降温的时间效应，在春节期间重播《大长今》满足那些没有看完整，或没有看够，或压根没看过的观众的收视需求。最终，这种针对节日特点，策划以休闲需求为主题的节目收到了立竿见影的效果。

②国庆

国庆是一个国家最有纪念意义的、最重大的节日，群众性的大型集会较普遍。国庆节时，“国家首脑举行招待会，盛大阅兵式和群众游行，传递的是国家和个人对国家的义务的理念”[①]。根据李建凯关于“历年来国庆长假期间北京电视观众的收视分析”，“2000年国庆假期延长为七天以后，北京观众国庆期间的电视收视量逐年增加，北京观众电视收视时间的增加主要发生在白天时段，黄金时段的收视量没有明显变化。从2000年到2002年的三年时间里，每年10月1日、2日和3日是北京观众白天时段集中收看电视的第一阶段，每年的10月4日，白天收视量都有一个下降，显然是一个收视疲劳期，然后在5日、6日和7日形成国庆期间白天时段集中收看电视的第二阶段”[②]。

针对电视收视在时间上的特点，进行针对性地节目编排，是西方市场化程度较高的国家操作比较成熟的手法。学习国外经验，湖南电视台是中国电视界的先行者。在每年黄金周、暑假、春节等长假期间根据受众收视行为和心理的特点，针对性地推出合适的电视节目套餐，是湖南卫视近年来的节庆编排策略。这种编排一般是对频道原有节目资源进行重新整合，引入新概念，对既有的优秀节目重新加工，然后集中在节庆期间播放。2005年，《大长今》播出后收

① 顾骏：《作为国家认同仪式的国庆节》，《解放日报》2003年9月30日。

② 李建凯：《别让“假日电视”停留在概念上》，《广告大观（综合版）》2005年第1期。

到的良好市场效果是湖南卫视运用节庆特殊编排策略取得的成功典范。

2005年,中央电视台凭借雄厚的资金实力在全国电视界首创“独播剧”战略,通过独家购买并播放《汉武大帝》《大宋提刑官》《亮剑》等“独播剧”,使得CCTV-1全年的“黄金剧场”收视份额增长两成以上。为了在电视剧资源掌控中同样抢占先机,2005年湖南卫视趁《大长今》在香港热播期间,以800万元的较低价格买断韩剧《大长今》的内地播映权和音像版权,通过自己的营销运作,获利近4000万元,取得巨大成功。

考察《大长今》的成功,播出时间的安排同样不可忽略。《大长今》的播出从2005年9月1日开始到10月15日大结局,持续45天时间。湖南卫视把9月1日—10月15日打造为《大长今》的“播出季”,将《大长今》安排在《超级女声》和“十一”长假之间,实现前后对接。《超级女声》8月26结束,《大长今》9月1日开始,频道热点对接,完成观众兴奋点的顺延。“超级女声年度总决选”期间启动宣传,借《超级女声》强势宣传拉升《大长今》,同时将“大长今”巧妙地置入《超级女声》直播节目中,强强联合。10月15日《大长今》结束,其后部正好与国庆黄金周对接,因而又形成一个收视高峰——制造国庆七天看《大长今》大结局的独特悬念,达到最佳的传播效果。

2. 小长假

中国的小长假诞生于2007年。这一年国家有关部门将“五一国际劳动节长假”调整为三天“小长假”,并同时增加传统节日元旦、清明、端午、中秋为法定“小长假”,形成元旦、清明、端午、中秋、五一、十一、春节传统节日的假期系统。“小长假”政策改变了人们长线旅游的计划,根据“假日越短人们待在家的概率越高,收视率也就越高”的原理,各电视台纷纷调整自己的节目方案和编排策略。

许多电视台根据不同的节日氛围策划出富含中国传统文化的节目,比如针对清明节,陕西电视台推出了大型直播《乙丑2009年清明公祭轩辕黄帝典礼》,收视率达1.77%。元旦有年际交替之际天气寒冷和跨年喜庆的特点,观众放假选择户外休闲的较少,居家过节者众,元旦期间全天开电视的概率提升明显。为此,各电视台都把跨年演唱会或跨年晚会作为重头节目来精心策划和开发,并于12月31日晚上在卫视频道直播。2012年是电视台竞相举办跨年晚会的高潮,包括中央电视台、湖南卫视、江苏卫视、东方卫视等在内的19家电视台主办了跨年晚会。即使在2020年,电视行业普遍不景气的情况下,也有湖南卫视、央视、东方卫视、江苏卫视、北京卫视,浙江卫视等多家电视台举办了跨年晚会。

围绕劳动节的节日主题,从2003年开始央视每年五一都推出《五一7天乐》,节目每天邀请一位演艺界明星扮演某个行业的从业者,体味各行各业的辛劳,节目的重点是"乐"。北京电视台财经频道也曾在"五一"推出过特别节目《五味人生》,分别以酸、甜、苦、辣、咸命名。主持人潮东等带领参与者通过从事不同行业,体验劳动的乐趣。辽宁电视台的《快乐假期之劳动最光荣》记录辽宁电视台知名主持人在特定条件下完成不同职业任务的体验。这些节目策划的形式虽然单薄,但都反映出电视台构建假日电视的努力。

总体来看,节日常常是家庭成员的集体聚会。节日电视节目的一个突出特点是展现欢乐、共享欢乐。即便是清明节,时值春暖花开的春游季节,人们在表达了对已故亲人的哀思之后,也需要电视来帮忙转换心情,回归现实生活趁着晴好天气,走到户外去踏青、游玩。因此,欢乐休闲的气氛营造是电视策划节日节目内容的重要任务。"一是公众原因。过节,公众处于不同于日常劳作的'第二生活',要使大块闲暇时间不流于'空洞时间',他既要在现实中,也要在传媒上享受欢乐。二是媒体原因。公众的过节心态正是媒体的机遇。在现实欢乐上叠加媒体欢乐,提供'不在现场的在场体验',把私人居室变成大众空间,让欢乐无处不在、无孔不入。三是社会原因。集体过节的感觉,使平日互不相识的人聚集'在一起'。社会共识被载歌载舞肯定,发展成果由庆祝活动共享,它抹平人们的等级与身份,增加社会凝聚力。"①

3.带薪休假

尽管带薪休假制度在中国没有得到完全落实,但大中小学教师已完全享受了带薪休假的闲暇。与此相应地,大中小学生也享受了寒暑假带来的惬意与悠闲。围绕着他们,各家电视台都进行过专门的暑期档、寒假档节目策划和调整出适时的节目编排策略。在这种假期里,最成功的案例是湖南卫视创办的《超级女声》。

今天看来,《超级女声》是一个典型的青春娱乐选秀节目,贴有前卫、新颖、

① 罗鸣:《中国发展新闻学概论》,社会科学文献出版社,2010,第138页。

时尚的身份标签，它让观众体验到的是娱乐的快乐和年轻人个性的张扬。这一结果与湖南卫视锁定暑期为收视高潮，目标受众为年轻人的节目策划初衷是一致的。

2004年湖南电视台创办《超级女声》时，仅在地面频道播出，但收视效果显著。2005年湖南电视台将《超级女声》放在湖南卫视播出，借助卫视在全国的覆盖力，当年创下了中国电视收视的奇迹。2005年1—8月之间，湖南卫视共播出《超级女声》节目约350小时，根据CSM12城市收视率数据，观众平均到达率达到63.4%，节目的平均收视份额为8.54%，为频道收视份额的2.4倍。《超级女声》之所以成功，原因很多，但时间的策划与安排上的成功是一个重要因素。

2005年《超级女声》的选秀时间跨度很长，从3月份正式拉开帷幕到8月26日的总决选，历时近九个月。虽然《超级女声》五大赛区的比赛从3月份才开始，但真正的路演造势2月份就开始了，2月份学生们还都在寒假里，赞助商蒙牛派出大量促销员，到各个赛区的周边、每个城市中心的显著位置、有蒙牛出售的大卖场派发宣传单，报名者排着队一个一个上台演唱。开学后，这种路演+海选的时间改在了周末，但全国总决赛时间安排在暑假。7月全国总决选展开之后，所有在校学生都放假了，青少年们将多余的精力全部放在“超女”这一出口上了。“超女”俨然成了全国媒体娱乐版的聚焦点。从7月15日，超级女声年度总决选10强入围赛第一场10进7，到8月26日，超级女声年度总决选产生总冠军。从初赛到复赛，再到决赛，暑假一个多月，周周都有《超级女声》，天天都有媒体爆炒“超女”，学生老师们闲着也是闲着，正好看“超女”PK。进入8月后，伴随着淘汰赛越来越紧张，很多歌迷自发上街为选手拉票。主体还是学生。因为，除了消费电视，渴望表现自我和参与社会也是现代中学生、大学生的特点。

当年的决赛定在8月26日，那年的《超级女声》轰动两岸三地。2006年湖南卫视再办《超级女声》，决赛拖后一个月，安排在9月29日进行。9月份学生们都上学了，哪里还能有大把大把时间追着看“超女”，所以当年的《超级女声》无论是收视还是参与度都明显疲软。这就是《超级女声》火爆与冷清的时间逻辑。不管湖南卫视是有意识地进行了暑期“超女”策划，还是无意“撞”上了暑期良好的收视环境，时间上的有利因素助推了《超级女声》的成功，而且时间有可能是《超级女声》成功的重要因素。

(二)节假日电视现状

经过10多年的发展,我国电视已针对假日形成了一套基本的操作模式。首先,收集收视数据,分析当年各假日编排的收视状况,调查观众假日的收视需求。其次,根据掌握的观众收视意愿,制订出相应时段的节目编排意向性方案。再次,根据意向性方案寻找或制作合适的节目。有的针对假日创办专门的电视栏目,收视反响好便固定下来。最后,针对节庆的主题,进行主题创作和主题性编排。比如研发特色小栏目,安排在关键时间段吸引收视。

此外,为了体现节日特色,许多电视台都选择了一天内同一部电视剧多集连播的形式,有的电视台甚至一天播出9至10集,以这种形式“犒赏”观众。

总之,在节目编排上,紧扣节庆特点编排特殊节目,是节假日电视的总体趋势。针对节庆进行主题创作,不过分依赖电视剧,是电视台品牌发展的必然选择。

随着人们休闲时间的增加,电视台围绕春节、国庆等长假策划的节目7天跨度有不断前后延伸的趋势,有望成为一个时期更长的电视黄金时期。一些电视台将七天假日电视策划为国庆非常“1+7”(重庆电视台的做法,意思是国庆节提前一天从9月30日启动假日电视方案)、元旦1+3战略(2011年东方卫视的做法,目的是将元旦假日收视提前一天开始)、春节八天乐(2009年浙江卫视春节期间,每天下午播出一个综艺娱乐节目《更生更有乐春节八天乐》)。更有创新意识的是重庆卫视,由于2006年春节是在2006年的1月,重庆卫视直接将春节电视营销为“黄金月、中国节”,将春节的收视跨度由7天拓展为整个月,时间横跨2006年元旦和春节,将电视收视引入“季”的概念之中。

五、“播出季”的兴起与按“季”播出

WEB2.0技术使媒体技术得以突破,搜狐视频也因主打美剧播出平台而成为当时的视频网站霸主。网络播出平台推动影像产品在互联网上无障碍传播。美剧、韩剧、英剧……成为中国受众的影像盛宴,培养了一大批忠实的美剧迷、韩剧迷、英剧迷。美国的《越狱》《纸牌屋》等按季播出的概念培养了中国受众的时间观——按季收看。

在国际电视领域,“季”是一个使用十分普遍的词语。电影行业有“档期”,

体育比赛中有“赛季”，电视业界则用“播出季”来表述电视收视的旺季。“播出季”是“指电视播出机构根据观众收视习惯呈现出的季节性变化，对频道节目配置、播出安排进行应对性调整”[①]。相对于“播出季”的旺季特性，非“播出季”则是电视的淡季。

“播出季”的划分在美国尤其明显。美国电视的“播出季”主要指每年9月至次年5月底的大约40周时间，剩余的12周（6月、7月、8月）则为淡季，即非“播出季”。其形成与划分同受众的生活作息和收视习惯密切相关。夏季，特别是从每年的5月份到9月劳工节，是美国人外出旅游的高峰期。而且，由于夏季的气候比较适宜户外活动，除了外出旅游，美国人夏季待在家里的休闲时间也大大缩短，用于看电视的时间当然缩短，因此为电视的非“播出季”。进入秋季后，天气转凉、白天变短，人们开始减少室外活动，以居家休闲为主，电视成为重要的休闲品；还有一个因素，9月里，美国的大中小学生们陆续返校上课，家庭重新开始有规律地生活。因而，“每年的夏季是美国电视收视的淡季，而每年秋季的电视观众平均要比夏季增加10%以上”[②]。针对受众收视的这些时间特征，美国电视的“播出季”基本形成了这样一个惯例：每年9月，由美国电视艺术与科学协会主办的“艾美奖”颁奖典礼作为每年“播出季”的开幕式，各大电视网在此后的一两周内开始首播各自的获奖节目，上一季度热播的电视剧也会在这个时段开始推出续集首播，开启新一轮热播季。

正是由于“播出季”的形成和周期运作，电视节目生产方、各大无线电视网播出方、广告商、出版发行商以及受众等美国电视产业各环节都会依照“季”的规律和节奏进行时间安排。每个“播出季”的季初都是电视节目交易、广告时段预售的高峰。每年电视节目内容也仅制作一个播出季播出的量，一年构成一“季”。而非“播出季”则被当成一个低效益的时期成为各电视网的修整期，各电视网利用这个时期进行内部调整和改版等。非“播出季”的节目以重播为主，受众被电视行业冷处理。

中国电视的收视也呈现出一定的季节性特征。“春、秋两季电视观众相对稳定，每年夏季的6月和9月，电视观众骤然减少。根据央视索福瑞的数据：全国60个城市所有频道月平均收视率在11到13之间，而在6月，为11.7，9月为

---

① 徐立军、袁方：《电视播出季——频道编播创新前沿》，中国传媒大学出版社，2007，第3页。

② 徐立军、袁方：《电视播出季——频道编播创新前沿》，中国传媒大学出版社，2007，第4页。

11.8。"[①]究其原因,6月收视率的降低,与我国广大地区进入夏季,农民开始进入农忙、学生准备考试,减少了观看电视的时间有直接关系;7、8两月,大中小学生放暑假,看电视成为他们的重要活动,增加了收视率;而到9月,季节和农忙两个因素没有改变,然而学生们开学了,看电视的人数再次减少。针对这种现象,中国电视界也在一定程度上借鉴了美国电视按"季"播出的操作手法。但由于受国家法定假日安排(比如带薪休假制度未全面落实)、居民收入水平(旅游消费能力有限)、家庭结构(夫妻双方都要工作很难协调共同休假时间)等影响,中国观众全年收视习惯和收视作息与美国观众存在很大差异。因此,中国电视仅借鉴了美国"播出季"的理念,并没有照搬美国的时间安排,而是形成了自己的播出安排节奏。

"暑期档"是中国电视界最典型的一个"播出季",或者说是中国电视借鉴美国"播出季"概念最有成效的一个案例。

根据客运和空运规律,"每年7月10日暑期客运高峰出现,全国收场收视率也表现出比较明显的同步提升,并保持在较高的收视平台上;同时在8月下旬出现的收视下降拐点也与学生返程高峰比较吻合"[②]。此外,收视调查数据显示,"在全年的收视全景图中,暑期为一个比较明显的收视高峰期:暑期7、8两月全国总体收视率约比暑期前后高出15%左右,而暑期间人均接触分钟数也比暑期前高出近20分钟。而且,暑期横跨7、8两月,这段时间也成为全年跨度最大的一个收视高峰期"[③]。因此,电视的收视规模、收视时间、收视跨度三个维度都表明,暑期档现象在中国电视业的真实存在。

"暑期期间,在各分类人群中,4~14岁以及15~24岁观众群无论从规模,还是收视时间上都出现突破性增长:2001年到2004年的数据显示,4~14岁儿童暑期收视人数平均比暑期前增加了58%,收视率则提高62%;而15~24岁青少年暑期收视人数比暑期前则增加46%,收视率高32%,这两个低龄段收视群体以大比例的增幅成为全国收视市场的主力军。而25岁以上的分类观众收视表现平稳,暑期特征不明显。暑期开机率显示一个突出特征:平日和周末收视曲线趋向重合,工作日和周末差异特征明显消失;而暑期收视率大幅提升的时段

① 张海潮主编《电视中国——电视媒体竞争优势》,北京广播学院出版社,2001,第12页。

② 徐立军、袁方:《电视播出季——频道编播创新前沿》,中国传媒大学出版社,2007,第85页。

③ 徐立军、袁方:《电视播出季——频道编播创新前沿》,中国传媒大学出版社,2007,第85页。

主要分布在平日白天7点30分~18点长达十个半小时内，其中平日上午9点~11点收视比暑期前提升了70%以上，下午14点~16点较之暑期前提升了60%以上；周末白天虽也有提升，但不及工作日提升明显。”[①]

暑期因为学生观众的大量涌入，开机率、收视率都明显高于平时。中国电视界基于长期对收视市场的分析调研，发现“暑期是电视台全年跨度最长的收视高峰期，收视规模比暑期前后高10%，同时全国总体收看电视时间也较暑期前后增加了20分钟；而且观众群体呈现显著的青少年化趋向”[②]。因而，“暑期档”开始逐渐在中国形成。

根据暑期档现象安排播出适合典型受众群体的节目，湖南卫视的做法具有开创性。自1998年至2015年，湖南卫视几乎每年寒暑假都会播出《还珠格格》，并拍摄了《还珠格格》第一部、第二部、第三部和系列剧，专供学生受众收看。虽经数年重播，《还珠格格》收视率仍然很高，成为学生中的经典剧。形成了独特的《还珠格格》现象。尽管有很多看过的观众在网上骂湖南卫视重复，但是每年都有正在成长的年轻人，每年都会有一批新观众，湖南卫视照播不误。

不仅湖南卫视，重庆电视台曾创办暑期学生专用频道（2005年）。在暑假期间以地面频道作为“试验田”，把“都市频道”专门开辟成学生专用频道，试水“编播季”。明确地把暑期里的青年学生作为自己的细分目标受众，专门准备了一批适合青年学生口味的电视剧、电影和电视栏目，包括30部电视剧、10个栏目和100部电影（战争片、爱情片、经典大片等）。如电视节目《英雄古道》《美人关》《情感方程式》《超级主持人大赛》等，成人卡通片《名侦探柯南》《灌篮高手》等。在播出形式上，根据学生受众的收视特点，开通互动点播，突出“我点你播”的全面参与，让青年学生获得支配媒体的快感。

2005年，中央电视台经济频道CCTV-2也试行按“季”编排的理念，暑期特别节目编排使经济频道收视份额比往年同期提高了73%。2006年，CCTV-2推出了国内第一张暑“季”编排表。同年，中央电视台科教频道CCTV-10也对暑期“播出季”进行了特别安排。此次暑期“播出季”从7月到8月，跨时五周，减少零碎短小的播出栏目，打通白天的多个时段形成大时段版块，精选了一百多

① 徐立军、袁方：《电视播出季——频道编播创新前沿》，中国传媒大学出版社，2007，第86页。

② 徐立军、袁方：《电视播出季——频道编播创新前沿》，中国传媒大学出版社，2007，第30页。

部世界经典影片，在8点—12点时段播出。

“暑期季”之所以会在中国出现，有多方面原因。首先，暑期(6月、7月、8月)是全中国大中小学校放假的时间，从3岁幼儿园起到大学生毕业22岁，皆是学生，我国总人口的1/4约3.5亿人为在校学生。除了学生有休闲时间外，中国各级各类学校目前共有教师1249.8万人。他们也是暑期重要的收视群体。其次，中国人均收入还相对较低，与美国人暑期外出旅游或休假不同，中国人受收入水平、文化背景、风俗习惯等影响，更多的人是在家里度过漫长的假期。最后，中国带薪休假政策尚待落实，大量上班族尚未真正享受到带薪休假，只能靠法定节假日休闲。尽管孩子放假，但家长无法陪伴，多数学生只能选择在家看电视。而且，由于没有家长管理，暑假对于学生来说是一段难得的“解放时期”，平常想看而没有看成的电视剧或节目，在假期终于有时间“饕餮”一下。因此，暑假期间，有3亿多学生受众离开校园，用电脑、手机或电视屏幕消费影像产品。收视市场因为这股巨大的洪流而形成收视高峰。

寒假的情况类似。只是寒假时间相对短一些，寒假期间有一个国家法定长假——春节，加上中国的风俗习惯，无论家长还是孩子，寒假都会走亲访友，因此，与暑期相比，寒假的“季”特征大大削弱。但春节期间人们外出旅游的比例不大，电视收视率陡升现象仍然十分明显，只是在“寒假+春节”期间，电视收视的学生特征被削减，更多地呈现出家庭性收看的特征。

因此，中国各家电视台一直在试着用“季”的理念，将自己的节目策划、整合推广给受众，以满足受众不同“季”的不同收视需要。

六、互联网影像对电视时间的改变

媒介环境学派的哈罗德·英尼斯在其《传播的偏向》中提出“时空偏向论”，认为一个文明里的主导媒介“偏爱”在某些形式的空间取向和时间取向。他从时间和空间上来认识媒介给了我们以启迪。电视之所以能在20世纪迅速崛起并成长为全球的主流媒介，取决于电视在时间和空间上有比此前媒介更优的时空偏向。与报纸相比电视有时间偏向，其传播的内容时效性远胜于报纸；同广播相比，电视在空间偏向性上有明显优势，其传播内容的空间场景逼真感远胜于广播。传统电视“转瞬即逝”的线性传播方式决定了它是一种主要以

“时间”为资源的媒介，因此，传统电视以时间为纽带与观众建立起了“传—受”传播闭环：为了便于观众收看，电视内容以节目为基本结构单元，根据特定的形态与播出规则形成栏目，一系列栏目在特定的编辑意图下按时序相连形成频道，并通过节目依照时间顺序线性播出，以此固定出电视内容与观众间的“约会机制”；此外，以“时效”诉求为核心的内容产品使电视在媒介竞争中独领风骚。因而，对时效性、时段资源的开发和利用，反映着“时间”之于传统电视的主导性作用，“时间”成为传统电视的核心传播资源。

数十年来，以时间资源为中介达成内容产品的价值变现一直是维系电视业发展的基本模式。[①]互联网平台出现以后，影像消费中对受众时间资源的开发有了新的整合思路和能力。网络技术和数字技术使内容能够24小时全覆盖被收看，使时间开发趋于饱和。首先，时移技术使影像消费建立起了受众随时随地选择性地收看模式。你播我看的接收模式不复存在，影像与受众的关系连接不再是定时定点收看的约会机制。其次，网络视频平台提供了新的时间消费方式。无论在哪里，媒介开发的诉求都是想尽办法占用观众的时间和注意力。此时，时间成为一种商品。

互联网时代，电视的时效性正在被新媒体超越，“时间”资源之于电视的重要意义也因在线视频、互动点播等新技术的涌现不断被消解。在空间方面，移动互联网的介入正使影像传播向“虚拟空间”进一步延伸，电视的空间优势也正在被削弱。

① 周勇、何天平、刘柏煊：《由“时间”向“空间”的转向：技术视野下中国电视传播逻辑的嬗变》，《国际新闻界》2016年第11期，第145页。

| 第四章 |
文本解读:电视内容生产中的休闲逻辑

任何电视节目的兴衰演进都与整个社会的时代背景相契合,中国电视同样如此。在这种情况下,百姓一方面比较关注国情时事、国计民生这类与自己生存发展息息相关的社会信息,一方面需要寻求一种放松的娱乐方式,缓解内心的焦虑,所以,新闻性和娱乐性节目在世纪交替的阶段备受百姓青睐,成为电视节目的两道主餐。美国学者威廉姆·斯蒂芬森在《大众传播的游戏理论》一书中说:“大众传播是一种游戏,是普通人在业余时间以主体的方式进行自由体验的一种娱乐。”①作为大众传播媒介之一的电视在完成自己的游戏功能时比其他传统媒介尤甚。

电视的逻辑是口头的、视觉的。电视文本的一个重要共性是口语化的日常生活用语,这种语言风格与人们日常生活相一致,使其能够自然而然地融入人们的日常生活和家庭环境之中。电视的另一个共有特性是零碎性。尽管电视通过统一编排使整个收视过程感觉是顺畅和不间断的,但首先广告破坏了电视所有内容的完整性;其次,节目的不同类型也分化了电视内容;再次,即使

① 转引自欧阳宏生《电视文化学》,四川大学出版社,2006,第265页。

是同一个新闻节目，话题也并不集中，相互之间不相关联；最后，即使是最连贯的电视剧，也是由零碎的拍摄过程和多个零碎片断串联而成。这些特点构成电视观众收看时可零碎可集中的收视特点，正是这种可调节性为电视带来休闲层次的可调节性。

从观众的节目偏好来看，电视剧、新闻、综艺、生活服务、专题、青少类六大类节目是收视份额较高的节目类型。《2019中国广播电视年鉴》显示，该六类节目合计达到了76%的市场份额；其中电视剧、新闻、综艺是收视份额最高的三类节目，合计达到56.8%。因此，电视剧、新闻、综艺节目也被称为电视节目收视的"三驾马车"。本文着重就电视剧、新闻、综艺节目三类节目论述其休闲性。

第一节　电视新闻文本的休闲特性

新闻是报纸和电视的重要卖点。在公众眼中，新闻是严肃的思考，娱乐才能带来休闲，但事实并非如此。

早在1995年5月，双休日制度刚开始实施时，浙江电视台便开始开发双休日电视节目，并于1995年8月的第一个双休日推出了"浙江卫视周末版"。"浙江卫视周末版"把周六、周日两个白天时段的资源进行统一整合，播出时间从早晨7点至下午5点，每天10小时，两天20小时。针对双休日白天观众的特点，"浙江卫视周末版"节目定位"休闲"，把两天20小时分成各5个小时的4大版块。之后，"全国有近20家电视台成立了'双休部'，专门负责编播双休日节目，双休日新闻栏目也随之应运而生。较有代表性的是浙江卫视的《时事圈点》、湖北卫视的《新闻周刊》、北京电视台1999年创办的《第7日》等。这类新闻栏目从观众特定的收视心理出发，围绕'休闲'的定位，一方面在题材上进行开掘，注重报道那些发生在观众身旁的、趣味性强的、有社会意义的新闻事件；另一方面巧妙地对一周来发生的重大新闻进行'二次制作、二次传播'，以一种街谈巷议的'软'视点把握'硬'题材，以妙趣横生的导语、故事化的叙事方式和注重细节的画面形式追求轻松自然、入眼入心的传播效果”[①]。

近年来，随着娱乐在电视领域的被强化和关注，电视新闻也在试图寻找新的制作和表现方式。一方面，使用节目类型惯用手法留住观众、压缩成本；另一方面，又打破、跨越类型的界限吸收新观众，在竞争中保持领先的地位。因此，电视节日类型之间的界线不断变化，且越来越相互交叉，“一方面，其他类型的节目，比如纪录片和戏剧纪录片，以提供信息为目标；另一方面，电视新闻则较多地采取其他类型的传统做法，尤其是增加趣味性、娱乐性、休闲性，使新闻在表现手法上发生变化。从开头的标题到人们所关心的故事结尾，新闻的目的就是提供趣味，有时甚至以牺牲信息内容为代价”[②]。因此，电视新闻在追求娱乐的进程中，也做出了自己的尝试。

一、电视新闻的生成机制与休闲的契合

（一）新闻价值的取舍

尼尔·波兹曼认为，电报技术的发明使跨越广阔空间的信息传递成为现实，同时它也使脱离语境的信息合法化，也就是说，信息的价值不再取决于其在社会和政治对策的行动中所起的作用，而是取决于它是否新奇有趣。电视进一步使我们的信息传播陷于这样的境地：当来自遥远地方的新闻事件被我们从电视屏幕上轻易获取，由于这些信息与我们自身的境况关联不大，因此在报道这类事件时，信息的实用性价值被取消，趣味性、人情味成为选择的重要标尺。

新闻价值是确定什么是新闻、如何取舍剪裁新闻乃至如何报道新闻事件的基本准则。时新性、显著性、趣味性、重要性、接近性，新闻价值五要素中，趣味性、接近性、显著性标准明显，与满足受众的休闲需求联系紧密。

趣味性，强调满足受众求新求奇的心理需求。密苏里新闻学院写作组在《新闻写作教程》中强调，“奇异的人和事是生活的一部分，只要不搞低级趣味，

① 刘习良主编《中国电视史》，中国广播电视出版社，2007，第314页。

② 尼古拉斯·阿伯克龙比：《电视与社会》，张水喜、鲍贵、陈光明译，南京大学出版社，2007，第2版，第52页。

新闻工作者便应当尽力充分、公正地描绘他们周围的世界”[①]。

接近性，既包括地缘上的接近，也含有生活上、情感上的接近，还有利益上的接近性。接近性的新闻容易让受众产生心理上的共鸣。“生活类报道方式的兴起，着眼于向受众提供专家意见，指导他们如何购物、如何保健、如何看一部好电影……这类报道从生活层面统合了最大多数人的利益需求，符合接近性原则而得以在新闻媒介上快速发展。在美国1997年优秀新闻的调查中，人物报道、生活方式/行为方式的报道、实用新闻的报道和名人娱乐节目位于前列。”[②]在中国，民生新闻的快速崛起，生活服务类栏目的日益被强化，新闻服务功能被突出，注重为当地观众提供日常生活所需要的实用性信息，都是新闻工作者挖掘接近性的具体做法所致。

显著性的意思是名人具有新闻价值。名人的新闻对普通受众来说，并没有什么相关性，只能成为人们茶余饭后的谈资。电视新闻由于其生动的画面展示，作用观众感官的力量更为强大。在大众化、商业化的强大压力下，电视新闻价值和新闻准则有日益强化趣味性和日益关注“名人”的趋向。美国电视新闻界提出新闻报道中的“瞬间”原则和新闻选择中的“后院篱笆原则”便是明证。在当今媒介信息过剩的媒介环境中，“受众对电视新闻的消费整体上趋于休闲轻松，严肃的新闻节目逐渐受到冷落，观众对娱乐的偏好又反过来刺激电视新闻向娱乐化方向发展”[③]。

在市场逻辑的影响和引导下，“娱乐”在新闻传播中的地位已逐渐从社会功能之一转化为整个新闻传播的主体力量，不仅电视传播内容中的娱乐性节目所占比重越来越大，而且新闻本身的娱乐性成分也越来越多，严肃新闻也竭力用娱乐手段来包装，以至于波兹曼会惊叹：“‘娱乐’已赢取我们这个时代‘元媒介’的地位。”[④]

普利策和赫斯特曾经开创了以轰动性、刺激性和趣味性为特点的黄色新闻，旨在扩大报纸的发行量。这种新闻报道模式和风格一方面由于内容浅显，不需要受众深刻严肃地思考，另一方面由于其夸张煽情的表述诉诸受众感官，

① 密苏里新闻学院写作组：《新闻写作教程》（中译本），新华出版社，1986，第10页。

② 罗鸣：《中国发展新闻学概论》，社会科学文献出版社，2010，第79页。

③ 王纬主编《镜头里的“第四势力”——美国电视新闻节目》，北京广播学院出版社，1999，第4页。

④ 尼尔·波兹曼：《娱乐至死》，章艳译，广西师范大学出版社，2004，第114页。

娱乐消遣功效突出，因此易于吸引受众注意力、迎合受众的娱乐需求。今天，尽管黄色新闻在中国被禁止，但其新闻报道模式和风格却深深地影响着中国的大众化媒体。“内地电视资讯的娱乐化风潮始于1990年代晚期，它一方面是对全球电子媒介娱乐时尚风潮的迎合与靠拢，另一方面直接来源于对港台、特别是香港电视‘资讯+娱乐’模式的克隆和嫁接。”[①]此后，娱乐化、休闲性、生活味成为电视新闻追求的一个目标。对娱乐资讯的高度重视、传播者与受众的换位表达等，开始成为传媒人思考的重要领域。

对电视新闻的这种表现，布尔迪厄曾做了精炼的概括：“血和性，惨剧和罪行总能畅销，为抓住公众，势必要让这些佐料登上头版头条，占据电视新闻的开场。”电视记者在选择报道事件时，“所谓的选择原则，就是对轰动的、耸人听闻的东西的追求，电视求助于双重意义上的戏剧化：它将某一事件搬上荧屏，制成影像，同时夸大其重要性、严重性及戏剧性、悲剧性的特征”，“社会新闻造成的后果就是政治的空白，就是非政治化，将社会的生活化为轶闻趣事和流言蜚语，把公众的注意力集中并吸引到一些没有政治后果的事件上去”[②]。在商业逻辑下，电视新闻越来越按照快乐原则和大数法则来取舍新闻和生产新闻。正如施拉姆所说，“电视基本上是一种娱乐媒介。电视新闻不得不与戏剧、喜剧、综艺节目竞争。因此，新闻节目主持人感到，提供一点乐趣，尽可能多一点令人兴奋的东西是值得的。因此，最令人激动的、最戏剧性的或最有趣的画面就被选用了”[③]。

（二）电视新闻叙事的特点

讲述故事和倾听故事是人类社会生活中一直绵延不绝的交流活动，这也是大众传播文化蓬勃兴盛的基础。新闻传播也是一种叙事活动。“电视叙事主题的宽广性和多声部的呈现方式，使电视展现出无限兼容的多维视角。”[④]从普通娱乐新闻的民间狂欢到新闻联播的严肃新闻，从市井小事到国家大事，电视新闻既是作为意识形态工具的喉舌，也是电视新闻工作者作为知识精英的精

① 谢建华：《“迷墙”透视信息泡沫与快乐强制》，《南方电视学刊》2003年第6期。

② 皮埃尔·布尔迪厄：《关于电视》，许钧译，辽宁教育出版社，2000，第14、17、59页。

③ 威尔伯·施拉姆、威廉·波特：《传播学概论》，何道宽译，中国人民大学出版社，2010，第260页。

④ 欧阳宏生：《电视文化学》，四川大学出版社，2006，第6页。

神守望和审美追求。

1. 真实影像的记录效果

电视新闻的主要特点之一是真实。电视的视听特性使电视的直观形象性能生动传达自然和社会的各种信息，最大限度地接近人类在真实世界的感知方式，带给观众极大的感官愉悦。而电视新闻声画一体的同步记录方式，对真实世界有近乎复制和重现的功效。电视新闻的“高保真”现场画面带给观众身临其境的真实感，这是报纸、广播以及网络上非专业的视频无法比拟的优势。此外，电视镜头推、拉、摇、移、跟、升、降的变化能够造成运动的视点，突破电视画面二维画框的平面空间局限，通过运动的画面框架还原镜头所面对的三维空间，从而在记录运动的新闻事实方面使观众获得全方位完整、逼真的视觉感受，尤其在影像、见证历史过程方面的视觉传播优势更能使观众享受到真实的感官体验。

电视新闻通过影像画面、文字、音乐、音响、特技等多元素复合叠加的叙事表现，使电视新闻叙事实现了信息的立体化传播，其传播效果呈现出多种解读的可能。

在语态上，家用媒体属性决定电视媒体不可以以须知、报告、提要求的态度，而应是一个朋友到家里做客。因此，电视的定位应当是走进观众家中的一个朋友，一个见多识广的朋友，以客人的身份在人家的客厅里讲述自己的见闻，讲述一些真实而新鲜的事情，偶尔带进去一些见解。

2. 电视直播的同步震撼

当新闻报道与事件发生同步的时候，新闻就具备了奇特的真实悬念带来的刺激性。它将一个新闻事件变成了结果不可预知的、情节跌宕起伏的连续剧，新闻当事人的命运在极短的时间内可能发生巨大的变化，牢牢地吸引着观众的注意力。这就是电视直播新闻带来的巨大魅力。电视新闻现场直播不仅将新闻事件的发生、发展与观众的接收时空实现了同步与平行，而且还以其独有的现场的客观纪实性、事件的不可预见性、过程的完整性，使得观众与新闻现场的距离感觉真正实现了“零距离”。

今天的受众一个非常重要的特征，就是对新闻时效的追逐。人们希望越来越快，甚至希望和事件发生同步了解事件的一切信息。能够满足事件发生时同步发布内容的，莫过于电视直播。电视新闻现场直播是以新闻现场的多机位拍摄、现场编辑与卫星传播直接相连的现场新闻即时传送为主体，是集综合背景资料，介绍相关知识，串联演播室，评述新闻事实，现场记者采访及多个现场之间的交流为一体的综合报道系统。电视直播带给受众的最大感受是实证性和现场感。1997年香港回归、长江三峡截流、2008年汶川地震报道、2019年新中国成立70周年庆典……大型现场直播，成为万众瞩目的媒介事件，也就是丹尼尔·戴扬所说的那些令国人乃至世人屏息驻足的电视直播的历史事件，是经过某“组织”（政府、政党团体、企业、社团等）规划并执行，有媒体参与的并向受众传播的具有特定历史价值的事件。①

媒介事件暂时扭转了收视模式分众化的发展趋势，呈现家庭假日和社会假日的特征，它甚至常常将电视新闻收视提升为集体狂欢，人们邀请家人、朋友或邻居一起共同收看，共享体验。家庭成员及社会各阶层一起体验事件，因而加强了代际关系和群体记忆。家庭纽带和社会联系被重新激活。从仪式的角度看，此时新闻不是信息，而是戏剧。它并不是对世界的记述而是描绘戏剧性力量与行动的舞台：它只存在于历史性的时间中，在我们假定的、常常是替代式的社会角色基础上，邀请我们参与其中②。电视媒介事件是一种“节日电视”，或“文化表演”。它是一个国家乃至世界范围内大众传播受众的“集体节日”，也是一种集体收看所带来的集体休闲。清明节在黄帝陵公祭轩辕黄帝是中华民族的传统盛事。从2006年开始，陕西卫视便将此项国家级的公祭活动作为自身的品牌活动进行公祭大典直播，直播内容包括由礼祭、云祭、龙祭和序礼四部分告祭乐舞，彰显“庄严、肃穆、宏丽、高雅”；以及黄陵县传承久远的旗帜、鼓乐、面花、时果等公祭仪仗礼仪融入其中，体现“大乐必易，大礼必简”理念和浓浓的民风民俗。整个节目将华夏儿女四海归心、血脉同根的符号贯穿其中，突出民族认同、国家统一、文明传承、自强创新的主题，昭示中华民族同根共祖、复兴发展的理念。陕西卫视的清明公祭轩辕黄帝典礼直播节目吸引了全世界华人的收视眼光。观众通过收看清明公祭，既实现了基本的观赏类休闲，也获得了对中华传统文化中的慎终追远、敦亲睦族及行孝品德的进行学习的高层次休闲。这类极具传统文化和精神感召力的民族盛典的大型直播为电视休闲提供了新的样态。

① 丹尼尔·戴扬、伊莱休，卡茨：《媒介事件——历史的现场直播》，麻争旗译，北京广播学院出版社，2000，第1页。

② 丹尼尔·戴扬、伊莱休，卡茨：《媒介事件——历史的现场直播》，麻争旗译，北京广播学院出版社，2000，第10页。

从观众角度来看，观众把媒介事件的现场直播看作一种邀请，停止日常惯例来参加一项节日体验。我们每个人都有切身体验，比如全家人聚在一起，一边吃零食一边看直播并谈论。电视给予观众“在场”的感觉，模拟仪式参与。尽管普通人没有能力进入现场，但电视对进入事件的渠道进行平等化。而观众被拖入事件的象征意义，甚至超过现场观众，就像我们平时会说“现场的人还没有我们看得清楚”。“看得清楚”一方面是指电视观众不像现场观众那样受某一固定角度的观看局限，他们能够随着镜头“移步换景”了解事件全貌；另一方面，因为电视突出组织者的定义并增加了解释，观众得以更好地掌握事件的重点和意义。

直播类电视新闻的核心特性是新闻信息的同步化传播。它使观众能够更为真切、全面地接收现场中丰富庞杂的事件信息，观众与事件本身由于空间距离造成的疏离感在很大程度上被同步化传播创造的亲临感消除。

由于现场直播速度快，现场气氛浓烈，最能引起观众的兴趣，也最容易引发观众的参与意识。比如《超级女声》，虽然其不属于电视新闻，但它比赛后期的每一场决选进展都成为多数媒体必须关注的新闻。《超级女声》通过对海选及总决选的现场直播，使中国观众第一次感受到一种没有经过任何修饰的原生态的表演，从而使观众产生一种亲临现场感，激发了观众的参与心理。以至于手机投票环节，许多人发短信支持自己认可的选手，实现了真正的大众参与。

电视是直播事件的最好窗口。在报道手段上，电视直播的运用，也为休闲信息的及时准确提供了巨大的推进和革新。2003年，央视新闻频道的开播对整个电视格局产生了极大的影响。央视新闻频道在开播初期定位为“第一时间，第一现场，第一需要”，这既是新闻频道的理念，也是央视强化新闻、服务观众的全新理念。因为直播是电视最富表现力，也是最能体现电视优势的方式。在大小长假期间，围绕节日，推出各种直播节目是电视台最近几年的一个创新做法，用新闻直播车为观众带来题材各异、新鲜又刺激的本土新闻，受到了许多观众喜爱。

二、电视新闻节目的休闲学解析

电视新闻作为电视文化的一种，既属于大众文化，又属于精英文化，还属于主流文化。尼尔·波兹曼认为，电视文化中的人们需要一种对于视觉和听觉都没有过高要求的“平白语言”，影像表达和节目播出的固定化使电视新闻节目成为一种娱乐形式，而不是为了教育、反思或净化灵魂。

（一）新闻是有用和愉快的混合物

新闻能满足受众的信息需求，新闻对受众最重要的功能可能是其有用性，人们渴望获得各种信息以指导自己的生活或生存。对人们有用的信息是有限的，但能够为受众提供信息的媒介却越来越多，不仅电视、报纸、杂志、广播能够提供信息，互联网更是信息的聚宝盆，只要有信息需求，互联网总会提供相应的信息。因此，新闻扮演的角色越来越偏离了信息。民生新闻的受欢迎便与信息社会受众需求变化有关。以江苏卫视的《南京零距离》为例，“《南京零距离》吸引观众的不是所报道的事件本身，至少不仅仅是因为事件本身的新奇性与接近性，而是事件背后的东西，也就是说，其成功不仅仅是因为社会新闻内容本身吸引了受众……我们发现《南京零距离》从内容到形式、从制作主体到报道客体等诸多方面都发生了变化，即新闻的社会化”[①]。

与19世纪末普利策对新闻的要求——报纸有机会和责任讲些使社会上有见识的、有教养的、有独立见解的人们敬重的话——形成鲜明对比的是，美国电视新闻的后院篱笆原则——以靠在后院篱笆上闲谈的家庭主妇所谈论的先后为标准，确定新闻的重要性。两者相较，新闻价值的休闲取向差别可见一斑。

麦克卢汉提出了两个著名论断：媒介即信息，媒介即按摩。人们享受媒介带来的信息就如同享受按摩。“劳伦斯·维纳用两个维度描绘了新闻的满足‘地图’：一是内容的满足，主要来自于获得认知；二是过程的满足，主要涉及情感或情绪。”因此，电视新闻带给受众是“有用”和“愉快”两种成分的混合。过分强调新闻的“有用”会让人觉得单调生厌，几年前，有的报纸将新闻的“有用性”推向极端，要完全砍掉副刊，做“全新闻纸”——强调民生服务性信息，刊登何

① 吕正标、王嘉：《电视新闻节目理念、形态与实务》，中国广播电视出版社，2004，第320—321页。

时停水停气，然后分析信息，整合、梳理观点和见解，但最终没有经受住市场的检验。然后新闻业界实践者又转而强调新闻的“愉快”，“曾几何时，衡量好记者的标准之一就是会写故事，报纸的卖点就是大特写，以至出现一些真真假假的A城有个B女，发生了X个故事……终于导致人们的厌倦”[①]。因为“满足是有用和愉快的混合物，源于人是感性与理性的结合体，任一极端发展都会让人不舒服”[②]。

新闻集有用和愉快于一体，这种愉快更多的就是一种休闲、娱乐或趣味。正如寓教于乐，没有“乐”的教育效率是极低的，尤其是在当今信息传播渠道随处可得的社会，读者接受信息的方式更多的是观看。“消费文化的滥觞与蔓延，使得人们开始厌烦高高在上的理性说教，人们甚至已经不愿意再进行安静的思考。人们开始日益注重享乐和自我实现，更愿意接受感官上的享受，更愿意放松和感受。观众对电视的需求也变得越来越直接。而具备了强烈的人性色彩与直接感知功能的社会新闻的出现，正好迎合了这种变化与需求。观众在发现‘原来这也是新闻’‘原来新闻也可以是这样’之后，感受到的是自身价值取向被认同后的喜悦与快感。”[③]电视并不适合表现复杂的观点以及严肃的事物，画面因素的先天不足使其难免显得枯燥，只是由于涉及了国家政治、经济、外交等领域的新举措或重大变迁而受到观众的关注。因此，当有重大事件发生时，观众出于现实的功能性需求关注严肃新闻，而在平常时期，娱乐性新闻往往成为观众的主要收视选择。

（二）严肃思考受到抑制

电视新闻节目本身的线性播出形态和观众大脑对信息流的接受特点，使每条新闻占用的时间受到控制，每条新闻之间很少有密切的关联，新闻报道呈现为片段化的信息流，这种信息传播的瞬时性和不连贯性，阻碍了观众对于重要性事件的深入思考。同时，电视屏幕上基于线形传播特点而源源不断出现的图像也使观众无暇进行严肃思考。人们看到的是动态的画面——成千上万的图片在观众眼前稍纵即逝：卡扎菲在电视镜头前神秘的露面；国际货币基金

① 张立伟：《传媒竞争法则与工具》，清华大学出版社，2007，第7页。

② 张立伟：《传媒竞争法则与工具》，清华大学出版社，2007，第7页。

③ 吕正标、王嘉：《电视新闻节目理念、形态与实务》，中国广播电视出版社，2004，第323页。

组织总裁卡恩陷入性丑闻后在美国被关押期间憔悴的面容和神情；从直升机上下来踏上白宫草坪的奥巴马等等，这些画面并不一定要说明新闻的要点，也不需要解释为什么选择这些画面，镜头本身就是理由。媒介特性决定了电视的传播形态，以足够精彩的画面来吸引观众的注意力是电视新闻追求的目标，而这与娱乐节目的初衷如出一辙。

（三）电视新闻娱乐化辨析

电视的休闲效果更多的时候是以娱乐的方式出现的。电视中的娱乐本性以非艺术审美的方式努力将所有节目娱乐化，这不仅指综艺节目、电视剧，还包括新闻节目的软化、趣味化、故事化处理，甚至连电视谈话节目都在挖掘其休闲性，努力做到无须观众思考。

电视新闻突出和重视其休闲性，被业界和学界简单概称为“新闻娱乐化”。事实上，新闻娱乐化与电视新闻强调休闲特性既有区别，也有联系。

休闲元素之所以在电视新闻中被日渐挖掘，外在原因是受众的需要，内在原因是电视具有休闲特性，但最本质的原因却是市场竞争的结果。

三、电视新闻的趣味性与故事化趋向

在受众休闲娱乐需求的推动下，我们对新闻背后的趣味与感情发生了浓厚的兴趣。

“观众收看天气预报、经济信息这样的实用性节目和收看娱乐节目时的心态是完全不同的。他要从天气预报里了解自己是否要添加衣服，是否要出门旅行；他要从经济信息里了解股市行情或国家的经济政策，以便为自己的投资行为做参考。但是当他在收看娱乐节目时，他会抛却种种实用目的，而纯粹将娱乐自己作为目的。如果说前者是因为对他有用而让他收看，带有某种功利性，后者则只是因为好看，能使他有一个更好的打发时间的方式，是完全休闲性的。”[①]正因为“好看”对人们的电视休闲如此重要，以至于不仅在电视娱乐节目、影视剧里提供了“好看”的元素，在那些故事性很强的深度新闻节目、法制节目里，电视同样在挖掘“好看”的元素。“好看”意味着趣味性、新奇性，很多人

① 宗匠：《电视娱乐节目理念、设计与制作》，中国广播电视出版社，2006，第263页。

在收看新闻节目时，并非为了接受信息，而是为了好看、有趣、猎奇。因此，当那些千奇百怪的社会新闻出现在电视屏幕上时，它总是能吸引住多数观众的注意力。

新闻故事化，是新闻增强趣味性的一个重要手法。听故事，一直是不断进化的人类不变的休闲偏好。电视新闻故事化正好满足了人类这一需求。中央电视台《新闻调查》给自己的个性定位是“三性”：新闻性、调查性、故事性，有没有跌宕起伏、一波三折的故事性成为栏目在确定选题时首要考虑的因素。

2000年后，《〈华尔街日报〉是如何讲故事的》一书在传媒业界风靡。这本书被很多新闻一线工作者视为新闻写作的至尊宝典。传统的新闻报道模式开始被现代的新闻叙述模式所取代。把以往传统模式的新闻事实转化成情节跌宕起伏的故事来进行报道的“新闻故事化”潮流开始在传媒界普及。

美国普利策新闻奖得主富兰克林将新闻故事化称为“采用对话、描写和场景设置等，细致入微地展现事件中的情节和细节，突现事件中隐含的能够让人产生兴奋感、富有戏剧性的故事”①。也就是说，“新闻故事化”是指一种通过“讲故事”的叙述方式来阐述新闻的方法。故事，就意味着新闻事件中要有人物、事件、情节和矛盾，也有解决矛盾的过程。

真实是新闻的生命。和电视剧比起来，电视新闻是现实生活中发生的真实故事。通过摄像机的镜头，这些真实事件以原生态的形式展示出来，比电视剧里的虚拟故事更具有震撼力和冲击力，更容易满足观众的好奇心。因此，近年来，各电视台都在积极制作新闻故事类节目，如中央电视台的《艺术人生》《讲述》《社会记录》，湖南电视台的《真情》《背后的故事》等故事类节目。

故事化叙述方式的核心要素是设置悬念和细节描写。首先，故事中所设置的悬念能够充分吸引受众，吊住受众的胃口，使观众产生“非看到这个故事的最后结果不可”的强烈愿望。比如，2011年夏天，国际货币基金组织总裁卡恩因涉嫌性侵犯在美国被拘。许多电视在报道这一新闻时，都先使用“国际货币基金组织总裁卡恩涉嫌性侵犯被拘”的类似标题吸引观众，可是电视新闻前半部分都先用描述式语言讲述卡恩在监狱的现状，观众一直感兴趣的是身为国际机构总裁的卡恩是如何被卷入这一性丑闻的，新闻却直到最后5秒钟才交

① 刘凌：《新闻的故事化问题研究》，《新闻天地》（下半月刊）2011年第7期。

待卡恩是在酒店对女服务员实施性侵犯被举报的。悬念到最后才被揭晓。

其次是细节描写。新闻故事要求记者和编辑注重表达手法和情节安排，突出关键细节。比如设置精巧的故事开头还原事件的背景进行场景再现。当事双方的对话、镜头定格特写、内心情感、心理分析等细节表现，都有利于丰富观众的想象。同时，电视新闻融合了图文音的综合效果，使人们在看新闻时处于愉悦的精神状态之中。

电视新闻故事化是近年来大众传媒发展的趋势，有着深刻的社会动因，如果从休闲文化的视角分析，电视故事化趋向与受众的休闲需求不无关系。从受众的审美来看，故事的悬念被层层揭开，经历故事情节的高低起伏，可以使受众获得精神或心理上的一种不甘平淡、渴望刺激的满足。

此外，深度报道自1989年开始兴起至今已有30多年的不衰历程，近年来在媒介竞争的压力下，深度报道有越来越被看重和强化的趋势。这从一个侧面反映出受众是需要深度报道的。但是，“深度报道的昌盛不衰，到底是因为它满足了人们对事件本质‘求是’的欲望？还是因为它满足了人们‘窥视’的欲望？”[①]

“所谓深度报道，就是‘从空间上，它不仅告诉观众发生了什么’，而且追本溯源，追根究底，告诉受众‘为什么发生’，它不仅是事件的报道，更有事件背景的揭示；从时间上讲，电视深度报道不仅报道事件的‘今日’状况，而且追溯事件的‘昨天’，展望事件的‘明天’；无论是从空间上还是从时间上，它皆深入地伸出其触角，立体化、多角度、多层次地报道一个重大事件或热点问题，遂造成其深度。一句话，就是让你知其然，还要让你知其所以然。”[②]这种窥视或许就是一种休闲需要。以2003年的伊拉克战争为例，战争刚一开始，《关注伊拉克战事》栏目的收视率就提高了近28倍。引人深思的是，究竟是什么激发了人们对其如此高的收视热情？遥远的伊拉克战争对中国民众的影响可以说微乎其微，况且中国并不是参战国，所以如果用新闻的有用性或实用性解释这一收视现象，显然有些牵强。“看热闹”的休闲性收视或许更贴近中国观众的收视心态。伊拉克战争对于中国观众来说，更像是一部真实的好莱坞大片，它是人们茶余饭后的谈资。曾经有学者对此种现象做出了解读，“随着消费在社会中起

① 吕正标、王嘉：《电视新闻节目理念、形态与实务》，中国广播电视出版社，2004，第354页。

② 吕正标、王嘉：《电视新闻节目理念、形态与实务》，中国广播电视出版社，2004，第354页。

着越来越重要的作用,我国消费社会的雏形特征开始凸显。在这一社会背景下,受众对新闻的期待有了明显的变化。其中首要的就是守望的需要转向'窥视'的需要。在生产社会中,人们需要认识与控制周围环境,新闻更多地要揭示意义和规律,提供行动指南;在消费社会中,人们注重享乐和自我实现,新闻要更多地曝光秘密,披露内情,以便了解他人进而认知自我与满足情感需要"①。因此,深度报道有时或许只是一种休闲需要。

第二节 综艺节目文本的休闲特性

关于什么是电视综艺节目,学者们有多种界定,孙东海认为,"综合文艺节目亦称综艺节目,指将多种文艺形式和游戏形式融为一体的电视节目。这类节目将音乐、舞蹈、戏剧小品、相声、曲艺以及猜谜、笑话、故事、观众表演等编制在一起,能获得较好的娱乐效果"②。赵玉明、王福顺主编的《广播电视辞典》则指出:"电视综艺节目集音乐、歌舞、小品、戏曲、杂技等多种文艺形式于一体,在一定的时间长度内按照特定的主题或线索,采用主持人现场串联、字幕串联、现场采访等方式,运用视听语言,将现场演出用电视化手段与传播的时效性、新闻的纪实性、文学艺术的表现性融为一体,具有娱乐、趣味、知识、宣传、审美相结合的特点。"③胡智锋则认为:"电视综艺娱乐节目是以娱乐大众为目的,运用各种电视化手段,对各种文艺样式以及相关可提供娱乐的内容进行二度加工与创作,并以晚会、栏目或活动的方式予以屏幕化表现的节目形态。"④黄会林、彭吉象等人对综艺节目的界定则是:"电视综艺节目是指以电视为传播媒体,利用综合性的表达手段,将多种娱乐性元素组合在某一种形式中,刻意地在某一时段强化电视的娱乐功能,单纯地使观众身心放松、精神愉

① 吕正标、王嘉:《电视新闻节目理念、形态与实务》,中国广播电视出版社,2004,第355页。

② 孙东海:《广播电视实用辞典》,中国国际广播出版社,1993,第57页。

③ 赵玉明、王福顺:《广播电视辞典》,北京广播学院出版社,1999,第133页。

④ 胡智锋:《电视节目策划学》,复旦大学出版社,2006,第93页。

悦的电视节目类型,'明星+游戏+观众参与'是其主要模式。"[①]忽略这些电视学界的著名学者对综艺节目定义的不同,归纳其定义的一些共性,可以发现:第一,综艺节目以娱乐为目的;第二,综艺节目采用了多种电视表达形式;第三,综艺节目是一种文艺节目。由于娱乐是综艺节目的创办目的,而休闲的主要内涵之一便是娱乐,在某些定义中,娱乐甚至是休闲的全部,因此,讨论综艺节目的休闲特性是研究电视休闲最重要主内容之一。

关于综艺节目类型的界定,本文倾向于采用另一种更为直观的定义:"综艺节目是传统意义上的娱乐节目,其中包括单纯的节目,也包括诸如演唱会、晚会实况等综合性的节目。"[②]本文认为,综艺节目还应包括真人秀节目,它虽然是综艺家族的新兴成员,在传统的娱乐节目中找不到它的身影,但它事实上已经成为娱乐节目中重要的主力军。

一、综艺节目的娱乐文化

作为电视节目收视的三驾马车之一,综艺节目能与新闻、电视剧一样长期占据较高的收视位置和重要的市场份额,表明综艺节目一定包含着某些能长久吸引观众的因素。这些因素吻合了观众的收视心理,因而获得了观众的肯定和青睐。"在电视综艺节目中,主流文化、精英文化、大众文化、民族文化、娱乐文化甚至商业文化都能找到自己的空间,但作为一种具体的节目形态,综艺节目文化构成中最重要的代表是健康的娱乐文化。"[③]

在传统的电视节目构成中,大量的游戏娱乐元素和内容并不是以独立的形象呈现出来的,而是附着于大量的文艺、综艺及专题类节目中。直至20世纪90年代初期,电视游戏娱乐节目的探索才开始在多家主流媒体进行。但是,并没有取得较好的传播效果。1997年,湖南卫视《快乐大本营》栏目的播出,"使人们看到了一种非常纯粹和独立的电视游戏娱乐节目。一时间,冠以'快乐''欢乐'等名称的电视游戏娱乐节目在各种主流电视媒体中纷纷亮相……电视游戏娱乐节目的迅速走红,使得中国电视的游戏娱乐观念成为一种时尚的观

① 黄会林、彭吉象、张同道、陈旭光、周安华主编《电视学导论》,高等教育出版社,2008,第69页。

② 唐世鼎、黎斌主编《世界电视节目荟萃》,中国传媒大学出版社,2005,第43页。

③ 欧阳宏生:《电视文化学》,四川大学出版社,2006,第264页。

念。这其中有着多种原因:一是游戏娱乐满足了人们深层次游戏娱乐的心理需求;二是这种较少教化色彩、相对独立和纯粹的游戏娱乐节目可以使电视观众获得更加放松的收视感受;三是游戏娱乐节目中的明星出场使观众可以获得窥视明星生活状态的心理满足和时尚信息;四是游戏娱乐节目中的博彩元素可以调动更多的观众踊跃参与;五是游戏娱乐节目上述的种种卖点可以使电视媒体寻找到较大的发展空间。电视游戏娱乐节目就是在这样的需求中迅猛发展,使电视媒体以及广大观众对于电视游戏娱乐节目有了更多新的理解和认识”①。

游戏娱乐是人类生活的一项重要内容,也是电视节目构成的重要组成部分,它们主要集中于电视娱乐节目中,而在传统电视节目比如新闻节目、电视剧、体育节目中,大量的游戏娱乐元素和内容并非以独立的形象呈现出来,而是依附于一定符码意象传播给受众,起到休闲的目的作用。

综艺节目由多个小节串联而成,节目具有零碎性,观众浅层参与,适宜群体性观看。它带给观众的休闲娱乐有轻松和严肃两种类型。节庆晚会、游戏类综艺节目属于轻松的娱乐,高雅艺术演出的直播、严肃主题的晚会等属于严肃的娱乐。例如,中央电视台每年主办的春节联欢晚会以通俗节目为主,着意营造“欢乐、轻松、温馨、亲切”的气氛,属于轻松的娱乐,而文化部主办的春节晚会荟萃了不同时期的各种艺术形式的精品节目,追求风格典雅、精致和艺术性,带给观众的是一种严肃的休闲。

二、综艺节目的休闲手段

从一定意义上讲,“电视内容中除了新闻和特别专题节目以外,其他的节目都可视为休闲节目”②,“电视综艺节目是娱乐文化的重要代表”③。根据高鑫对电视综艺节目的定义,电视综艺节目是指“充分调动电子的技术手段,对各种文艺样式进行二度创作,既保留原有文艺形态的艺术价值,又充分发挥电子

① 刘习良主编《中国电视史》,中国广播电视出版社,2007,第424页。

② 胡秀梅:《电视休闲与休闲电视》,《声屏世界》1998年12期。

③ 欧阳宏生:《电视文化学》,四川大学出版社,2006,第263页。

创作的特殊艺术功能，给观众提供文化娱乐和审美享受的节目形态”[①]。综艺节目包括综艺游戏节目、益智博彩节目、真人秀、综艺晚会、音乐节目等。综艺节目因多种艺术的综合和参与，丰富了内涵，提升了文化品位，大大提高了收视率。

过去很长一段时间以来，综艺节目一直没在中国得到应有的重视，直至电视产业化追求被强化以后，游戏娱乐类节目、益智类节目以及真人秀等电视综艺节目的许多形态才相继出现在电视屏幕之上。

“综艺节目吸引观众、使观众达到休闲目的核心元素是搞笑、猎奇、煽情。其中搞笑是最基本的手段。可以说，搞笑、猎奇、煽情构成了综艺节目的三种基本元素。在众多种类形态各异、内容繁复杂乱的综艺节目中，搞笑、猎奇、煽情始终是节目的支撑点。”[②]它们或独立存在于不同的节目中，或者交叉、混合地藏身于同一档节目。通常综艺游戏类节目搞笑元素居多，谈话节目有的注重挖掘有悲惨经历的普通人或明星的煽情素材，有的则是故意挖掘明星们的隐私以满足猎奇心理，益智节目和真人秀都注重的是猎奇元素。更多的时候，一档综艺节目同时兼有搞笑、猎奇、煽情多种元素。

（一）搞笑

搞笑，是综艺节目取悦观众最常采用的手段。当主持人和嘉宾将节目制造得越搞笑，观众也就越能爆发笑声和获得轻松感，进而得到心理满足和安慰，甚至获得重新生活的勇气。“电视综艺节目如何搞笑、猎奇和煽情，需要主持人和参加综艺节目的明星（嘉宾）共同配合和表演。首先，主持人在综艺节目中的现场表现是至关重要的。无论是气氛营造还是内容的推进，都有赖于主持人，更为根本的是，综艺节目主持人比其他节目主持人必须更深入地融入到节目当中，成为节目所要传达的内容的一部分。”[③]浙江卫视《王牌对王牌》节目的定位便是欢乐，自2016年开始播出后带给了观众无数欢笑声。节目每期围绕一个主题，邀请两支王牌团队，由两队固定队长各带领多名热门IP嘉宾进行PK对战，通过才艺比拼、游戏竞技，决出王牌中的王牌。在第四季的《王牌》

① 高鑫：《电视艺术学》，北京师范大学出版社，1998，第382页。

② 宗匠：《电视娱乐节目理念、设计与制作》，中国广播电视出版社，2003，第257页。

③ 宗匠：《电视娱乐节目理念、设计与制作》，中国广播电视出版社，2003，第225页。

中，姚晨带领《都挺好》剧组PK《武林外传》，在玩“传声筒”这个游戏的时候，贾玲、沈腾、沙溢同时上台参与玩游戏。在玩游戏的过程中，沙溢耳机的音量比较小，所以听见了沈腾说的话，但是又要假装没有听到，然后把自己听到的话传给贾玲，后来没忍住承认了，沙溢也说出了实情，这一幕把在场的嘉宾和观众都逗笑了。沈腾、沙溢、贾玲三个人坐在一起的对话连同组的队友听了都控制不住笑出了声。贾玲、沈腾本身就是喜剧人，平时在《王牌对王牌》的舞台上搞笑招数频出，而沙溢本身就自带喜感，所以当这三个人聚在一起的时候，只是简简单单的对话，都会逗得大家哈哈大笑。

“除了主持人，经常出入于各种娱乐节目的明星们是制造这些元素的一大功臣。他们或者出于自身宣传的需要，或者为了获得出场费，不断地在节目中展示他们的才艺，做各种杂耍，甚至将自己的隐私公之于众。不管是出于什么原因来到节目中，他们都会尽力配合节目的需要，进行表演。由于具有比一般人更强的表演才能，这种由明星出场的节目也更能搞笑。”①

电视中二人转演员则常常通过对自身价值的贬低而娱乐观众。这种搞笑的方式就是使某物体或人受到非正常待遇，使观众从别人的非正常待遇中获得快感。这是一种最低层次的幽默感。在接受杨澜的采访时，赵本山曾说，“你的作品教育不了人……快乐就是主题，没有别的”。

手段不同，过程不同，但搞笑的效果却是相同的。

（二）猎奇

明星总是成为观众最好的猎奇对象。有关明星的演艺动态和八卦传闻常常成为一些访谈节目主要的猎奇材料。综艺节目《康熙来了》的一个追求就是“让明星撕下面具，至少是撕下部分面具”。观众在收看这类节目时，多少带有一些猎奇心态。某些真人秀节目将猎奇演绎到了极致。比如在广东电视台的《生存大挑战》里，选手们如何面对生存方面的诸多挑战展示，他们在环境变化的过程中经受到的情感考验展示，以及在生存考验面前，人与人之间钩心斗角本性的图穷匕见，真人秀节目“将种种温柔的面纱揭开，让观众清楚地看见一个带有禁忌性的存在。在现实生活中，这种存在是不能被公开说出的，而真人

① 宗匠：《电视娱乐节目理念、设计与制作》，中国广播电视出版社，2003，第258页。

秀打破了禁忌,制造了一个虚拟现场,让一切曝光"①。观众在收看这类节目时常常又好奇又紧张,经常是用手掩着脸观看,因为它突破了某种禁忌。各种相亲节目尽管标榜自己是以成就一段姻缘为目的,但其真正的宗旨是满足观众窥视男女相亲时的举止和心态的欲望。

(三)煽情

《奔跑吧》节目多数时候走的是搞笑路线,但励志煽情也是该节目的惯常手法。在2018年年初的一期龙舟比赛中,团队成员竭尽全力,连以懒出名的陈赫都难得地正经起来,有网友说比赛过程看得热血沸腾,起了一身的鸡皮疙瘩。赛后邓超做总结反省,忍不住哭了起来,众兄弟也纷纷红了眼眶。有网友说,这一段跟着哭了好久,确实很感动。久别重逢的激动、委屈或悲伤的眼泪、惊喜甚至其他的一些感情流露都成为电视既煽情又猎奇的主要手段。

在综艺节目中,普通人偶尔也会作为嘉宾参与节目,但电视对这类节目有一些基本的要求,比如较强的口头表达能力和充分的表演欲望,以及外在形象对观众有足够的吸引能力。这些嘉宾刚开始或许并不能充分把握电视娱乐大众的脉搏,但通过主持人的鼓励或暗示,再加上现场观众的起哄气氛,普通嘉宾便会无保留地展示自己吸引观众的那些方面,比如自己的隐私、过人之处、凄惨的经历、超乎寻常的病痛等,这类以普通人为嘉宾的节目大多主要采用煽情的手法,让观众体验嘉宾的痛苦,将煽情的元素提炼出来,用以打动观众。

(四)"消费"明星

电视娱乐不可缺少的元素:明星+歌舞。现在的明星也包括主持人。这一节目的主持人又有可能成为另一节目的明星嘉宾。《乘风破浪的姐姐》是芒果TV推出的女团成长综艺节目,节目召集了30位1990年之前出生的姐姐辈女艺人,通过合宿生活与舞台竞演,最终选出7位成员"破龄成团"。通过"消费"30位不同女性的追梦历程、现实困境和平衡选择,让观众观看"姐姐们"面对婚姻、事业甚至身材管理时的人生态度来反观自己的选择与梦想,找到实现自身梦想最好的途径。

综艺节目常常巧妙地利用作为公众人物的各路明星的人气为节目带来众

① 宗匠:《电视娱乐节目理念、设计与制作》,中国广播电视出版社,2006,第260页。

多忠诚的收视人群。同时，电视游戏节目也成了很多明星宣传推介自己的捷径。以《快乐大本营》为例，这档综艺节目每期都会请来耀眼的明星。无论是中国内地的明星，还是中国香港和台湾地区的艺人，只要是当红的明星，几乎都参加过《快乐大本营》。在节目中，明星们不仅要表演自己的看家本领，还要同大家一起做游戏。明星们神秘的面纱被揭开后，明星与观众的距离被拉近，观众们也十分乐意了解生活中的他们。同时明星的偶像号召力也为电视台带来了收视率。

三、奢华的晚会与奢侈的娱乐

“电视晚会是在某一特殊时间，为营造某种氛围，而特别组织的以综合性文艺表演为主的电视娱乐节目。”[①]晚会的类型大致包括节庆纪念性晚会、行业专题晚会和适时性晚会三种。

电视晚会节目是最好的娱乐节目形态之一，在载歌载舞等艺术形式中娱乐观众，渗透审美情趣和艺术品位。电视晚会节目一般都比较长，短者90分钟，长者多达数小时，要在这样长的时间里持续地吸引住观众，其整体策划和艺术风格都要求生动活泼、幽默风趣、高潮迭起、生活气息浓郁等。

追逐时尚，是所有电视娱乐节目的理念之一，综艺节目也不例外，晚会更是将时尚演绎得淋漓尽致。在晚会中，主持人常常会紧跟时尚，使用一些时下流行的话语，做出一些时髦的动作，并且会尽可能表现出迎合大众口味的姿态；在包装和设计中，时尚、流行的观念更是晚会重要的创作理念和诉求指向，如：演播室的布景、道具、灯光设计，主持人的服装、化妆以及发型设计，节目片头、片花、字幕的设计等，无不体现出电视娱乐节目特有的鲜活灵动、时尚新潮的风格样式。

电视晚会大多采用演播室演播的方式，甚至直接将演播室设在外景地，把背景加以改造，使之更现代化，尽可能多选老少咸宜的歌舞和小品等节目。1983年，中央电视台春节联欢晚会的演播室只是600平方米的茶座空间，现在中央电视台春晚的演播室已经启用1800平方米的大型舞台来承载。除了面积的扩大，还有舞美的设计、多种效果灯光的使用，“海陆空”动静色彩的配合，都

① 孙宝国：《中国电视娱乐节目形态学》，新华出版社，2009，第89页。

体现了舞台的流光溢彩和富丽堂皇。“如果说20世纪80年代初的春节联欢晚会舞美设计还可以用平面图来描绘的话，到了20世纪90年代后期只能用电脑三维模拟才能体会到舞美设计的复杂和神奇。”①

从2007年开始，大屏幕成为央视春晚舞美的重要组成部分。大屏幕中由初始只插入静态符号到插入动静结合画面，配合节日所表达的内容不断变换，宇宙空间、熊熊火焰、潺潺流水、郊野风光，把有限的空间拓展到无限。2012年春晚中，杨丽萍表演的孔雀舞《雀之恋》中，大屏幕配合孔雀舞表达的内容不断变换，与舞台的真实造型融为一体，浑然天成，收到了美轮美奂的效果。

大屏幕较好地营造了节目场景氛围，为观众图解艺术意蕴起到很大作用。2008年春晚还使用了VR虚拟现实技术，把央视大楼和美地亚宾馆幻变为屏幕墙，产生了令人叹为观止的视觉冲击力。技术进步驱动晚会不断提升舞台效果，春节联欢晚会的演播厅常常成为前沿技术的展示台，2019年春晚利用4K、5G、AI、VR、AR等一系列尖端科技，呈现了前所未有的视听效果。早在2011年的跨年晚会，江苏卫视请来了国外的明星，而这位明星不仅从国外带来了自己的乐队，还空运了全部的乐器设备，为的是保证自己的演出效果。

出场主持人和演员的服装更是晚会上一道流动的风景线，在2012年春晚上，仅董卿一人的服装就换了红、白、蓝、绿、粉5套。杨丽萍表演的孔雀舞《雀之恋》中华丽夸张的孔雀造型，更是煞费苦心，裙子上有包括孔雀毛、鸵鸟毛、鹅毛在内的大约20万片羽毛，被晕染成七种颜色，每一片羽毛，都是人工晕染而成。在造型上，服装和身体的彩绘都采用特技化妆来实现华丽的效果，以鸟中之王的霸气之美打造表演者的妆容。这样的造型，在除夕之夜为全国观众带来了惊喜。春晚后，无数网友大赞：美！

在电视晚会节目中，为满足人们的审美情趣，各类出场人员的着装已经从最初的服装含义过渡到演出化和舞台化服饰。晚会上演出人员和主持人从发式到服饰的色彩和造型均专为舞台设计，给人的视觉以强烈的冲击。2008年中央电视台春节联欢晚会中舞蹈《飞天》演员的头饰和服装是根据敦煌壁画的飞天造型而设计的，更为大胆创新的是加入了人体彩绘，足见导演为满足观众的视觉审美而费的心思。

① 孙宝国：《中国电视娱乐节目形态学》，新华出版社，2009，第103页。

四、真人秀节目文本分析

晚会类节目不仅成本高，而且同时段竞争的惨烈让一些缺乏实力的电视台望而却步，因此真人秀节目被很多电视台视作吸引观众的主要手段。电视真人秀节目属于娱乐游戏性节目，是一种将真实与虚构融合在一起的电视娱乐节目，融合了电视纪录片原生态的拍摄方式、电视游戏节目中的奖励制、淘汰制以及电视剧的戏剧化、情节化叙事方式等多种节目元素。“真人秀节目的形态十分复杂，有的在演播室进行，有的在野外开展；有的以现场竞赛为主，有的以生活记录为主；有的以力量勇气、智力考验为主题，有的以性、情感关系为主题。”①

中国首个独立制作的真人秀节目是2000年广东电视台创办的《生存大挑战》，但这个节目的收视情况并不如意。直到2004年《超级女声》的出现，电视真人秀节目才真正进入大众视野。《超级女声》颠覆了人们对电视综艺节目的既有认知，节目不仅让观众感受到喜、怒、哀、乐等完整激烈的情绪波动，还让观众在海选阶段便可参与歌唱表演、之后与节目一直互动、最后还可直接投票决定谁是理想的歌唱冠军。此后，《梦想中国》《加油，好男儿》等一系列节目涌现出来，国内选秀类真人秀节目将前几年的真人秀节目推进到一个新的发展阶段。慢慢地，《舞林大会》《名声大震》《非常有戏》《名师高徒》等一大批真人秀不断涌现，选秀类真人秀节目在全国开始扎堆。在电视台不断沉淀、优化此类节目的过程中，2010年东方卫视的《中国达人秀》、2012年浙江卫视的《中国好声音》、2014年浙江卫视的《奔跑吧兄弟》成为真人秀节目中的佼佼者。

电视真人秀节目具有其他类电视节目无可比拟的优势。首先，零门槛的参与使现实生活中的每一个普通人都能成为电视上的主角，大大拓宽了节目参与的广泛度，使节目的收视率有了保障；其次，当下正是展现个性的时代，真人秀为这些人提供了广阔的舞台，而普通人也为这场秀提供了素材，真实的往往是最动人的；再次，比赛的赛制是既定的，但结局对所有人来说都是未可知的，这种悬念模式深深地吸引着人们的注意；最后，真人秀自身的娱乐性和强大的互动参与性很容易成为人们在快节奏生活中重要的休闲节目。

① 尹鸿、冉儒学、陆虹：《娱乐旋风——认识电视真人秀》，广播电视出版社，2006，第6页。

（一）大众参与感

参加真人秀节目的选手或者嘉宾大都是从普通观众中选拔出来的，对参赛选手不设任何门槛，不论年龄、不限职业、不分语言、不讲国籍，每个人都可以报名参与。电视机前的观众完全可以将这些选手与自己等同起来。这些参赛的选手对普通观众起到了示范性号召的作用——“来吧，你们每一个人都可以像我一样报名参加这个节目”。

真人秀节目给观众一个重要的体验是参与感。在真人秀节目中，电视观众的参与分为两个层面：心理参与和亲身参与。或者说，现场观众的参与和电视机前观众的参与。真人秀节目带给观众的心理体验并不只是观赏者，而且还是参与者。真人秀节目的内容更富有感染力，不仅感染现场观众，而且要让电视机前的观众产生现场参与感。也就是说，电视机前的观众虽然自己并不是现场的观众或嘉宾，但通过现场的气氛渲染、节目主持人的不断有意提示，观众通过想象也能产生仿佛自己也在场参与其中的感觉。

《超级女声》中，从“海选”渲染出的亲和力，到现场大众评委的投票权，再到短信投票的举手可得，都反复建构着“参与”的想象，以及“想唱就唱”的节目口号都给观众一种参与感。

“参与”包括亲身参与或想象性的参与体验，它激发观众的热情，唤起观众轻松和愉悦的情绪。在酝酿参与感的过程中，主持人的作用十分关键。这种参与感有时会直接诱发人们的真实亲身参与。比如，浙江卫视的《我爱记歌词》曾经策划了一系列主题专场，发动了许多观众参与其中：“全国麦霸城市对决”——在城市与城市之间掀起了一股“赛歌”风；“全杭州一起唱”——发动了近万名群众报名，1927位选手参加了历时九天九夜的快乐K歌接龙，创造了“最长时间卡拉OK世界吉尼斯纪录”。“这种全民互动式的大联欢，把演播室转移到室外，打破了场地的局限，把节目与观众融为一体，很好地调动了广大观众的积极性。”[①]

此外，在真人秀节目中，既有场内嘉宾和观众的现场互动，又有场外电视观众的热线互动，全方位调动着观众的参与热情，使节目呈现出前所未有的热烈场面。节目中嘉宾和主持人带着观众，在台上台下一起做游戏、表演节目，

① 陈瑞娟：《浅析K歌节目的流行》，《青年记者》2009年第14期。

极大地提高了现场观众参与节目的热情。同时，场外观众的热线参与，不仅增加了一种新颖的节目元素，也使节目得到了及时的反馈。

（二）竞争带来的戏剧化和冲突性

在电视真人秀节目中，奖金、奖品、荣誉和职位等奖励是选手参与竞赛最重要和最直接的原因。最终的极具诱惑力的奖励是激发冲突的最重要因素。节目一般都会给予获得擂主、周冠军、月冠军、季冠军和年冠军等称号的选手以相应的奖励，包括现金、签订合约、汽车、相机、旅游和房产等。奖励伴随着节目的整个过程，节目中的竞争淘汰大都围绕着奖励进行。

首先，节目天然的平民性、大众参与性使观众产生角色认同。参赛选手大多从普通人中选拔出来，这种参加者的身份常常被观众视为“自己人”。当这些选手成为节目主角的时候，就极大地调动了观众参与的热情。现在，越来越多的电视节目都采取公开选拔的方式来决定谁可以参加节目。目的也正是调动观众的参与性。比如中央电视台借助春晚的影响，专门开办了一个真人秀节目《我要上春晚》既满足了大众的参与热情，也推广了春晚。

其次，观众之所以收看这类节目，虽然从表面看是追求刺激，但在深层，是观众从中获得了颠覆世界与他人、颠覆既定秩序的替代性与虚幻性满足。一是通过获得奖品或奖励的非常规途径，不劳而获，一夜暴富，颠覆了这个世界关于劳动与报酬的正常法则，实现了在现实世界中历经艰辛而不得的发财梦想，尽管是虚幻的；二是通过观看他人在台上展开竞争，备受折磨，颠覆了与他人的关系，获得了虚幻的优越感。

两者带来的刺激是其他很多节目无法达到的。

最后，竞争是真人秀节目吸引观众重要的法宝。众多真人秀节目的紧张刺激和扣人心弦都源于节目的竞争性。竞争元素的设置，使人们不仅在相互比试中检验了自己的能力，看到了自己的不足，更获得了放松与愉悦。

真人秀节目的竞争性，表现在两人或多人之间的比赛或单一参赛者面对规定问题的自我挑战。而构成竞争性的，则是专门设置的比赛规划。对于节目来说，如何强化竞争、增强竞赛带来的紧张感，规则的设定至关重要。

真人秀的冲突性最经常地表现为竞争性，即节目所确立的优胜劣汰的竞争法则，所有参加节目的选手必须按照这一法则行事，并决出最后的胜负。残酷的淘汰规则（如每轮比赛淘汰一人）就如同上演了一场惊心动魄、情节曲折的连续剧，真实、残酷的人际竞争，以及在竞争中暴露出来的人性和隐私，吸引观众持续收看下去。

以《超级女声》为例，节目中最残酷的环节是“PK”——两个选手互相比赛以淘汰其中一名。当比赛过程中需要淘汰一名选手时，专家评委会评出一名表现较差的选手与观众短信投票率最低的选手进行PK，如果专家选出的人选与得票最低的选手是同一人，她就将直接被淘汰。进行PK赛时，每人发表一番讲话，并清唱一首歌曲，然后由大众评委进行投票，得票低的一位将被淘汰。此时，被淘汰者情感处于最脆弱的时候，主持人或评委一点点言语刺激都会让其露出脆弱的一面，而主持人常常会这么做，一些看似安慰其实是刺激的言语常常不仅将选手弄得泪流满面，也将场内场外的观众带入共情之中。

真人秀节目在规则上都有严格的设定。在节目环节、比赛进阶的关口设置上，都经过了精心的计算，甚至将每一关口所占用的时间都做出精确的规定，这样才能保证节目的节奏张弛有度。比如在江苏的一档家庭真人秀节目《老公看你的》中，夫妻双方参加每一轮比赛都规定了在多少时间内做完哪些动作，节目进行中，时间提示器更是被放在了显著位置，主持人还会经常提醒时间，故意制造出紧张气氛，以形成很快的节奏感。

除此之外，戏剧性也是真人秀节目能够牢牢将观众拴在电视机前的一个重要武器。电视真人秀节目的参赛者大多不是电视剧主角那样的明星大腕，而是一些平民百姓，基本上都没有上镜的经历，也正因如此，节目中少了矫揉造作，多了亲切自然，但这并非说明电视真人秀节目的参赛者就没有经过选择，其实在幕后有一场场“选秀活动”，节目的参赛者都是从数以万计的报名者中精心挑选出来的。选择的参赛者一般应具有以下特点：其一，具有良好屏幕形象；其二，具有独特个性；其三，具有一定代表性。而且，来自各个阶层的不同性格和年龄的参赛选手也能产生戏剧性的组合效果，使节目充满张力。

（三）真实感

真人秀节目在国外被叫作“真实电视”，“真实”是其重要的特征。这种“真实”体现在它是关于“真人”的娱乐节目；是关于在发展中的、“真实”事件的纪录。而且这种真实性与观众的生活真实十分贴近，每个选手都体现为一个活生生的、真实有个性的、甚至野蛮的人。人与人的直接较量和对抗，导致胜者的狂喜、败者的大悲，因而容易引起收看者的共鸣。

但是为了达到娱乐效果，真人秀节目又常常有表演的成分。比如《非诚勿扰》里24位女嘉宾都来自现实世界的普通人，也在电视机前拥有真实的身份，但她们站在台上时，却有着一定的表演意味，从衣着、化妆到举止都为了舞台效果而夸大或美化了自己。现实生活中的她们不可能装扮成那样去相亲，以至于常常有男嘉宾要求看女嘉宾的生活照。但是这些表演的成分并不能否认真人秀节目的真实感。比如一位女嘉宾是某餐厅的老板，许多男士慕名去那一家餐厅吃饭，发现女嘉宾确实在那里温柔地招呼客人，这种实实在在的真实感是许多别的电视节目不可能给予观众的。

电视要求参与真人秀节目的人要有时间和这种休闲需要——喜欢表现(show)自己、展现自己和善于释放自己。目前，真人秀节目越来越倾向大量采用电视纪录片的跟踪拍摄和细节展示等纪实方法表现真实，用人物的言行、个性和品质等细节来营造真实感。

真人秀节目常常借助游戏规则，将竞争直接诉诸观众的感官，在一个看起来真实、其实是虚拟的空间里，不断给观众制造刺激，让观众体会到一种现实世界无法体验到的快感。比如《非诚勿扰》中女嘉宾马诺的大胆言论是其他电视节目中不可能出现的。它一方面有表演的夸张成分，一方面又有表露心态的真实流露。这正是真人秀与众不同的地方：不管嘉宾的言论多么富有争议，但它是出自现实世界真实的活生生的人之口，不是电视剧之类虚拟故事的剧本对白。

第三节　电视剧文本的休闲特性

据央视市场研究公司监测，电视剧是观众最喜欢收看的电视节目。在中国众多的电视频道中，播出比重最大的是电视剧；收视比重最大的也是电视剧。在全国1974个电视频道中，播放电视剧的频道有1764个，占总数的89.4%，电视剧播出量占节目播出总量的32%，黄金时段电视剧播出量超过了节目播出总量的60%，电视剧观众数以亿计。在晚上黄金时段，省级卫视如去除转播“新闻联播”的半个小时，平均每个频道每天电视剧播出量达到60%。

为什么电视剧在电视内容中占据着如此重要的地位?“第一，电视剧打造了完整的产业链，建立了完善的投资和回报体系，调动了社会方方面面的积极性，繁荣了电视剧创作。这几年电视剧基本上保持在每年1.4万或1.5万集。第二，群众拥护，不用花钱，坐在家里就能享受到一道精神文化的盛宴，特别适合中国老百姓，是通俗文化的代表作。”[①]国家广电总局原新闻发言人朱虹道出了电视剧受欢迎的实质。

社会竞争的日趋激烈，使“倍感压力的人们愈发渴求在平日里纷繁忙碌之后，能找到一种精神休闲、心灵释放的方式，而电视剧恰恰能满足这种需要。电视剧以宽泛而多彩的题材和引人入胜的戏剧编排，讲述老百姓熟悉或陌生的故事，让人们在亦幻亦真的影像时空里随意体验，轻松感悟，使心灵得到自由放飞”[②]。此外，电视连续剧之所以如此受欢迎与东方人的家庭化生活方式存在很大的关系，加上人们文化消费选择的空间比较小，电影市场萎缩，社会闲暇生活总体水平还不高……这些都决定了电视剧在人们休闲生活中的重要性。

一、电视剧题材的日常生活化取向

“依据体裁，电视剧包括电视短剧(含小品)、电视单本剧、电视连续剧、电视系列剧、电视情景喜剧等五类。电视短剧短于常规电视剧1集(45分钟)的长度，电视单本剧长度在1~2集，电视连续剧指3集以上的电视剧，电视系列剧不是讲述连贯的故事，而是每一集具有相对独立性。20世纪90年代之后，电视连续剧不折不扣地成为了中国电视剧领域的主力。”[③]本书以电视连续剧为讨论样本。电视剧能使观众深度浸入，实现单独一个人的休闲娱乐。

电视的收视经验与电影有着明显的不同。电影提供的多是超日常经验，像是一个“梦”，而电视提供的则更多的是一种日常经验，像是一扇“窗”。透过电视这扇窗户，观众可以从丰富变化的内容中体味到人生的多元变化和丰富

① 朱虹:《中国广播影视发言人答问录》，中国传媒大学出版社，2010，第14页。

② 刘习良主编《中国电视史》，中国广播电视出版社，2007，第379页。

③ 黄会林等:《中国电视艺术发展史教程》，北京师范大学出版社，2006，第12页。

戏剧性，体味到言之不尽的世事沧桑。电视剧进入观众的日常生活空间，是观众在生活情景中真实的、直接的审美感知。如果说电影是以奇观化来创造观影体验的话，那么电视剧则是用日常性来创造亲身体验感。所以，电视剧为了达到这种“感同身受”的效果，特别强调与现实生活的相互参照，甚至通过“以偏代全的心理效应达到一种看起来好像是真实的效果”[①]。对平凡生活的关注，实际是对电视剧本质回归。因为电视剧本质上是一种“掌握日常生活经验的重要形式”，主要功能是“经过艺术的再思考，使观众得到强调的日常生活的经验”[②]。韩国电视剧为何能在中国热播，主要得益于它的“日常化叙事”手法。韩剧里那些家长里短、鸡毛蒜皮的琐碎故事，从社会效益和文化价值层面上看难说有多少积极意义，但它的“日常化叙事”使故事与生活“零距离”，从而造就了韩剧的平民特性，受到了大众的欢迎。

《渴望》是一部曾经轰动全国感动千万人的电视剧，被称为中国电视剧发展的历史性转折的里程碑，它创下的空前绝后的收视巅峰是电视剧的一个神话。探究《渴望》受欢迎的原因，其中重要的一点是它反映出了现实中普通家庭生活真实的一面。宋大成手脚勤快、做事干练、务实上进、不懂就学，一会儿自己搞个钻研电子“实验室”，一会儿又频频到外地去学习业务，学文化学技术样样没放松。还侧面地反映了他厂里面某些人只动口不动手，务虚不务实。王沪生托关系到了物理研究所上班，只会拿一张报纸看一整天，什么事都不干，回到家也不学习所谓的业务知识，简直是混日子的经典之作。此种不争气与宋大成的上进形成了鲜明的对比！这种人物形象反差在任何时代都能找到生活原型。王亚茹说王沪生之所以会“混”，是与市井小民的工人阶级刘慧芳结婚不无关系。可恶的是，王沪生竟然默认他姐姐的这一论断。王家姐弟的门当户对偏见在社会上不在少数。王亚茹主观臆断、骄傲自大、自命清高，王沪生外强中干，喜欢拿一些冠冕堂皇的理由自欺欺人，不仅没有主见、懦弱无能，还见异思迁、忘恩负义。他实际上是一个道德败坏的集合体，是社会上小人的集合体，也是现实社会一些人的真实写照。观众正因为《渴望》中日常生活的真实呈现，才喜欢《渴望》。更何况刘慧芳温柔、贤惠、细心、体贴、美丽、善良、勤劳，是中国人最理想的好媳妇。剧中王亚茹和王沪生就是我们在现实生

---

① 苗棣：《电视剧的自然化技巧》，《北京广播学院学报》1994年第2期。

② 时统宇：《电视批评理论研究》，中国广播电视出版社，2003，第211页。

活中见到的最普通不过的一员，说不定你家伯母婶婶或者姑姑姨姨就是有这样影子的人；甚至有时候我们自己，也会犯一些像他们这样的错误，只不过当局者迷罢了。电视剧来源于生活，却高于生活，又近似生活。观众在剧里，仿佛遇到了现实生活中的王亚茹、王沪生。《渴望》所述说的，正是这万家灯火中一段段的日常生活故事。同样，电视连续剧《士兵突击》，剧中既没有美女、爱情，也没有明星，却能突然走红，也证明观众欢迎那些来自平凡的生活，能够反映民众心理需要和性格特征、激发起自己为美好生活和理想而努力奋斗的激情的电视剧。

因而，贴近现实生活、还原普通人的生活原生态，构成了电视剧重要的文化品格与审美追求。不论是现实题材还是历史题材，电视剧都体现和释放出时代信息，贴近日常生活，反映出生活的真实感，激发起更蓬勃旺盛的生命意识。如现实题材的电视剧《四世同堂》《激情燃烧的岁月》《金婚》《渴望》《乡村爱情》《北京人在纽约》等，无不具有浓郁的生活气息。历史题材电视剧如《大宅门》《还珠格格》《康熙微服私访记》等，写的虽是历史人物，但整个剧作充溢着强烈的生活气息和生活情趣。它们提供给观众的是一个自然又亲切的、如同生活本身的荧屏生活空间，使观众从虚幻走入真实，进入屏幕时空去感知日常生活。

二、故事化叙事顺应观众休憩心理

“电视剧在中国所具有的巨大影响力可以说远远超过了电影、小说、戏剧等其他叙事形式，成了名副其实的‘第一故事载体’，几乎成了多数中国人阅读故事享受故事、消费故事的唯一途径，人们沉浸在那些悲欢离合、柳暗花明的家长里短、东邻西里的故事中，伴随那些一个个周而复始、老生常谈的电视剧度过了一个月又一个月。”①电视剧是一种影像叙事艺术，影像呈现是其本质特征，叙事的目的是讲述一个好看的故事。电视剧是一种可以寄托现实梦想和宣泄心理欲望的娱乐叙事形式，它带来的快乐不仅仅在于其内容，更在于其故事化叙事方式和结构。“电视剧文本引导受众经历一段叙事的‘旅程’，通过文

① 尹鸿、阳代慧：《家庭故事·日常经验·生活戏剧·主流意识——中国电视剧艺术传统》，《现代传播》2004年第5期。

本，受众可能体验到死亡——但又不必感受到现实世界中的‘创伤’，受众可以依靠‘互文性’来同时获得理解和享受。”[1]而且是一种纯粹精神上的享受。

电视的所有内容几乎都是以讲故事的方式告诉观众节目想要表达的内容。但与新闻通过讲故事的方式告诉观众信息、广告通过讲故事的方式告诉观众某某产品值得购买不同的是，电视剧是为讲故事而讲故事。

人类历来都是喜欢故事的，远古时期人类围聚在岩洞里的火堆旁，洞外野兽嗥嚎，他们正是靠讲故事安慰每一个战栗的灵魂，在陪伴和倾听中挨过人类文明的漫漫长夜。人们始终对那些曲折感人的故事怀有浓厚的兴趣，不少民间故事历代流传、经久不衰。中国历史上还有“说书”“讲故事”这类职业以及专门的“说书”场所。如今，电视是头号说书人，作为一种叙事的媒介，电视天生就是为满足人类永不枯竭的对故事的渴望而来。电视运用自己的视听声画优势，采用对话、描写、场景设置等方式，细致入微地展现事件中的情节和细节，将故事中隐含的能够让人产生兴奋感、富有戏剧性的部分淋漓尽致地展示在观众面前，把人类讲故事的方式发挥到了极致，而观众只需坐在客厅，躺在沙发上便可以看到世间各种各样千奇百怪的故事。

电视剧的全部过程就是讲故事。不同的故事满足了观众不同的需求。比如古装历史剧以历史的名义，为观众的现实焦虑提供了一种合法化的释放渠道，这是一种替代性的满足。

一部成功的电视剧往往包含着一个有趣又有内涵的故事。电视剧依靠叙事的因果关系、前后剧情的紧密相连，而连构成一个非常严密的整体，从开始一直不断向着一个结局讲述，从容不迫、高潮不断，以至于许多观众收看了一集又一集而不肯离开电视机前。

《还珠格格》表面看起来讲的是格格的故事，可是这位格格却跌落凡间，因此，故事的出发点是普通百姓，从人物到情节都贴近百姓，把普通百姓的感情揉进格格的生活，百姓也就觉得它真实、朴实、贴近生活。此外，喜剧元素的加入也是《还珠格格》的一大特色，通过对日常生活的戏谑性的夸张表现，观众感受到的是对权威的嘲讽和贴心的轻松娱乐。

20世纪90年代初的《编辑部的故事》《我爱我家》等都是当时著名的情景喜

① 格雷姆·伯顿：《媒体与社会——批判的视角》，史安斌主译，清华大学出版社，2007，第97页。

剧，它们借工作场景、家庭生活的空间向观众展示生活喜剧，以幽默搞笑为目的，赢得观众很多笑声。

古装或历史事件是另一种讲故事的时间符号，它迎合了中国根深蒂固的民间叙事模式。而历史是一个便于构造故事的背景，是一个可以驰骋想象的空间。历史在此类电视剧中成了传统民间故事叙事中的时间模式，古装成为从前或很久以前的时间命题的视觉表达，比较契合中国老百姓看戏的娱乐心态。

故事常常通过五个代码将观众与电视剧紧密联系起来。“第一，象征性代码代表体现文化特征的基本对立面，比如男女、善恶的对立。第二，意义性代码涉及普通文化类型的人，比如婆婆如何被塑造成读者或观众能将其对号入座的故事中的角色。第三，指示性代码是体现文本涉及更广泛的社会文化内容的方法。第四，关联性代码把文本内的情节与读者或观众从其他文本中了解到的情节串联起来。最后，也是最重要的，诠释性代码控制揭开引发故事的谜，即故事如何结束的方法。”[①]通过这些代码表述意义的过程，电视观众保持着与现实世界的联系。

英国学者托多罗夫、普罗普、利维·施特劳斯和巴瑟斯等人认为，故事的讲述方式就是人类社会看待自我的基本方式。电视剧所讲故事的结构“通常包含三个阶段：它以谜团、疑云或吸引读者注意力的一连串问题开始。第二阶段是悬念阶段。在此期间，谜底始终未解开，但故事一直朝前推进，死结几乎拧得越来越紧。在第三阶段也就是最后阶段，谜底解开，疑云释去，故事就此画上句号”[②]。因此，电视剧不是单纯的故事，它讲述的是人类社会的基本矛盾、关系和事件。其实这样的讲述方式跟小说没多大区别，但在故事的呈现方式上，电视剧跟电影类似，“通过一系列移动的图像画面——即，某人/某物选择的各个镜头的拍摄位置恰到好处，对镜头的拍摄处理也在恰当的灯光下，恰当的音响效果下和恰当的乐曲声中进行”[③]。显示出跟小说完全不同的视听效果，正如菲斯克和哈特利所说：“电视似乎凌驾于个性特色之上，发挥着一种社会仪式的作用。我们的文化与这种社会仪式相结合，以便同它的集体自我交

① 尼古拉斯·阿伯克龙比：《电视与社会》，张水喜、鲍贵、陈光明译，南京大学出版社，2007，第19页。

② 尼古拉斯·阿伯克龙比：《电视与社会》，张水喜、鲍贵、陈光明译，南京大学出版社，2007，第19页。

③ 罗伯特·C·艾伦：《重组话语频道》，麦永雄、柏敬泽等译，中国社会科学出版社，2000，第60页。

流。”[1]电视通过讲故事的方式使观众达到与外界交流的目的。这也是电视剧一直在电视众多的节目中拥有经久不衰高收视率的原因。

三、表演——虚构手法的运用满足受众的想象欲求

所有电视节目无论是综艺节目还是新闻，主人公都可能有表演成分，但电视剧却全部都是表演的结果。新闻、综艺节目都有纪实的特点，但电视剧则纯粹是虚构的。电视剧的表演特征与电影相同，但却明显区别于电视新闻和综艺节目。

尽管虚构是电视剧的本质特征，但逼真却是电视剧追求的目标，各种电视剧往往都竭力给人以一种真实的感受。比如《亮剑》，每一场战争的场面铺陈都耗资巨大，而剧组之所以要这么做，目的只有一个：想让观众产生错觉或幻觉——这里是真实的战争，电视剧本身具有完整单一的表演特点。这种“幻象”正是由表演而产生。

因此，努力地创造真实感的“幻象”是所有电视节目的一个显著特点。电视剧之所以这么做是为了：一、让观众与所看内容之间没有隔膜，使观众完全“沉浸”，产生身临其中的感觉，暂时忘却现实世界，达到休闲的效果。二、所有虚构的内容情节都由一系列含因果逻辑关系的事件构成，人物和事件不是被强拉硬扯在一起，而是按合理的结构要求进行组织而成，让观众看后产生“合情合理”的逻辑推理满足。在这一点上，电视剧的“逼真”追求同那些以“悦目”为主的表现形式不同，“悦目性”的表现形式强调画面本身，它带给观众的是一种视觉上的愉悦，而电视剧带给观众的主要是叙事上的愉悦。

四、慢节奏——契合受众的休闲状态

电视剧最初的模式来自于电影，渐渐地，为了适应人们居家生活中常常被打断收看的状态，电视剧逐渐以连续剧的方式替代了电影的高度精练浓缩叙述形式，甚至许多单本剧或电影也被拿来改编成电视连续剧，以若干集的形式播放几周，甚至几个月。比如张爱玲的短篇小说《倾城之恋》，被改成电视剧拍

① 尼古拉斯·阿伯克龙比：《电视与社会》，张永喜、鲍贵、陈光明译，南京大学出版社，2007，第19页。

了36集;《杜拉拉升职记》拍成电影只演了不足2个小时,可拍成电视剧却用了32集。电视剧越演越慢,越播越长,今天很难看到只有一集的电视剧了,如果有,那也被命名为“电视短剧”,是有别于常规意义上的电视剧的。

许多人以注意力分散的状态观看电视节目,因为这种状态最适合他们兼顾家庭活动,比如边看电视边敷面膜、织毛衣,甚至边看电视边打麻将。电视剧的慢节奏体现在两个方面,一是集与集之间情节进展缓慢,由于不能指望观众对电视连续剧每集都看,结果故事拖沓冗长,好让那些错过某集的观众能够看得懂。电视剧的慢节奏是为了适应家庭生活起居的琐碎化,观众收看时接完一个电话,或者在沙发上打一个盹再来看,可能仍然不影响收视——情节仍然是连贯的。这也是它能成为休闲工具的一个重要原因。二是电视剧通常每晚都只播放2~4集,一部电视剧常常要十天半个月才能播完。这种播放的慢节奏让人们有空的晚上收看,没空的时候不用看,但过两天再看还是能基本明白剧情的发展过程,不会有错过后的惋惜。电视剧的慢节奏也使那些新加入的观众有时间慢慢理清此前演过些什么内容。

当然,正是由于具有全程表演的虚构特征,电视剧才可能被无限制的延长和放慢。它之所以被制作出来不是人们必须要看,而是专门供人休闲、消遣之用。

第五章

使用与满足：电视受众的观看行为心理

电视是为观众而制作的，任何一位制片人在制作节目时心中都预期了特定的观众对象。供职于英国广播公司的制片人称“不妨把观众看成是寻求信息、接受教育、享受娱乐的公民。而独立电视台的制片人心目中的观众对象则是他做广告的消费者。不过，无论是公共服务电视台的制片人还是独立电视台的制片人，他们都有志于最大限度地吸引观众”[①]。什么内容能使观众产生兴趣、乐于收看，并锁定频道一直看下去，是任何一个节目在制作过程中所努力探寻的。

受众选择媒介的过程是怎样的？美国学者罗森格伦曾经提出过一个受众使用媒介过程的模型，即：“人们的某些需求或要求可以被看作是‘问题’，由此引发对‘解决’问题的可能性的探索，并导致产生各种‘动机’，其中一些会导致媒介使用，其他的则以非媒介的方式来处理（如个人的社会交往和社交活动）。”[②]这一模型后来得到了传播学界的普遍认同。也就是说，受众在接触媒

① 尼古拉斯·阿伯克龙比：《电视与社会》，张永喜、鲍贵、陈光明译，南京大学出版社，2007，第110页。

② 丹尼斯·麦奎尔：《受众分析》，刘燕南、李颖、杨振荣译，中国人民大学出版社，2006，第89页。

介之前有一种心理期待，如果传播内容符合他们的心理期待、生活和精神的需求，便会收到良好的社会效果，他们会持续地接触这种媒介。后来，麦奎尔、布卢姆勒、布朗提出了“媒介——个人互动说”，认为媒介满足来自于媒介和个人两方面的互动，媒介满足概括起来有最重要的四个类别：“(1)消遣——逃离常规，逃避问题，释放情感。(2)人际关系：交朋友和同伴，社会功用。(3)个人认同：自我参照，探索现实，强化价值观。(4)监视（寻求信息的方式）。”[①]

电视在为受众提供上述四个类别的满足方面，具有得天独厚的四个媒介特征：“一是可表达性，它能承载思想和感情；二是记录的长久性，也即对时间的超越；三是快速性，即对空间的超越；四是扩散性，可以达到所有阶层的人。”[②]电视的这些特点对休闲有天然的帮助，休闲本质上是人性的释放，用自己的热情实现自我、用创造性的方式表现自我，是身体的、精神的、情绪的自我表现，电视的可表达性在休闲的这一方面正可以发挥；休闲是一种自我解放、自我发展和自我实现，对于个体来说，这些都是有记录和保存价值的瞬间，电视记录的特点满足了个体对时间的超越；休闲的表现在某种程度上也表现为个体对自我的认识，当休闲的自我满足得以实现时，便会产生一种以最快速度向外扩散和传递的冲动，电子媒介借助复制、录制、直播等技术能把过去拉至现在，把世界的空间高度浓缩，消解时间和空间的距离和差距，为休闲的这种扩散冲动提供了天然的动力机制。

第一节 电视受众与受众需求

受众已经是一个广为大众接受的概念。麦奎尔最初给受众下的定义是：“如果从市场的角度考虑问题，受众可以定义为特定的媒体或讯息所指向的、具有特定的社会经济侧面像的、潜在的消费者的集合体。”[③]受众是真实存在的一个群体，他们分散在各自的生活圈子里，无相互联系，绝大多数电视受众不

① 丹尼斯·麦奎尔：《受众分析》，刘燕南、李颖、杨振荣译，中国人民大学出版社，2006，第89—90页。

② 张小争：《娱乐业对传媒业的依赖与渗透》，《青年记者》2007年第5期。

③ 郭庆光：《传播学教程》，中国人民大学出版社，1999，第177页。

易观察。由于受众的偏好被认为是最主要的媒介使用动机，因此，目前受众研究者渐渐趋向用受众的偏好、行为调查来观察受众。

在市场经济中，受众被称为媒介的消费者，受众的媒介接触活动是一种满足个人的基本需求的活动，媒介消费成为日常生活的重要消费内容。而休闲几乎是与消费社会相伴随的，因为消费社会意味着财富的富裕和时间的富裕。而这两者的富裕为休闲创造了充要条件。

在当代，电视文化与消费社会已经融合为紧密联系的整体。一方面，消费社会为电视文化的生存提供了无可逃避的氛围，使得电视文化必须去积极适应消费社会的逻辑并在其中寻找发展空间；另一方面，消费社会本身也受制于电视文化这一当今大众文化工业的代表，因为消费社会的逻辑在于对需求和欲望的编织和满足，而欲望的满足总是要通过对商品的消费来实现。消费社会中的消费行为与传统社会的消费行为的最大不同就在于它是一种符号消费。即在消费社会中，人们对商品的选择和消费不再局限于“实用性”，转而追求一种意义消费。而在意义构建和传递方面，电视媒介成为构建消费社会的核心力量。也就是说，电视媒介在构建休闲的同时又在积极地与休闲共舞。

一、电视休闲受众的社会特征

电视观众的收看过程是一种自主寻求或愉悦或痛苦体验的精神消费。任何时代的需求都与当时的社会环境密不可分，目前中国电视受众的需求变化与中国正在进入消费社会有着重要的联系。有人认为，在生产社会，人们以生产的态度对待媒介，进入消费社会后，人们则以消费的态度对待媒介。媒介被消费时常常意味着被漫不经心地对待，或者人们要求媒介带来的是乐趣而不一定是信息和教训。

（一）消费社会与休闲受众

法国学者让·波德里亚在他的《消费社会》一书中对“消费社会”做了较为完整和系统的论述。他认为，消费社会就是从原来以生产为中心的社会转变成以商品消费为中心的社会。生产社会和消费社会最大的区别在于：生产作为生产相对不足和商品短缺的社会通常要限制消费鼓励生产，因为过度消费会导致扩大再生产的难以为继;与之相反,消费社会则呈现出生产相对过剩的景象,因此需要鼓励消费以便维持、拉动、刺激生产。在生产社会中,人们更多关注的是产品的物性特征、使用与实用价值;而在消费社会,人们则更多地关注商品的符号价值、文化精神特性与形象价值。

戴维·哈维提出后现代文化的主要特征是消费的急剧增加,其结果是呈现出两个方面倾向:“第一种倾向是大市场(作为精英市场的对立面)上时尚的流行不仅在衣服和装饰品方面提供了消费的手段,同时也超出了更大的诸如生活风尚和文艺活动的范围。第二种倾向就是从商品消费转变为服务消费——不仅是个人的、企业的、教育事业的和卫生事业的,还转变为娱乐活动、展示会、即兴演出以及其他消闲等。”[①]陶东风也认为:“传媒的迅速发展,符号领域的大面积扩张,休闲活动的增加,使得生活方式和消费主义话语变得流行。”[②]因此,休闲与消费社会存在着密切联系。

“消费社会的形成和出现需要以下几个基础:第一,社会的物质财富一定要丰富到某种程度,超出日常所需;第二,人们需要有相应的能力和经济实力去消费;第三,社会主流意识形态对消费持积极和鼓励的态度。”[③]在消费社会中,勤俭、节约的社会传统开始被鼓励和刺激消费的消费主义意识形态所取代。传统社会里,观众是被动的,消费社会的来临使被动的观众变成了主动的观众,而且“主动的观众”转而成了“影响生产”的“主动的消费者”。因为在促进电视文化产业化的过程中,消费社会和消费逻辑把电视受众统统变成了消费者。即使对电视节目匆匆一瞥也能看出广告在电视中占据的中心地位,观众自然而然处于消费者的位置。因为观众已被“卖”给了广告商,所以他们在看电视的活动中自觉自愿地成了商品。

在消费社会中,电视播出节目的主要目的是赢利,而赢利的根本在于观众的收视率,收视率的高低则取决于观众的喜好——娱乐。娱乐几乎是电视节目中放之四海而皆准的法宝,通常有娱乐就会有收视率。而娱乐又是电视休闲的重要内涵。即:

---

① 戴元光:《戴元光自选集传学札记:心灵的诉求》,复旦大学出版社,2004,第217页。

② 陶东风:《粉丝文化读本》,北京大学出版社,2009,第4页。

③ 欧阳宏生:《电视文化学》,四川大学出版社,2006,第280页。

电视⇒(为了赢利)⇒收视率⇒(娱乐)⇒吸引观众

⇓

休闲的主要内涵

(二)受众的性别特征

电视受众如何消费电视与他们的年龄、收入、性别等社会人口特征有着密切关系。从休闲的角度考察电视受众,会发现不仅性别影响着人们的收视状态,工作与否、城乡之间、年龄、收入等影响着人们收看电视的心理和状态。

从生活作息来看,“女性观众比男性观众提早起床近半个小时。电视观众晚间在家的时间平均有4小时36分钟左右。男性观众的就寝时间较女性观众推迟,同样男性观众起床时间较女性观众晚”①。

不同的性别在家庭中扮演着不同的角色,对“父亲”角色而言,“看电视常常是一种夜间的暂息和逃避。他们更愿意热情投入到电视文本中去,不与他人来往,不被他人打断”。而“母亲”则相反,家务活动是她们一天中的另一份工作,她们很少有专门的时间来看电视,因此,“她们必须采取一种精力较为分散的观看电视模式……她们很少有机会能够一心一意观看自己最喜欢的节目。即使偶尔为之,也会对从中获得的快乐感到内疚。对妇女来说,电视还是一种鼓励家庭谈话的手段,而不是窒息家庭谈话的手段。家庭的不同成员赋予看电视以十分不同的社会意义”②。

20世纪90年代初的一项大型研究发现,“性别在媒介接触中的差异体现在,男性受众对新闻类节目的兴趣强于女性,女性受众对文艺类节目的兴趣强于男性”③。有关调查表明,我国男性公民人均日收看电视的时间比女性观众稍微偏高,这与国外其他一些国家女性观众收看电视时间多于男性观众的情况正好相反,这主要是因为中国妇女常常既要工作也要做家务,而国外妇女婚后多数不再工作有关,仅承担家庭主妇这一角色。从节目的选择意向上看,男性与女性受众也不尽相同。以电视新闻节目为例,电视新闻受众中男性比例明显高于女性,表明女性对外部世界的关心程度不如男性。然而对于电视娱乐性节目(特别是电视剧),女性的收视兴趣则明显高于男性。因此,女性更多

① 徐立军、袁方:《电视播出季——频道编播创新前沿》,中国传媒大学出版社,2007,第61页。

② 罗伯特·C·艾伦编《重组话语频道》,麦永雄等译,中国社社会科学出版社,2000,第121页。

③ 刘晓红、卜卫:《大众传播心理研究》,中国广播电视出版社,2001,第5页。

地将电视当作“消遣”，而男性媒介接触的动机更多的是“人际关系”和“监视”。

关于受众的性别差异将在本章第三节“类型化受众的收视偏好与休闲方式”专门讨论。

（三）电视受众的年龄区分

郭茜通过对工作日和休息日各种休闲活动参与率的Logistic模型分析发现，“年龄是对休闲活动参与影响范围最广的变量”①。仅从生活作息来看，“20~34岁的观众，起床时间最晚，平均都在7点20分，且平均的出门时间都在7点40分；而55岁以上的观众，是最早起床的人。”②

1.老人

中国已于20世纪90年代末步入老龄化社会，未来将拥有世界上最庞大的老年群体。老年人越来越成为最主要的电视观众。首先，老人由于离开了工作岗位，可用来看电视的时间比其他年龄段的观众多了很多，看电视的可能性也增加很多。其次，生理机能的减弱，迫使老年人比年轻人更多地留在家里。再者，老年人的社交活动比起年轻人或比自己年轻时期都有所减少，儿女随着年龄的增长成家立业离开了父母所在的家庭，这种情况下老人更觉得孤单寂寞，需要电视的陪伴。

电视是绝大多数老年人与社会继续保持联系、获得各种社会信息的重要渠道。多数老年人收看电视的主要目的是消遣娱乐，打发时光。退休老人内心的孤独感、失落感以及对未来的恐惧感，都需要电视来排解。电视的口语体将公众领域与家庭个人空间的界限打破，并对两者起到了联结作用。“主要在家庭中使用的大众媒介（尤其是电视、录影带、音乐和书籍），可以被看成是沟通私人、家庭、世界以及广大社会所关注的事件或活动的桥梁。在某些情况下，成为受众意味着共享社会生活。”③

调查发现，老年人的闲暇时间很多，但休闲活动有限。老年人与外界的接触较少，主要的休闲活动场所是家庭，因此媒介在老人的生活中扮演着重要的角色。而且，由于视力的减退、成本的低廉，电视成为老人最常采用的休闲娱

① 郭茜：《收入和时间双重视野下的休闲需求》，对外经济贸易大学出版社，2009，第122页。

② 徐立军、袁方：《电视播出季——频道编播创新前沿》，中国传媒大学出版社，2007，第61页。

③ 丹尼斯·麦奎尔：《麦奎尔大众传播原理第4版》，崔保国、李琨译，清华大学出版社，2006，第335页。

乐手段。

表5-1 为占用老人空闲时间四分之一以上活动的排名[①]

休闲活动	排名	频数
锻炼身体	1	49.7
看电视	2	43.7
阅读(读书、看报、杂志)	3	41.4
劳动,打扫卫生,家务	4	41.2
养宠物或打理花鸟鱼虫	5	22.1
聊天或与亲友联系聚会	6	20.6

多数老人白天选择户外活动,早上、中午、晚间是他们收视的黄金时间。"电视收视向老年集中、年轻观众消费在传统电视上的时间越来越少,这成为历年收视变化中最为明显的趋势之一。2010年,15~34岁人群的电视收视量一直维持于55岁以上中老年观众收视量的一半水平,且两者的差距正在逐年扩大。"[②]老、少观众的收视需求明显不同,他们对于收视和广告市场的价值也存在差异。因此,电视节目的制作和编排需要根据他们的收视心理和生活规律而设计。但现在电视节目中老年节目相对较少,老年节目并不是狭隘地指反映老年人的衣食住行和喜怒哀乐。如同一说到给农民看的节目,许多人就认为应当是"反映农业生产、农村生活、农民面貌",事实上,农民也向往现代生活,老年人也会喜欢收看年轻的生活风采。但老年观众有不同于一般观众的生活方式和生活规律,传播的对象性很强,例如老年人习惯早起早睡,对他们来说早晨的时间更为黄金;而对年轻人来说,晚上才是他们休闲生活的黄金时间。因此,区分不同的受众群体并针对性地满足他们的需求才是根本。

2.儿童

看电视已成为我国儿童日常生活的重要组成部分和自由活动时的一项主要活动。电视在儿童成长和社会化过程中扮演着重要的角色。大多数儿童把电视视作娱乐的源泉。

由于上学的缘故,儿童的收视时间呈现出明显的时段划分。2005年湖南

① 方建移、张芹:《传媒心理学》,浙江大学出版社,2004,第212页。

② 陈晓洲、周欣欣:《2010年中国电视市场收视动态》,《现代传播》2011年第5期。

金鹰卡通卫视曾经做过调查，他们的调查数据显示，“以少年儿童为主体的电视受众群体，它的‘收视黄金时段’不局限在18点30分—22点30分这一时间段，其收视表现最好的时间段集中在午间12点—13点，其次则为前晚间时段18点—19”[①]。少儿对卡通、动漫的热情普遍高于其他类型的节目。

在收视行为上，《北京城市居民收视行为与收视模式调查》显示，32.8%的受访者表示孩子是家庭收视的中心，他们掌握遥控器。看电视一般都处于“追求快感”和学习型休闲的中高级电视休闲状态，很少有电视内容不好看还坐在电视机前发呆的儿童。

此外，受众的城乡差别对收视行为和心理都有巨大影响，郭茜通过对工作日和休息日各种休闲活动参与率的Logistic模型分析，发现就业状态对休闲活动有显著影响。[②]中国拥有的14亿人口中，至少有5亿在农村，现在的电视节目却越来越呈现出城市化的特征。这主要缘于消费社会电视的消费力取向，广告主普遍认为城市受众才是最有购买力和消费力的受众，从而导致长期以来对农村受众的忽视。

二、使用与满足理论

不同的人对电视节目的期望和最终获得的满足感也不同。有些人由于在工作的社会情境中产生了紧张和冲突感，希望通过消费媒介来缓解压力；有些则是因为社会情境使他们意识到需要关注某些问题，然后从电视节目中搜寻相关的信息；还有些人可能因为在现实生活中失去了某些机会，希望从电视内容中寻找到相关的替代品或补充品以满足其特定的需求。

对电视观众进行学术研究而得出的相关理论大致有三种：影响理论、使用与满足理论、解码理论。

影响理论着眼于电视对观众的影响，认为电视对观众能产生直接作用，比如电视上的暴力节目直接导致了观众的暴力行为。这一理论在1940年至1960年比较盛行。持这一观点的代表人物是卡茨和拉扎斯菲尔德等。

使用与满足理论从20世纪60年代至80年代特别有影响，这一理论着眼于

① 王广群、顾令阳主编《2009年陕西电视台蓝皮书》，太白文艺出版社，2009，第408页。

② 郭茜：《收入和时间双重视野下的休闲需求》，对外经济贸易大学出版社，2009，第122页。

观众使用电视的情况，认为观众不是被动的客体，而是积极的主体，他们具有一定的需求，会选择性地看电视，并且以能满足自己需求的方式去理解那些节目。代表人物是卡茨和麦奎尔。

解码理论在1980年由霍尔提出，莫利也支持这一理论，认为观众看电视基本上是一种解码过程，观众从电视节目中寻找意义，与一名间谍从来自他或她的上司的信息中寻求意义的过程非常相似。只不过，在观众的解码过程中，他们自己是无意识的。从节目中寻求意义是一个日常的、理所当然的过程。一条电视信息中有几种可能的意义，因而就可能会有几种不同的解码方式。解码的过程发生在一定的社会环境之内，一个人如何解读某一电视节目的意义，取决于其社会地位和观看或者谈论该节目时的形势。

上述三种观众理论都有其合理性与局限性，其中，使用与满足理论从受众心理出发，通过分析受众的媒介接触动机以及这些接触行为满足了受众的哪些需求，来考察大众传播给人们带来的心理和行为上的效用，而本文着重于研究观众使用电视的情况，与使用与满足理论的着眼点更贴近，因此选用使用与满足理论来考量电视带给观众的休闲满足。

（一）使用与满足理论

美国社会学家E.卡茨被认为是“使用与满足理论”的最主要的代表人物之一。他在其1974年的著作《个人对大众传播的使用》中，将受众的媒介接触行为概括为一个因果连锁过程：社会因素+心理因素+媒介期待+媒介接触+需求满足”。1977年日本学者竹内郁郎在此基础上提出了“使用与满足”过程的基本模式（如图5-1所示）。

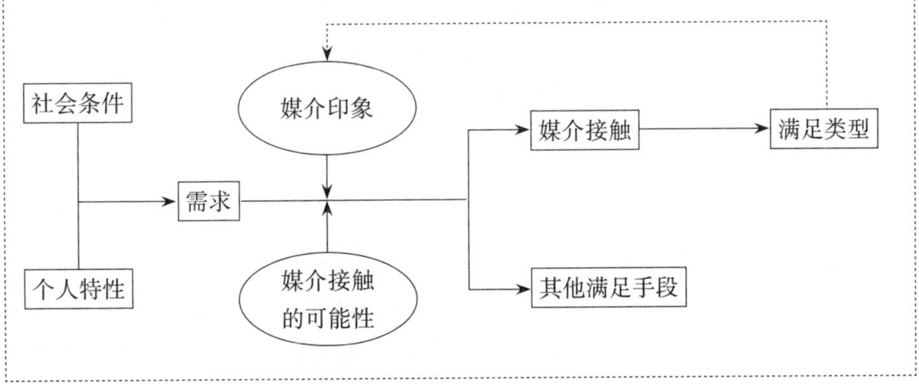

图5-1 “使用与满足”过程的基本模式

从这个模式可以看出：

1. 人们接触媒介的目的是为了满足特定的需求，这些需求受社会条件和个人心理、个人特性等原因的影响；

2. 实际的媒介接触行为是否发生需要两个条件，一是媒介接触的可能性，比如闲暇时间，电视机的正常状态，电视节目的正常播出等。二是媒介印象，即对媒介能否满足自身需求的提前预测性判断，这个判断建立在以往媒介接触经验的基础之上；

3. 在时间等媒介接触可能性具备的情况下，受众根据媒介印象，选择特定的媒介或内容开始具体的接触行为；

4. 媒介接触的效果可能产生需求得到满足，或者没有得到满足两种结果；

5. 媒介接触还会产生一些其他后果，其中大多数是无意获得的，比如久坐不运动使人肥胖等。但受众接触媒介后无论获得满足与否，其后果都将影响到其以后的媒介接触行为，人们会根据结果来修正既有的媒介印象，在不同程度上改变对媒介的期待。

由此可见，使用与满足模式是用受众期待理论解释人们进行媒介休闲和拒绝媒介休闲的原因。

（二）使用与满足理论的案例

对可能成为受众的人来说，他们的媒介使用行为，取决于他们所意识到的满意、需求、希望和动机。也就是说，受众的形成常常基于个体需求、兴趣和品位的相似性，其中有许多都反映出社会或心理根源。最典型的“需求”是获得信息、休闲、陪伴、娱乐或“逃避”。

1942年至1943年，美国白天播出的一个广播连续剧每天都吸引了数百万妇女收听，哥伦比亚大学应用社会研究所对2500位听众进行了调查访问，结果发现听众主要有三种类型，第一类听众把收听这个节目作为宣泄的手段和“洒泪的机会”，因为这些节目“使她们知道，别人也有烦恼，自己就感到好受一些”。第二类听众把收听这一广播连续剧作为满足自己做“白日梦”的需要。现实中自己的生活很失败，比如一位听众的女儿跟人私奔，丈夫晚上经常不回家，所以她最爱听的是描写家庭幸福、妻子或母亲成功之类的连续剧。这类听众用广播连续剧来“淹没自己的烦恼”，或者用比较欢乐的情节来补偿自己生活中的失败。第三类听众将连续剧作为生活百科全书,用以指导自己如何待人处世。一些听众告诉访问者,之所以喜欢听这类连续剧,是因为“假如你听这些节目,而你自己的生活中又发生类似的事情,你就知道该怎么办”[①]。

这一案例说明,电视受众的需求千奇百怪,有的人为了消磨时间、打发无聊时光而看电视;有的人为了逃避现实而打开电视;有的人为了寻求解释生活的道理而看电视;还有的人为了宣泄情感或寻求思想的共鸣而看电视。一个人看电视可能有很多理由:放松一下,看看自己所喜爱的体育运动队表现如何,获知当天发生了什么事件,或者因为无所事事……不管哪种理由,收看者大多从收看过程中获得了当初决定看电视的心理满足。这种满足感提高了人们休闲生活的质量,这种满意度反过来促使人们更多地消费媒介,人们才会继续使用媒介。因此,使用与满足理论同样可以解释为什么人们愿意选择将电视作为一种休闲活动。

(三)电视休闲受众获得的满足

电视带给受众的满足复杂多变,因人而异。不同的人在不同时间段从电视休闲中获得的满足可能会有所不同,同时坐在沙发上看同一节目的人获得的心理满足也可能不一样。但是电视节目内容到底包含什么共同因素让观众看起来感到轻松?节目中别人或悲惨或成功的故事又如何使观众获得了满足?

1.相对优越感

从心理角度来看,观众常常能在电视节目的观看过程中获得一种相对优越感。优越感是在比较中获得的,俗话说“没有最好,只有更好”。同理,没有最惨,只有更惨。现实生活中人们的比较是有限度的,而电视为人们打开了了解外面世界的巨大窗口,于是人们轻易就发现,自己比很多人的生活、境遇、机会好很多,相对优越感油然而生。

观众在收看一些煽情类节目时最容易滋生相对优越感。因为煽情节目常常将各种有过悲惨遭遇或凄苦经历的普通人请进演播室,让他们诉说自己的悲情故事,将常人难以面对的痛苦残酷地展示在观众面前,并用哽咽和眼泪强化这些痛苦。主持人为了使节目更具感染力,还会让现场的气氛更加凝重,并

① 威尔伯·施拉姆、威廉·波特:《传播学概论》,何道宽译,中国人民大学出版社,2010,第196页。

且有意引导嘉宾向节目希望的氛围发展；节目制片人也会事先对流程做出精细的安排，以便制造出痛苦的高潮。

通过这些手段，节目通常都能调动起观众对嘉宾悲惨命运的同情，激发他们随着节目嘉宾的讲述同悲同喜。“在整个收看过程中，观众不仅因为付出了惠而不费的同情心而对自己的人格产生较高的自我评价，从而建立起优越感，更重要的是，他真真切切地看到了一个远比他更为凄惨的人的现实生活，这使他在节目营造的虚拟空间和自己的现实生活空间之间来回游弋，将自己和他人进行不断的比较，并获得优越感；当观众跳出节目作为一个纯粹的观众冷眼旁观的时候，他还会庆幸这样的事并非发生在他自己身上，从而获得一种安全感。”①

煽情类节目中嘉宾的普通人身份，更有助于观众获得真实的优越感。因为这些痛苦的普通人来自于现实世界，他们的命运对观众来说更具可比性，从他们身上获得的相对优越感也更真切、实在。观众需要这样的优越感来满足自己的心理需求。

一些综艺游戏节目也能为观众提供相对优越感的满足。在这类节目里，观众看到高高在上的主持人或万人瞩目的明星自曝糗事，也有和自己一样的遭遇时，会产生一种认同心理。有时明星们故意在舞台上出洋相、露丑态，为的是博观众一笑，在这些笑容里，观众再一次获得了优越感，觉得明星们也比自己好不到哪儿去。益智类节目同样如此，当某个题目难倒了选手时，观众却有可能知道这个题目的答案，此时观众的优越感油然而生。“从电视上获得的相对优越感，尽管与观众的现实生活毫不相干，但观众却可以通过贬低节目中的角色，或用节目中失败的角色来获得一份精神慰藉，从而能够正常地回到和面对也许十分糟糕的现实生活。”②

2.角色认同带来的替代性满足

观众在看电视时，常常将自己等同于角色，将角色转化为自己，产生一种虚幻的英雄感。比如，粉丝对偶像的崇拜便是观众心理上将自己等同于这个偶像的结果。他们在生活中模仿偶像的言谈举止，甚至不允许他人对自己的偶像有不敬的言语。

---

① 宗匠：《电视娱乐节目理念、设计与制作》，中国广播电视出版社，2003，第234页。

② 宗匠：《电视娱乐节目理念、设计与制作》，中国广播电视出版社，2003，第234页。

观众在收看电视节目的时候，常常游离于节目之外，以旁观者的姿态来看待节目中的一切，但也常常融入节目中，将自己无意识地想象成节目中的角色，共同完成某个节目的角色参与过程。许多电视观众会与电视剧中的人物一起悲伤落泪，也会与剧中人物一起大笑等，这正是建立在这种角色置换的心理基础之上。在综艺节目中，观众也经常无意识地将自己想象成节目的参与者，为那些在节目中表现较差或者失败的人物感到惋惜；为那些在节目中表现成功的、优秀的人物感到自豪和骄傲。在一些闯关类节目中，观众常常将自己置换成闯关人，跟随着他一起层层闯关，当这个人在闯关过程中遇到险情，观众会禁不住地大叫、惋惜地哀叹，仿佛自己就是那个闯关者一般。

观众观看节目产生的角色认同和置换是脱离于现实生活之外的虚幻性存在，是一种替代性的满足。它所替代的是观众在现实生活中难以得到的东西，比如禁忌。不同民族、不同文化、不同的社会制度下有不同的禁忌。在通常情况下，有些东西是绝对禁忌的，不能被拿来当作娱乐节目的素材。比如宗教问题、种族问题。在美国，政治题材和个人隐私总是最经常被拿来公开谈论和展示的两类禁忌。由于多种原因，政治决策或权力斗争、妥协的过程通常隐藏着很多秘密或不适合立即公开的内容，从而留下所谓的“秘密档案”。始终处于权力笼罩之下、位于信息不对称的一方的大众，便产生了掌控权力的潜在冲动和窥视政治秘密的欲望。这种冲动在现实世界不可能或不容易得到满足，电视为其寻求替代性满足找到了路径——播放有关政治的电视节目。在个人隐私类题材节目中，“禁忌性事物的指向并非仅仅是他人的，也是观众自身的。当他人的隐私在节目中被公开时，观众并非仅仅在偷看他人，他同时也在将其联系到自身。正是在他人与自我的联系之中，观众内心隐秘的冲动才得以发泄出来。通过他人实现自己的发泄，因而，观众的窥视并不只是简单的好奇，更是替代性的自我满足”[①]。在观看一些禁忌性事物时，观众无须冒任何代价和危险，只需要心安理得地坐在沙发上，就可安全地享受节目所提供的各种隐私或秘密，而不需要付出任何代价或冒任何危险。“一方面是可以突破禁忌，获得巨大的满足，一方面又没有任何风险，不会带来任何心理的或现实的麻烦，这正是这类节目获得观众青睐的原因所在。”[②]

① 宗匠：《电视娱乐节目理念、设计与制作》，中国广播电视出版社，2003，第234页。

② 宗匠：《电视娱乐节目理念、设计与制作》，中国广播电视出版社，2003，第234页。

美国电视节目《白宫风云》,经常事后曝光白宫决策的秘密,也经常揭示前任总统在任时未能实施的政策,给美国人带来极大的心理好奇和满足,从而获得了极高的收视率;台湾电视节目《李敖大哥大》则经常通过李敖的嘴,以犀利的言辞和详尽的资料展示台湾地区政治人物和事件的真实面目,让观众满足窥探政治斗争的幕后秘密的心理……由于电视在一个虚拟的情境中给观众带来了相应的替代性满足,此类节目才吸引了大众的注意力。

3.狂欢背后的颠覆与消解

巴赫金曾经指出,笑是大众文化的主要特征,笑是一种颠覆。他认为,狂欢节的核心是颠倒现实,即颠倒既定的社会和宗教秩序。作为大众文化的一种,搞笑类电视节目不仅能使人们放松和缓释压力,它本身还构成了对社会的颠覆。

从社会成因来看,大众需要对世界秩序和与他人的关系进行颠覆。在现代社会,任何一个个体都处于被既有的社会秩序和他者挤压的状态。挤压导致了反压力和颠覆欲望的产生。每个人只有通过颠覆,才能从现有秩序和他者的挤压中获得解放。但是,现实生活中不仅并非每个人都能获得超越他人否定秩序的机会;而且,即使获得了这种机会,他也依然处于一个更强大的秩序和他者的网络之中,仍然难逃被挤压的境况。因此,现实世界中,绝不可能产生真正的、绝对的颠覆。

电视节目,尤其是娱乐节目所提供的颠覆作为一种替代品,适时出现在大众面前,让大众产生颠覆的幻觉,并获得瞬间的快感,从而调节其内心的失衡,获得暂时性的心理平衡。正是这种暂时性的心理平衡,使个体能够重新面对被挤压的现实,重新进入现实秩序和他者的包围之中,使正常的社会秩序得以继续维持。所以,娱乐节目所提供的颠覆,实际上在给予大众颠覆的幻觉和快感的同时,也消解了大众内心真实的颠覆欲望。

从压力的缓释到替代性满足,从颠覆欲望的实现到消解,电视节目在调适大众心理平衡的同时,也在维护着这个世界既定的秩序和法则。

三、电视休闲的需求与供给

“需要,是人对客观事物需求在头脑中的反映,是个体缺乏某种东西的一种心理状态。需要是兴趣产生和发展的基础，可以说，观众的需要是他们接触电视媒介的原动力，成为影响观众接受传播的心理因素之一。”[①]马克思指出：“需要的形成是由于在人类社会中生产着需要的对象，因而也就生产着需要本身”，“任何人如果不同时为了自己的某种需要而做事，他就什么也不能做。”这就表明人的需要不仅同自身的生理、心理相联系，而且同他所处的社会环境相联系。有些需要是与生俱来的，如衣、食、住、行等，有些则是随着人们年龄的增长和社会化而逐渐形成的。一定的需要是一定行为的基础。电视观众之所以会喜欢和接受某一电视节目，在很大程度上取决于他的需要。

20世纪90年代初期中国电视开始的市场化转型是电视休闲最主要的推动力量。它使电视人开始真正以需求为主导来开办节目。“它将中国人从一杯茶、一张报纸的生活状态中带到一个充满机会、刺激，同时又暗含危险、繁乱的新地带。在这里，人们的生活节奏大大加快，生活压力大大增加。激烈的生存竞争中所扩张出来的巨大心理压力，导致了各种白领职业病、办公室职业病、失业烦躁以及更严重的心理疾病，以至于人们从没有这样强烈地需要某种娱乐，给他们紧张的心理放松、减压，以便第二天能够再次面对压力。轻松搞笑的电视节目无疑是诸种娱乐中最惠而不费的一种，适合被最广大的大众选择，并成为他们日常生活的一部分。”[②]进入21世纪，中国社会的消费日趋多元化和多样化，人们在基本物质生活需要得到满足后，越来越渴望从日常工作的快节奏和城市生活的重压下解放出来，获得休憩和休闲。根据《北京城市居民收视行为与收视模式调查》（2002），55.7%的人认为家庭收视的主要目的是娱乐自己；53.9%的人是为了获得信息；还有23.2%的人是为了增进家庭情感而看电视。

（一）家庭与受众需求

上班族的家庭生活通常是：下班后回到家，一家人先吃饭，然后围坐一起观看电视，此后便是漱洗睡觉。人们白天一天中不同的状态使得观众在不同的时间段中，对电视的内容、形态、节奏等等都有着不同的需求。比如，晚饭时，人们可能选择那些适合“听”的节目（如新闻）边吃饭边看，临睡前，人们就

① 叶家铮：《电视传播理论研究》，北京师范大学出版社，2000，第228页。

② 宗匠：《电视娱乐节目理念、设计与制作》，中国广播电视出版社，2003，第9页。

不再选择看那些紧张刺激的节目。家庭的成员结构以及目标也会影响到晚间电视的收视特性。比如,在有处于求学关键时期的学生的家庭里,人们可能会吃了饭早早地关掉电视,有的家庭甚至会为了不影响孩子的学习与休息,而压根不开电视。

此外,教育学有一个理论:"家里的孩子不会堕落。"它的意思是说,家庭是一个有着很强道德规定性的"公共"场所,家庭成员共同在家里完成收视行为。它要求电视内容能包容一家老小不同职业、不同年龄阶层的审美情趣,使他们能够坐在一起共同分享电视综艺、电视剧等的故事情节给他们带来的感受。因此,所有家庭成员能够接受的信息应当是有"级别限制"的,只有尊重和不侵犯这个社会场所中的道德约定性,电视媒体才能真正地为家庭成员所接受,才会真正地成为"大众媒体"。因此,色情、暴力、低俗等过分追求低层次娱乐化的内容违背了电视的家庭属性。

(二)社会与受众需求

电视语言的口语化风格使人们在看电视时,感觉似乎是在与电视进行交谈。我们的眼睛在电视的带领下去观赏外面的世界,帮助确定我们在各种关系中的位置,使自己嵌入社会生活之中。这样,电视休闲就成为一个重要的舞台,帮助我们保持与外界的接触和交往。

"根据近几年的电视观众调查获知,人们看电视有三大目的,即:了解国内外时事、消遣娱乐,增长知识。"[①]这三大目的的描述基本概括了观众希望从电视内容中获得的满足。麦奎尔、布卢姆勒、布朗在对英国大量广播电视节目进行研究之后,提出了"媒介——个人互动说",认为电视受众从电视节目中获得的满足,大致分为四种类别:

A.消遣:逃离常规、逃避问题、释放情感。

B.人际关系:交朋友和同伴、社会功用。

C.个人认同:自我参照、探索现实、强化价值观。

D.监视:寻求信息的方式。

此外,不同时间段,同一电视观众的收视需求也会有所不同。在早间时段,观众起床后忙于洗漱和吃早餐,不可能坐下来慢慢看电视,因此这一时段

① 叶家铮:《电视传播理论研究》,北京师范大学出版社,2000,第224页。

的收视有一定的“伴随性”，即一边收看一边做出门上班前的准备，所以，早间时段不适合大板块节目，而只适合小板块的新闻资讯，并且节目中“声音”元素更重要，“图像”元素不受重视而被弱化。在晚间时段，观众经过一天的劳累回到家有了一个相对较长的休息时间，渴望节奏舒缓，时间较长的大版块节目供其消遣、放松、休闲。

(三)受众需求的差异与满足

观众从不同的节目中可能获得不同的满足，综艺类节目带给观众的吸引力是事先安排好的游戏新奇感；益智类电视节目可让人在反省中意识到丰富的知识可能带来金钱的满足；真人秀节目常常在纪实性的电视剧般的故事中，展现原始人性和个人隐私，满足电视观众的窥视欲；教育类节目如科教频道的《发现》，通过一层层悬念的设置和揭谜，使死气沉沉的科普知识变得惊险刺激而悬疑重重，激发观众的学习兴趣。

电视节目类型是制作人与观众达成的某种共识。比如，观众会抱着肥皂剧类型所赋予的各种期待去观看肥皂剧，并从这些期待得以实现的方式中获得快感。《梦想中国》曾经是中央电视台推出的主打娱乐节目，节目内容相对沉稳，“其观众群多是家庭主妇，而湖南卫视娱乐品牌的主流人群则是年轻女生、家庭主妇”[①]。

总体来看，受众需求的电视节目主要是电视剧、综艺节目和新闻“三套马车”。但由于受众的个性化、多元化，决定了受众需求的广泛与多元。

第二节 三种电视休闲层次的虚拟满足

电视之所以能成为人们的休闲产品，从本质上说是受众的心理需要。受众的媒介使用行为取决于他们所意识到的满意、需求、希望和动机。正如麦奎尔所言，“受众的形成常常基于个体需求、兴趣和品位的相似性，其中有许多都反映出社会或心理根源。最典型的‘需求’是获得信息、休闲、陪伴、娱乐或‘逃

① 张小争：《平民娱乐节目的“三国演义”》，《经理人》2006年01期。

避'"[1]。现代化大生产的社会分工使很多人常年从事范围很小、很专门化的工作，狭窄的工作范围和生活圈使人们渴望与更广泛的社会发生关系，以放缓生活节奏、丰富简单的生活、松弛紧张的神经。人们渴望从电视节目中放松身心、恢复精力、宣泄在工作和人际交往中产生的负面情绪，或发展兴趣爱好、摆脱烦恼、消除疲劳。也就是说，电视能对人们起到一种精神按摩作用，同时能对人们文化素质的提高起到切实的帮助作用。

总体来看，电视受众收看电视基于以下几种心理：情感宣泄；对抗心理——人的潜意识深处隐藏着不为人所察觉的对抗、胜负情结，并渴望自己在对抗中处于优胜地位、为他人所关注、游戏心理、窥视心理、参与心理等。从休闲的角度考量，三种层次的虚拟满足是人们长期进行电视休闲的重要原因。

一、放松：电视的按摩功能——消遣

（一）无意识收视带来的轻松

电视最简单的功能就是打发时间。在工作日的每天晚上，人们下了班，吃了晚餐，离睡觉还有一段时间，有的人会在小区内散步，有的人会看一下家中订阅的报纸，还有的人会上网玩游戏，但多数人还是会选择懒懒地坐在沙发上看电视。如果某一天电视机坏了，人们就必须找到一种新的办法来消磨晚餐后就寝前的这段时间。

电视是被公认的最让人轻松接受的传媒。书报刊接受起来不轻松，互联网无论传受，都不敢断言轻松。被动接受的传媒不少，论轻松，还是要数广播电视。不需要识字，不需要打起精神阅读理解，广播可以当中学生高考冲刺的伴音，电视则有催眠功能——有的人一看电视新闻就打瞌睡。因此，有人形象地将坐在沙发上无意识收视的观众称为“沙发上的土豆”。

人们最重要的收视目的是消除工作带来的疲劳和紧张，得到必要的缓冲和调节。电视已经深入家庭生活内部，无意识收视早已普遍存在于人们的日常行为之中。打开电视，让家里充满声音，充满热闹的气息；或者十分无聊、无所事事，消遣——是很多人开电视的最直接想法。电视成为人们对抗焦虑感

[1] 丹尼斯·麦奎尔：《受众分析》，刘燕南、李颖、杨振荣译，中国人民大学出版社，2006，第87页。

的工具。

面对电视，人们不需要装扮自己，也不需要随时注意自己的言行，可以随便放松在电视构造的空间里，人们可以使自己心无羁绊，让想象任意驰骋。电视可以使坐在家里的人们被带到世界任何地方。电视节目给观众带来的最浅层、最直接的满足就是让观众获得心理的放松和压力的缓释。因此，电视最简单的用途便是放松，实现消遣、打发时间的目的，这也是观众之所以收看电视的最基本动因。

（二）浅层娱乐带来的放松

中国改革开放后，社会节奏逐步与国际接轨，人事制度、用工制度的变革以及社会形态的转变使人们普遍感觉到了竞争激烈、工作压力的巨大，中国人含蓄、内敛的性格加上外界强大的压力，导致内心的紧张和焦虑需要宣泄和排解。在闲暇时间里，人们追求一种工作之余的全身心的放松，需要休闲、娱乐、消遣性的电视节目，这些节目往往不需要观众进行深层次的思考，直接起到放松的目的。

游戏是一种常见的放松方式。它使人们在探索、设想中获得心理平衡，产生本质力量对象化后的快感。电视台根据游戏的这一实质设计了电视游戏节目，目的是提供浅层娱乐调适人们因为竞争而产生的生存紧张感，使观众获得身心放松。多数娱乐节目都顺应了休闲潮流、满足人的游戏天性。电视节目中的游戏娱乐内容或元素满足了人们深层次休闲的心理需求；较少教化色彩、相对独立和纯粹的游戏娱乐节目可以使电视观众获得更加放松的收视感受；娱乐节目中的明星出场使观众可以获得窥视明星生活状态的心理满足和时尚信息。

电视节目，尤其是游戏娱乐节目，常常起到的是一种按摩作用，让受众在赏心悦目的精神享受中获得身心的放松。曾经有人描绘过中国的上班族收视电视的目的：上班族早上9点开始上班，领导训话、单位考评；下午5点下班前，女朋友或者夫人训话：下班早点回来，路上别忘了买菜……在菜市场顺便买份报纸看，报纸也在那儿教育你——要做活雷锋，要先人后己……终于回到家，打开电视，谁不希望看点轻松的内容？这段话形象地描绘出了当代中国人的劳累，也描绘出了中国人的收视心理：平时严肃、沉重地活着，休息的时候，请给我点轻松的内容！

娱乐节目之所以受欢迎，正是因为在这一点上暗合了观众的收视心理。它以向观众提供娱乐消遣而赢得了观众的青睐。"'娱乐消遣'一直是观众收看电视的重要目的，因此游戏娱乐节目的功能定位也以娱乐消遣为出发点，在满足观众多种多样的需求的同时，通过策划出的特色节目来赢得受众。"[①]搞笑节目、游戏等娱乐节目常常都能使观众获得放松后的满足。因为，它"在功能上，成为一种游戏性的娱乐文化，对文化产品的观看已经不再是一种纯粹的文化行为，在很大程度上可以看成是一种把思维关掉的娱乐行为"[②]。

放松是电视休闲中的低层次休闲。人们在这一层次的休闲里，身体和心理都处于一种心不在焉的懒散状态。早间收视、午间收视和部分人的晚间收视都可能使人处于一种浅层休闲状态。

二、体验：准社会交往的虚拟满足

霍顿和沃尔认为："大众传媒使用者跟传媒中出现的人类表征之间会发生交互作用，在该交互作用中将产生一种准社会关系，使用者对准社会关系的反应就像在典型的社会关系中一样。这种现象被称之为'准社会交往'。"[③]准社会交往大量发生在电视媒介的收视收看过程中。当人们看电视时，常常将电视中的人物（节目主持人、新闻播音员或某个虚构人物）当作真实的存在而对之做出反应。比如，人们在看了电视新闻报道谢霆锋与张柏芝的分手新闻后，许多人开始谈论谢霆锋与张柏芝婚姻破裂的原因，这些讨论可能涉及对传媒人物（如谢霆锋与张柏芝）非常复杂的心理归因。如他们婚姻破裂对他们的两个孩子将产生怎样的影响，谁背叛了谁，谁更应该受到指责等，"所有这些猜测都是关于我们从未谋面的人，但通过我们、我们的朋友和邻居对各种传媒的使用，我们感觉'了解'他们。在某些情况下，我们可能主动地将传媒人物的某些侧面融入自己的行为中"[④]。

---

① 梅文慧、何春耕：《综艺大本营——〈快乐大本营〉娱乐模式》，中国传媒大学出版社，2007，第195页。

② 宋妍：《构建和谐社会 打造新闻媒介的休闲时空》，《新闻传播》2005年06期。

③ 方建移、张芹：《传媒心理学》，浙江大学出版社，2004，第80页。

④ 方建移、张芹：《传媒心理学》，浙江大学出版社，2004，第80页。

准社会交往理论可以用以解释电视受众在使用电视时从与屏幕人物的交往中获得的满足。电视剧中的人物常使观众想起他们熟悉或知道的某人,而且观众常常不自觉地将剧中人物情境或行为想象成自己的现实生活或按照电视剧中的情景来理解自己生活的方式。例如,常听到观众说“要是我,我也跟某某电视剧里女主人公的想法一致,决不会再回到那个男主人公的身边……”。这些都是电视受众准社会交往的反应。具体而言,准社会交往会是一种心理期待或暗示,它使观众在进行电视收视时,会产生一些心理满足。

(一)快感:游戏心理的自我满足和快乐

影视大众文化能产生一种文化快感。关于这种文化快感的具体内涵,许多学者进行过论述。法兰克福学派认为这种快感是娱乐性的文化产品带来的感官快乐;阿尔都塞认为是主体性的快感;劳拉·穆尔维则认为是视觉快感;20世纪80年代,费斯克则提出电视产生的快感是一种意义快感,是虚幻的感官的暴政式的快感。马尔库塞在他的《审美之维》一书中则认为,电视产生的文化快感就是回归审美和人性,即“艺术的异在性即升华。它创造出与现实原则不和解的条件的意向,但这种意向,作为文化的意向,变成可以容忍的,甚至是说教和功用的东西,它对实业和商业性的让步,以直接的满足去替代间接的满足。审美的天地是一个生活的世界,依靠它,自由的需求和潜能,找寻着自身的解放。自由的需求和潜能不能生长于一个受制于或者为了攻击性的冲动而构织的社会环境,它们也不能被看作是一套新的社会制度的简单结果,它们只可能出现在创立一个新的社会环境的集体实践中”①。也就是说,“个体的本能和文明的外部环境的冲突,需要用自我的现实性调解,才能寻找到危险最小的最大化满足”②。这也是电视休闲美产生的理论基础。因而,有学者认为“电视娱乐节目一是欲望生产,二是快乐原则,三是当下身体感”③。

“在娱乐经济的基础上,消费者对于娱乐的追求其实是一个最为基本的追求。不管是一掷千金买游艇还是坐在家里看肥皂剧,虽然不同阶层的人对于

---

① 赫伯特·马尔库塞:《审美之维》,李小兵译,广西师范大学出版社,2001,第74、104页。

② 蔡贻象:《合法化的快感:电视的休闲文化策略》,《文艺研究》2004年第3期。

③ 耿文婷:《美感文艺与快感文艺》,《清化大学学报》(哲社版)2003年第1期。

愉快、娱乐追求的表现不同,但都是其心理的一个基本需求。”[①]如果说媒介是人体的延伸的话,那么媒介的娱乐或休闲本质上延伸的是人的精神境界。正如电脑延伸的是我们的脑,汽车延伸的是我们的腿一样。因此,娱乐绝不是简单的笑一笑,而是能恰当地引起人们的情绪的波动。

观众在观看电视剧等娱乐节目时,在电视文本的召唤下,放弃自身的主体性,而接受电视所设定的“主体位置”,参与到电视剧情中去,将自己设身为剧中的人物,从而获得一种“替代性的快感”。

(二)体验:电视传播休闲体验

体验实质上是一种心理上的感受。无论是古代人还是现代人,人们都渴望获得多重体验。只是古代人受科技、视野、想象空间的局限而无从获得更多的体验。而现代人生活在各种科技汇聚的世界中,视觉、听觉、想象的视野都被极度打开,“在大众传播极其发达的现代社会,媒介批量生产某个场景,使不同地域的人们的经历具有‘可重复性’,时间和空间得以共享,人们据此获得共同体验。这样媒体成为人们获得经验分享的主要渠道”[②]。

在媒介的介入下,人们的体验需求显得尤为迫切。“人们借助媒体连接外部世界,通过媒体了解百态人生,近距离接触富有神秘感的明星、偶像,同时也希望自娱自乐,张扬个性,表达自己的观点。”[③]电视视听兼备的媒介特性为这些体验欲望的满足提供了方便。

电视节目及服务中融入了快乐元素、文化内涵、休闲理念,以及科技含量等,能传导一种体验。“为了争取更多的受众,商业电视的目的是模仿受众的日常情境。商业电视可以在两个维度上达到较好的效果,一是它使受众感觉到自己身处某一个他很想成为其中一员的同质性群体,例如‘新青年’;二是它模仿受众在异质性群体中的某些规范,例如家庭情景剧。利用大众传播来刺激人际间的交流。”[④]这些模仿的直接结果就是在观众中产生一种真实感。电视

① 靳智伟:《最大众化的营销方式——娱乐营销》,《第二届“广告价值最大化”系列论坛之——娱乐营销高峰论坛》,《广告主》2006年第5期。

② 凯斯·桑斯坦:《网络共和国:网络社会中的民主问题》,黄维明译,上海世纪出版集团,2003,第67页。

③ 梅文慧、何春耕:《综艺大本营——〈快乐大本营〉娱乐模式》,中国传媒大学出版社,2007,第195页。

④ 张同道主编《电视看客——调查中国电视受众》,安徽教育出版社,2003,第370页。

节目中有些内容是与生俱来即强调真实的，比如新闻、纪录片；有些内容是模拟真实的，比如电视剧；还有些内容直接将我们身边的真实人物请进演播室，比如谈话类节目、电视综艺节目等。由于电视与人们真实生活的这类“无缝连接”，我们会觉得电视内容中呈现的东西真实地包裹在我们周围，这种假象模糊了现实生活与电视呈现的生活的界限。因此，电视的世界仿佛就是真实的世界，甚至在“真实性”上比真实世界还要“真”。

体验正是建立在一种真实或仿真的前提下，如果某一电视节目让观众产生一种“假”的印象，观众就会一直置身事外，体验便无从产生。“凡是没有进入电视的真实世界和没有经由电视处理的现象与认识，在当代文化的主流趋势里都成了边缘。”①

电视创造的体验包括三方面：感官体验、情感体验、行为体验。三种体验并非截然分开，而是可能同时存在或时有侧重，这根据具体的节目而论。比如电视谈话节目可能最初吸引观众看下去的是情感体验，但随着主持人、嘉宾、现场观众面对面自由交谈的进行，它有可能刺激观众所有的感官并使观众同这种现场交流相呼应，从而产生行为体验，如发短信参与、上网了解相关资料等。

同时，电视“即兴的”谈话节目意味着某种“未知的”将来在里面，从而为观众带来“刺激的、保持着生活的原汁原味的、对未来不可预测的情况”，这成为吸引观众好奇心和求知欲的强烈因素。因此谈话节目的意外精彩或者意外尴尬，是观众收看的“受众期待”。尤其社会话题类谈话节目的大众参与性让观众体验到正常人际沟通所产生的愉悦性、放松感。

人人都追求快乐，但是仅仅为了追求快乐而休闲的做法显然不应成为人类休闲的目标。电视文化拒绝人生的悲观态度，它除了带给人们快乐之外，还引领观众伴随着电视节目的活动进展进入一种情感状态。

在未来的休闲社会，精神层面体验愉悦感远比物质层面富足更重要。休闲不是劳动力恢复身心的手段，而是作为生活的组成要素和追求新体验、新知识的自我开发时间，是鉴别生活质量高低的一个核心因素。

---

① 夏骏：《十字路口的中国电视》，清华大学出版社，2006，第22页。

(三)宣泄:情感慰藉

“电视是一种减压阀”,这几乎已得到了所有人的公认。从电视文化的巨大社会影响来看,电视文化具有审美娱乐和宣泄的功能。大众通过观看电视带来的休闲可以消除疲劳和释放心理能量及压力,从而得到极大的满足与快乐。根据心埋学的观点,人人都有心理能量,当这种心理能量被激发后,常常表现为一种兴奋、激动,唤起一种内驱力或动机,继而表现为一种情绪。能量的流动方向一般都是从高至低,而快感是花费心理能量最少的生理反应,审美则花费心理能量较高。因此从心理学的角度考察电视节目,那些能产生快感的电视节目,比如娱乐节目;站在大众文化,特别是后现代立场上的、心理能量消耗较少的低层次审美节目最适合人们心理能量的正常释放。这类电视节目除了提供快感,也有部分美感。观看这种节目时,观众可以自然而然地呼唤自己的情感,而不需要太多的心理能量。通过释放心理能量,电视节目可以抚平观众的创伤内核,释放心理压力。

根据弗洛伊德的观点,压力可以通过移情的方法在非现实的虚拟空间获得释放。由于人的各种本能、欲望和冲动,在文明社会中总是受到各种社会规范、文化习俗、法规法律和伦理道德等多方面的压抑,这些压抑使人的本能欲望处于理性的控制之中。只有通过神话、宗教、梦幻、艺术等等转移升华,才能以合法手段成为社会可接受的宣泄形式。而电视节目不仅能释放观众内心潜藏的种种无意识欲望和潜能,而且还能为大众提供一种既实现本能欲望又得到社会认同的“梦想”。电视通过对社会不公的嘲笑和鞭笞、对虚伪道德和价值观念的批判和否定,为处在生存压力下的大众提供了一种“假释”和希望。

尽管电视确实能起到减压的效果,可是人们为什么需要宣泄情感?为什么需要减压?这意味着在人们的真实生活中,确实有某种压力存在。这种压力可能来自生存困境,也可能来自发展困惑,有时,它可能仅仅来自一个人心理上的空虚、无助或彷徨。压力存在于我们每一个人的日常生活中,失业、失恋,甚至仅仅是偶然听到了别人背后说你的坏话,都会在特定的情况下让一个人感到沮丧、心情糟糕。在这种情况下,他们需要进行自我调整,有的人借酒浇愁,有的人选择向朋友倾诉,而有的人则选择坐在电视机前,让一档电视节目挥去不愉快的往事。

打开电视,让电视中的人物分散一下注意力,让绷紧的神经暂时松弛一下，就像一个篮球运动员，在紧张的比赛过后，需要进行休整、训练，才能投入下一场比赛。此时，从表面看，他们看电视是在打发时间，事实上他们从电视节目，尤其是从娱乐节目中获得了一种轻松感，对生活做出了一种调剂。一旦看电视这一行为得以实施，电视的减压、缓释功能都或多或少作用于收看者。从这个意义上说，电视节目起着心理按摩师的作用。

三、学习：电视的示范行为促使受众模仿

美国学者约翰·凯利指出，休闲是个人与社会发展的存在空间之一，它应被理解为一种“成为人”的过程。根据心理学家肯尼思杰的观点，电视使人们的周围充满了各种声音，把自我包围起来，一旦我们吸收了来自他人的不同的节奏和观念，他人便成了我们的一部分，而我们也成为他人的一部分。作为一种休闲，电视所传播的各种声像，不断刺激我们的感官皮层和智力皮层，把自我带向多维空间，通过对这些资源的占有，个体铸就了自我。

根据班杜拉的社会学习或观察学习理论，媒介中对一些行为的描述，能培养受众新的能力，人们通过观察别人的行为有可能学会这种行为，但是否实施这种行为，则需要一定的动机。“由于人有通过语言和非语言形式获得信息以及自我调节的能力，使得人可以通过观察他人的行为或结果而学习的本领，而不必事事亲身体验，才能学到复杂的行为反应。也就是说，学习者不必直接做出反应，也无须亲身体验强化，只要通过观察他人在一定环境中的行为，并观察他人接受一定的强化便可完成学习。这种观察，既可以是对周围的人的行为及后果的直接观察，例如观察自己的家庭成员、同事的行为等，也可以通过阅读、视听各种媒体中人的行为完成。不必直接经历而获得经验，是观察学习理论和传统学习理论的最主要区别。”[①]传统学习理论强调通过直接经验，通过学习者自身经强化所建立的刺激——反应联系来学习；认知学习理论则主要针对概念、认知技能方面的学习。因此，对于通过媒介内容来学习社会行为这一课题来说，观察学习理论是最适合的学习理论。

我国心理学家叶浩生等人将班杜拉的观察学习理论中的“观察学习”概括为三种基本类型：

① 刘晓红、卜卫：《大众传播心理研究》，中国广播电视出版社，2001，第128页。

“直接的观察学习——对示范行为的简单模仿。

抽象性观察学习——观察者从他人行为中获得一定的行为规范或原理。

创造性观察学习——观察者从各个不同榜样行为中抽取出决定性的特点，然后将这些抽象信息组合成新的复合性规则，并应用这些规则形成新的行为方式。”①

媒体中所表现的行为，除了可以作为示范行为而使人们通过观察学到新的行为模式，还可以影响自己学到的行为的实施。即除了教会人们如何做之外，还对人们从事这种行为起到激励或抑制等作用。例如通过示范行为，可促使人们去从事利他行为、去寻求或延迟满足、去表现友情、去选择食物饮品和服饰、去就某个题目与人交谈、创造性地或保守地思考问题等等。而这些活动都是观察者已经掌握的行为，媒体中的示范作用，促成了这些活动的实施。对那些反社会行为的实施，媒介内容中的示范行为可能起到抑制作用或非抑制作用。

对信息的需要是现代人最基本的精神需要。人们看电视，在很大程度上是为了满足自身对信息和外界知识的需求。“客观世界瞬息万变，新学科新知识层出不穷，而电视正适应了这一情况，成为多种信息和知识的集纳，成为分散在各家各户的社会成员的‘公共课堂’。由于电视是多功能的传播媒介，观众期待的信息也是丰富多样，千变万化。”②

通过电视收视实现学习型休闲，即达到休闲的最高级层次，看起来很枯燥，其实不然。人们通过电视学习的方式有很多种，比如有的人通过看电视剧学习剧中人物的为人处世，有的人学习电视剧中男主人公的男子汉气质、幽默等。这种学习并不一定是专门带着学习目的而收视，而是于收看中自然学到的。另一类学习型收视当然是专门针对某一主题而进行的教育类节目，比如英语学习节目、美食课堂、教你化妆等。现代社会早已不是那个由妈妈贴着女儿的耳朵根说话、祖母神秘地透露家传经验的时代了，人们获取生活知识的途径更多的不是来自家庭，而是来自社会交往，尤其是媒体传播。电视上的《生活》《为您服务》《时尚装苑》《温馨的家》等正是满足人们这一类学习型休闲的栏目。

① 叶浩生主编，郭本禹、彭运石、杨韶刚副主编《西方心理学的历史与体系》，人民教育出版社，1998，第262页。

② 叶家铮:《电视传播理念研究》，北京师范大学，2000，第224页。

第三节　类型化受众的收视偏好与休闲方式

长期以来，人们已经认识到性别不同导致了不同的媒介使用行为，而且在人们心中形成了思维定式，比如，在英国，“男性观众的形象是：看体育节目时，一手拿着一听储藏啤酒，另一手拿着一袋油炸土豆片；其女性形象是：对肥皂剧着了迷，只要可能，每集必看”[①]。性别化的受众经验由“父权社会”、媒介内容、日常生活等复杂因素长期共同作用形成。

“在媒介使用研究中，有大量的研究结果显示，性别差异与不同的媒介偏好和媒介满足相关联。”[②]张同道先生曾组织过“1998年中国电视栏目调查”，调查结果显示，“电视节目的性别特征非常明显，男性观众占有率比较多的是新闻节目、体育节目和经济节目；女性观众占有率比较多的是综艺节目、电影电视剧和音乐节目，性别差距悬殊较大。谈话节目和游戏竞赛节目的观众女性多于男性，竞赛与博彩节目的男性观众多于女性观众”[③]。同样，另外的调查也表明，不同性别的观众对电视栏目类型需求有所不同。“从观众喜欢收看的电视栏目类型与性别交互性结果来看：男性观众较女性观有更多的人喜欢看新闻信息类、新闻评论类、法制类、体育享类、军事类、公安类栏目。而女性观众较男性观众有更多的人喜欢看文艺类、生活服务类、情感类、健康类和风土人情类栏目。”[④]而且，性别的差异带来的收视偏好差异与满足有关。比如，心理受压抑程度较大的女性更想收看较多的竞赛和综艺节目，而压抑程度比较大的男性则会观看较多的动作片和暴力节目。

基于上述调查结果，某些类型的节目专门为女性受众服务，比如《乘风破浪的姐姐》，一些女性节目也往往由女性来主持，比如杨澜主持的《天下女人》，以及一些虚构类作品，比如一些女生剧等。同样，男性观众也拥有不同的节目类型和内容，比如体育节目。

① 尼古拉斯·阿伯克龙比：《电视与社会》，张水喜、鲍贵、陈光明译，南京大学出版社，2007，第120页。

② 丹尼斯·麦奎尔：《受众分析》，刘燕南、李颖、杨振荣译，中国人民大学出版社，2006，第121页。

③ 张同道：《电视看客——调查中国电视受众》，安徽教育出版社，2003，第108页。

④ 中国广播电视学会电视受众研究委员会编《电视受众探析：2004年电视受众研究获奖作品选编》，中央编译出版社，2005，第152页。

一、男性观众的观看情态

（一）新闻节目带来的有用性

电视新闻对于受众，尤其是对于男性而言有着多重功效。“新闻信息对于受众有多重功能，大体上可以分为两种：一是提供决策依据的功能，人类出于生存发展的需要，需要及时了解周围环境的变化以利于自身的决策和行动；二是消遣娱乐功能，人们为了暂时躲避工作、学习的繁忙与紧张所造成的身心疲劳和精神压力，往往需要消遣娱乐以调节身心。”①

首先是实用性。人们最初喜欢收看电视新闻节目的直接动机是获得对自己有用的信息，以形成对自己日常生活的指导意见。新闻史上，新闻最初的商业价值便是商人为了获取外界的商业行情而出钱购买报纸。现在，实用性、接近性仍然是新闻价值重要的两个标准。答疑解惑也成为观众对新闻的一种受众期待。上至国家政策法规的解读，中至社会现象、经济信息的新闻报道，下至天气预报、就业、交通、消费等生活信息的提供，新闻为人们的真实生活搭建了一个立体的参照体系。此时，人们收看电视的目的并非休闲，但他却可能以一种休闲的状态或方式收看新闻。而且，新闻很多时候是帮助人们提高自身知识水平，它是电视休闲的高级层次。因此，看电视新闻仍然是一种休闲。

其次是情绪共鸣和好奇心的满足。尽管实用性是观众收看电视新闻的直接动机和主流理由，但是，观众事实上经常收看到的多数新闻还是与己无关的，不具备实用性的，对自己现实生活不能行成指导意见的新闻，并对此类新闻津津乐道。究其原因，这类新闻或引起了观众的深深同情，或激发了人们的拳拳爱心，或引发了观众的嬉笑怒骂，或勾起了人们的尘封记忆。总之，它们引起了观众情绪上的共鸣，勾起了观众心里强烈的好奇心。事实上，在现实生活中，人们对于情感上的需求日益增加，正因为此，情绪共鸣正成为不少电视节目为吸引观众而追逐的目标。

第三是休闲娱乐。无论从内容还是形式上，电视新闻都在越来越试图满足观众的休闲娱乐偏好。从内容上看，奇闻趣事这类新闻本身就是观众的休闲娱乐题材，其次电视新闻的故事化、趣味性也满足了人们猎奇的心理。从形

① 吕正标、王嘉：《电视新闻节目理念、形态与实务》，中国广播电视出版社，2004，第330页。

式上讲，新闻的娱乐化或许是人们尽情开发和演绎电视的休闲功能的一种尝试。在不影响新闻本性的前提下，对电视新闻尝试使用电影语言或将喜剧因素嫁接于新闻事件上，是无可厚非的。如北京电视台的新闻节目《第7日》中，常常采用“真实再现”的手法，在电视屏幕上重新表现新闻事件的原貌。

从受众的角度来看，人们每天收看电视的时间大约190分钟。在这190分钟中，观众首要的选择是综艺节目或电视剧，是娱乐，真正用于接受新闻信息满足“知晓天下事”需求的时间只占到很少的一部分。在这种短时需求中，伴随着视觉冲击力的电视新闻信息显然更合观众的胃口，导致观众在收看电视新闻时感官的愉悦逐渐大于理性的升华。“人们更关注新闻人物说话的方式和态度，而不是说话的意义；更注重新闻人物的魅力而不是话语背后隐含的深层意义。”①

“电视新闻节目与其观众之间典型的关系是知识方面的。”②新闻类、信息类、教育类内容传播的信息量一般较大，个体在接受这类信息时，较少体验到非常放松的情绪。经常选择看新闻信息类、教育类节目的电视观众属于渴望经验型休闲者，他们注重的是知识的积累和学习。男性由于自身的社会角色定位，认为自己是社会的主宰，对社会的把控欲望超过女性，新闻节目的知识性有助于他们掌控外在环境。

(二)体育类节目带来的男性想象

无数调查结果表明，与其他节目类型相比，观看体育节目的男性比例比女性比例高得多。

体育运动是人类自身能力的展现，而现代竞技体育的发展，更是反映了人类挑战自身极限的不懈努力，因此，体育运动本身深受大众喜爱。体育竞技具有视觉和娱乐上的吸引力，因为，“从本质上说，体育是规则化了的游戏、竞技和运动，而这些又是人类最基本的生存方式”③。电视体育新闻和现场直播更是具有“现场感”和“即时性”的特征。电视体育节目反映了体育运动的快节奏、超时空和多角度的特点，使观众体验到由力量、速度和勇气等带来的无限

① 吕正标、王嘉：《电视新闻节目理念、形态与实务》，中国广播电视出版社，2004，第301页。

② 尼古拉斯·阿伯克龙比：《电视与社会》，张水喜、鲍贵、陈光明译，南京大学出版社，2007，第37页。

③ 张同道：《时尚拼贴——解析中国电视栏目》，安徽教育出版社，2002，第120页。

快感。因此,男性观众较女性观众更喜欢电视体育节目。而且,“体育和体坛名人是创造‘神话’的素材——国家成就的神话、个人奋斗的神话、充满阳刚气概的英雄神话等等。但是,这种英雄神话预先把女性的阴柔特质排除在外”。因此,正如英国学者格雷姆·伯顿所说,“实际上,观看体育节目似乎已经成了大多数男性的‘生活叙事’中的一部分……大量证据表明,观看体育节目被视为一项‘男性的活动’,因而遭到了很多女性的排斥。因此,这一收视行为本身就成了男性阳刚特质的体现”[①]。在奥林匹克运动会上,观众不仅观看运动员们的竞技比赛,同时也在领略运动员们的男性风采。电视的出现,使人们能够足不出户地欣赏到精彩的体育赛事,体育节目成为电视荧屏上不可或缺的一大亮点。电视体育节目的出现,极大地推动了电视业的发展,使人们更真切地感觉到电视带来的愉悦。

体育节目为什么能吸引众多男性观众的目光?一方面是男性观众的自审,“体育运动带有男性化倾向,电视是对体育的男性化再现”[②]。曾经有人写过一篇文章《看球就是过节》,认为“看球的道理和过节相同,大家聚在一起,热热闹闹,欢呼阵阵。有的热情高涨,拿着喇叭和打击乐器,扯旗放炮;有的披红挂绿,载歌载舞,欢天喜地。过节的关键不是吃什么,喝什么,穿什么,而是过一种气氛,同声相应,同气相求”[③]。体育赛事常常能将观众带入这种过节的气氛之中。另一方面,严格的比赛规则反映了现实的约束性、逻辑性,在规则约束下比赛各方激烈对抗,充分体现出现实世界的相对性、规则性和丰富性,观看这类节目,男性观众特有的逻辑思辨能力得到了有效激发,“与这种能力相沟通的紧张、轻松、苦恼、愉悦等心理感知被调动起来,因而获得极大的审美满足”[④]。

“体育的魅力在于其与人类生存法则异质同构的优胜劣汰,在于其在公平规则之下进行的竞争结果的不确定性”[⑤],“通过电视这一窗口,观看在游戏规则下强者之间力的竞争和智的较量,了解人类在超越自我的过程中所达到的

① 格雷姆·伯顿:《媒体与社会——批判的视角》,史安斌主译,清华大学出版社,2007,第353页。

② 格雷姆·伯顿:《媒体与社会——批判的视角》,史安斌主译,清华大学出版社,2007,第353页。

③ 吴亮:《看球就是过节》,《谁提足球我跟谁急》,中国文联出版公司,1997,第135页。

④ 曾学远:《高文化层次观众的接受心理及电视节目应对策略》,《电视受众控析》,中国编译出版社,2005,第73页。

⑤ 张同道:《时尚拼贴——解析中国电视栏目》,安徽教育出版社,2002,第153页。

高度，是大多数受众收看电视体育的主要动机”[①]。体育事实上就是规则化的游戏，参与其中能够自得其乐，观看这种游戏能够获得身心的愉悦。

除此之外，新闻和体育类节目常常是男人们社会交往中的重要话题，不可否认，电视在人与人之间建立了直接的沟通纽带，与媒介有关的话题，有助于消除与陌生人谈话时的突兀感，为彼此的进一步交流奠定基础。男人们聚会时谈论的时事问题、热点新闻的主要来源通常是电视新闻。

二、女性观众的观看情态

电视是女性生活世界中重要的组成部分，这可能与家庭在女性心目中的重要地位有关，而电视是典型的家用媒体。但女性的收视偏好十分明显，曾有人用一句戏言来描述我国女性受众的收视偏好：“女人看新闻节目时，一看便睡着；看娱乐节目，睡着了还在看。”[②]现实的调查结果也显示，女性是电视受众的主体，而娱乐节目是女性受众最为关注的电视节目。女性在看电视时，通常喜欢关注家居、娱乐、美容、保健及电视剧等，即使看新闻节目，也多是爱看时尚、娱乐这类社会软新闻等。

在观看状态方面，2000年，北京师范大学艺术系影视专业研究生进行了“北京青年女性视野中的电视娱乐节目”调查。受访者为15～39岁的北京青年女性。调查结果显示，34%的单身女性倾向于“放下其他事、专心看电视”或者“以看电视为主、顺便做其他事”，这说明电视是单身女性重要的休闲娱乐工具，而且这种休闲是一种深度介入式的中等以上层次的休闲。未婚无男友的受访者专心看电视的比例最高，为38.2%，是电视娱乐节目较为稳固的收视群体；她们中很多人都有明星偶像，看电视也常常是专心致志地。她们追逐时尚，着装风格、举止行为易受电视影响，愿意参与电视节目并且为奖品而努力。而已婚的青年女性中有25.7%的人看电视的情态是“以做其他事为主、顺便看电视”，说明电视娱乐节目在她们的生活中没有扮演很重要的角色。已婚女性既要为丈夫也要为孩子考虑，而不仅仅是为自己，掌握遥控器的比例比少女族和单身族明显减少。她们专心致志看电视的机会很少，家务、工作都在争夺她

① 张同道：《时尚拼贴——解析中国电视栏目》，安徽教育出版社，2002，第155页。

② 黄蓉芳：《我国新闻受众中的女性缺席》，《新闻记者》2000年第3期，第29页。

们的休闲时间，一边做事一边看电视是可能的最佳选择，而且已婚女性更倾向于将电视当作一种浅层次的休闲。从看电视的伴随行为可以看出婚姻状态对女性电视休闲的影响较大。

国外的调查也证实了这一结论，“已婚女性通常较少有计划地或不间断地观看电视。她们往往在看电视的同时，兼做其他事情。由于社会原因，她们会克制自己的兴趣，服从其他家庭成员的收视偏好；她们会在看电视时聊天；会因为独自看电视而感到愧疚。女性可能倾向于将电视看作是调节家庭紧张气氛、缓和争端的一种手段，是鼓励人们在观看中实现不同程度的个人自由或社会交往的一种方式”①。但一旦进入电视营造的氛围，她们又很难走出来。与男性的务实相比，女性更爱幻想，她们更倾向于收看电视剧。“2005年11城市女性观众人均每天收看电视剧时间为65分钟，比男性观众多8.3分钟。而且，经过分年龄组调查发现，女性观众、老年观众更爱看电视剧。”②

（一）电视剧的认同想象

根据《中国电视收视年鉴》2004年—2007年的数据，“观看电视剧的女性偏多，年龄主要集中在44岁以下，其中以35~44岁和4~14岁的年龄层为主体”③。女性观众喜欢看电视剧。电视剧中的女性形象一向是吸引女性观众的一个焦点，她们常常喜欢在电视剧构建的虚拟故事里寻找自己的影子。“电视剧在一个个曲折的故事背后，凝聚着人们对自然、对社会、对自身独特的观照方式。它使人们构建了一个虚幻的世界，并在其中获得身心的自由和解放，人回到了人自身，获得了人的尊严和价值。”④电视剧通过艺术创造而获得的一种心理上的真实。

电视剧其实是一种情感游戏，创作者通过制造可能发生的事件，虚构一段曲折复杂的人生经历，为平平淡淡的生活增添一些韵味。观众通过电视剧的剧情结构实现精神愉悦与身心放松的情感游戏。通过这一游戏，观众得以暂时逃离相对枯燥乏味的现实生活，进入设定的虚幻世界，从而获得暂时的减压

---

① 尼古拉斯·阿伯克龙比：《电视与社会》，张水喜、鲍贵、陈光明译，南京大学出版社，2007，第155页。

②《中国电视剧2005—2006年度发展报告》，中国传媒大学出版社，2007，第184页。

③ 张辉、王雯聪：《基于多元统计分析方法研究电视剧收视特征及影响因素》，《现代传播》2011年第6期。

④ 孙宝国：《中国电视娱乐节目形态学》，新华出版社，2009，第220页。

和解脱。电视剧复制了相似的生活，以唤起观众久存的情感。电视剧制造了与现实不同的时空，满足了女性观众未曾有过的情绪体验。

电视剧对现实的超越正是心理上的自我实现，“表达了人从其特有的使其成为造物主宰的精神禀赋中所得的欢快，人类生命的形象令人吃惊地包含在意外巧合的世界之中”[①]。

现实收视行为中，电视剧，尤其是言情类电视剧对女性受众有着巨大的吸引力，有学者专门对女性受众的收视行为进行研究后发现，言情类剧本“为女性提供了一个专门为她们设计的避风港：首先，通过阅读行为，构建一个私人‘空间’和时间，来暂时逃避丈夫和家庭责任所带来的烦恼；其次，理想而浪漫的爱情故事，尽管是虚幻的，但是也能给人带来情绪上的抚慰”[②]。这一发现表明，女性观众在言情类电视剧中所获得的情感抚慰，或多或少给了她们温馨的力量；从言情剧中获得的另类想象和形象，能够给她们带来程度不同的认同和支持。

此外，生活类栏目可以说是电视台专门以女性为受众定位开办的栏目，如《半边天》《好享购》《天下女人》《购时尚》等。

（二）女性观众的收视心理

1.追求形象完美

通常，女性比男性更在意自己的外在形象，更加追求自身的完美。她们花在外在打扮上的时间远远多于男性，对自身修养的重视程度也要高于男性。她们希望通过各种渠道提高自己，即使在休闲娱乐的时候，她们也没松懈。电视对她们来说，不仅是一个消遣娱乐的工具，还是最直接的、生活经验丰富的老师。因此，从某种意义上说，电视休闲对女性来说，学习型休闲在她们的日常收视中占据更大比重。她们有与男性不同的观赏经验和思维模式。“女性在看电视的时候往往会和自己联系在一起，电视娱乐节目对她们的最大影响就是‘更加注重自身修养’。”[③]可见女性对于自身发展完善的重视程度。

女性为什么喜欢收看综艺娱乐节目？根据《北京青年女性视野里的电视

① 苏珊·朗格：《情感与形式》，刘大基、傅志强、周发祥译，中国社会科学版社，1986，第384页。

② 丹尼斯·麦奎尔：《受众分析》，刘燕南、李颖、杨振荣译，中国人民大学出版社，2006，第119页。

③ 张同道：《电视看客—调查中国电视受众》，安徽教育出版社，2003，第316页。

娱乐节目调查》,72.6%的青年女性收看电视娱乐节目的主要目的是放松、娱乐。可见,放松成为受访者收看电视娱乐节目的共同心态。了解娱乐新动向已成为青年女性收看电视娱乐节目很重要的倾向,而"无聊"也成为现代青年女性收看电视娱乐节目一种典型的心态。还有12.9%的女性"为了看到自己喜欢的明星"。此外,女性"很乐于接受来自电视传媒的时尚讯息,从中得到借鉴。比如对当前女主持人的着装,38.4%的人认为,女主持人的着装很时尚,成为她们在生活中模仿的榜样"①。

2.增长知识,培养交际能力

女性热爱学习的情绪高于男性。她们比男性更注重选择对自身文化、身体素质提升和对社会更有益的活动。"女性对知识的渴求十分强烈,在今天这样一个消费时代,学习更多的社会知识,培养与人沟通的能力显得尤为重要,她们希望从电视中获得生活的指导。调查显示,对于电视婚恋节目的看法,有42.8%的人'对话题感兴趣,希望得到借鉴';而如果有机会参加的话,她们则'希望通过节目结交更多的朋友(40.8%)'。可见当下的电视婚配节目吸引女性观众的不是它作为红娘的牵线搭桥功能,而是节目的话题给人以思考。"②女性比男性更合群,她们希望通过电视学到更多的交际能力,结交更多的朋友,有一个更广阔的交流空间。因此,女性看电视绝不仅仅是寻求一时的视觉快感,而是希望在娱乐的同时能从电视上获得对自身成长提高有用的东西。

3.寻找情感寄托和共鸣

与男性相比,女性观众更倾向于感性思维,容易感动,她们常常容易沉浸于故事情节之中,为电视剧中的悲情人物哭泣。"女性的审美想象具有非逻辑性,她们的想象和审美之间更多的是情感和理想化的联系。她们往往会将审美对象幻化成自己,使这个形象任由自己的想象发展,以虚为实,深深地陶醉在自己想象的境界中。"③由于多数人在收看电视时更倾向于感性思维,女性比男性更依赖电视,他们在看电视时情感更投入。电视娱乐节目,尤其是电视剧是她们情感的释放地,她们常常将自己自比为电视中某个与自己身份或命运相似的女性,也会对同自己的经历有关的话题投入特别的关注热情。

① 张同道:《电视看客—调查中国电视受众》,安徽教育出版社,2003,第308页。

② 张同道:《电视看客—调查中国电视受众》,安徽教育出版社,2003,第317页。

③ 周裕新:《女性社会心理》,上海社会科学院出版社,1998,第61页。

此外，在人们的日常社会交往中，谈论电视节目早已成为固定而当然的话题，跟许多男性观众为了增加谈资而看新闻和体育节目一样，一些女性观众也常常为了增加与同伴闲聊的共同话题而看电视。“在每两集肥皂剧之间的‘空白’处谈论肥皂剧的机会与她们观看肥皂剧时一样重要。在午餐和工间休息之际，她们的话题通常都是围绕肥皂剧展开：预测下一集可能发生的事，讨论最近情节事件的意义，分析剧中某个人物的动机和行为，将肥皂剧中的虚构世界与自身的经历相比较等。其实，有几名妇女是因为发现午餐时谈论肥皂剧对她们的同事十分重要才决定观看某部肥皂剧的。”[①]显然，电视内容为社交提供了焦点话题，人类在群聚交往过程中，逐渐形成了女性与男性之间相对不同的收视偏好。

三、粉丝的形成与影响

随着收看行为的延续，影像的按季播出势必形成一个特殊的群体：剧迷或者叫粉丝。“粉丝”这个词是英文单词fans的音译，指超级迷恋某人或某物的一类人。在某些情况下，人们对传媒人物的反应是非理性的，他们可能会对某一媒介内容或某一人物产生情感上的依恋，表现出一种“着迷”行为，这种准社会交往行为发展到一定程度就可能使观众变成粉丝。

在英国，英国广播公司电视台（BBC）播出的电视剧《神秘博士》从1963年问世一来，连季播出了26季，直到1989年才暂停播出。由于时间跨度较大，《神秘博士》的主创人员与剧迷们一道走过了黑白电视、彩色电视、数字电视的发展时期。在英国，《神秘博士》被认为是英国流行文化中占有重要地位的一部分。这个节目影响了好几代英国电视界专业人士，他们中很多人从小便是它的粉丝，长大成为电视界专业人士，甚至研究者，仍保持着继续收看《神秘博士》的习惯和粉丝身份。

每个国家都有几部这类与受众一起成长的超龄电视节目，日本的《冷暖人间》1990年开播，直到现在都还在推出新内容。

美国的情景喜剧《科斯比秀》被称为世界上最伟大的电视节目，是电视史

① 罗伯特·C·艾伦：《重组话语频道》，麦永雄、柏敬泽等译，中国社会科学出版社，2000，第98页。

上吸引观众人数最多的一部电视连续剧。[1]中国的电视剧《西游记》《新白娘子传奇》，电视综艺《快乐大本营》等也是拥有一批超级粉丝的电视节目。

互联网属于散打和欢乐喜剧，众声喧哗，比谁的嗓门大。电视与受众的连接靠的是约会意识，一旦约会意识形成便形成了受众忠诚度。但忠诚是双向的，一旦受众与电视之间的约会意识形成，电视就有责任为其具有忠诚度的受众提供他们所需的内容。此时，电视便面临一个挑战，即：随着时间的变化，受众变老，媒体如何调整自己的内容以满足忠实受众的收视期待与需求？因此电视要么与受众一起成长（变老）；要么只为固定群体服务（比如儿童电视节目）。

粉丝现象本质上是一种偶像崇拜。所谓偶像崇拜，“就是对这个或数个人格化的神祇的崇拜。偶像崇拜的实质在于人们将有限的具体之物当作最高的价值存在而予以无限追求，其背后隐藏着由语言、思维方式、环境教育所决定的文化先决条件”[2]。电视是偶像生产的最得力机器，是造星工厂。

过去，明星仅是电影的独有特征，后来，电视节目将明星们带入电视屏幕，走进千家万户，现在，无论是影坛、歌坛，还是电视剧里的明星们都广泛地活跃在电视节目里，几乎有粉丝的人都是明星。在电视建构的偶像文化中，处处充满了时尚感性和流行的色彩和味道。体育明星、影视演员和媒体人物成为当代社会的偶像和神祇。明星的产生实质上是承担了英雄主义退场之后大众偶像的替代品。偶像崇拜的基础是共同性认知，并在此基础上形成群体经验，并进而改变大众的感知方式。大众的生存除了对现世的物质追求之外，还会在精神世界中寻找一种彼岸式的偶像去崇拜，偶像身上体现了大众的梦想，并且为大众构建了生活的幻想。这在某种程度上是以自身有限的生命对无限的追求。

粉丝本质上是受众，或消费者，偶像崇拜发展到一定程度就会演变为消费偶像，只是粉丝是消费者中的“狂热分子”“过度消费者”，他们与普通受众存在程度上的区别。费斯克把粉丝文化视作特殊类型的大众文化，粉丝的出现与消费社会的发展有密切联系。

根据北京师范大学的调查，构成粉丝最集中的成员是在校的中学生和大

① 加里·R·埃杰顿：《美国电视史》，李银波译，中国人民大学出版社，2012，第252页。

② 王珉：《终极关怀》，新华出版社，2000，第22—24页。

学生，对明星的崇拜与模仿是这个年龄的明显特征。对影视娱乐的浓厚兴趣是他们成为粉丝的主要促成因素。而电视剧、电视娱乐节目是他们接触明星最主要的途径。调查显示，“在校学生中有33.1%的人把了解娱乐新动向作为他们重要的收视目的，这和她们长期处于团体的生活有关，紧跟时尚潮流，获得聊天的话题，是她们偏爱娱乐节目的重要原因”[①]。明星的不同特点和类型、明星的个性与魅力，正在流行的娱乐资讯热……电视为追星族们提供了了解明星的渠道和方式。电视里的明星不仅影响着粉丝们的着装风格、日常用语、朋友聚会时玩的游戏花样、行为举止，甚至影响着他们的价值观。粉丝们无法抗拒地追随着电视制造的流行和趣味，在不知不觉中被电视同化。

在美国，粉丝们常常集合起来，有时甚至影响着电视节目，尤其是电视剧剧情的发展。“电视迷群体不是电视文本的被动阅读。他们利用令他们入迷的节目中的人物，写故事、剧本和诗歌，创作歌曲，作肖像，做戏装，从录像上拍照，设计首饰、陶器或刺绣品，出版书籍或入迷者杂志，编制索引和目录，撰写批评文章。”这类故事可能有几种不同的形式。“电视迷在扩展节目的故事情节方面，可能表现出非凡的才能。例如，詹金斯指出，改写一个电视节目至少可以有十种方法，包括写一些简短的小插曲，以填补剧中人物历史上的空缺；彻底改变原来人物的道德观，使英雄变成坏蛋，使坏蛋变成英雄等等。许多改写成的故事都是集体的成果，因为是整个粉丝社团逐渐展开故事情节，使故事与图示、诗文和歌曲交织在一起的。利用相同的人物，将一个故事建立在另一个故事的基础之上，这样，故事的树形结构形成了。”[②]因此，电视迷绝不是电视节目的被动消费者，他们的活动构成了消费行动主义的基础。他们一方面自己组织起来，到电视台进行游说或疏通，反对有关节目安排的决定，并且对特定节目的内容提出批评。另一方面，参与文化产品的模式构建，如改写电视节目等。

导演冯小刚曾指出，中国的演员目前还没有一个具备足够的票房号召力，而导演才是中国电影业的票房保证和核心资源。也就是说，粉丝文化在中国还没有充分地显现。因此，在没有足够粉丝号召力的中国娱乐传媒业内，平台或渠道对娱乐业的发展至关重要。

---

① 张同道：《电视看客一调查中国电视受众》，安徽教育出版社，2003，第317页。

② 尼古拉斯·阿伯克龙比：《电视与社会》，张水喜、鲍贵、陈光明译，南京大学出版社，2007，第142页。

| 第六章 |
未来生态：电视休闲的警惕与求解

在中国走向小康社会的过程中，人们闲暇时间的休闲特点以家庭室内休闲为主。因此，以家庭为主要休闲环境，内容形象直观、收视轻松随意等媒介特性赋予电视在休闲活动中不可替代的优势。尤其是在宅文化越来越盛行的今天，电视收视方式的伴随性、自由性、灵活性使它在家庭环境中具有独特的休闲价值。因此，如何调动社会力量及民间智慧，做出适合家庭休闲特点的节目，考察电视的未来生态走向有着极强的现实意义。

第一节　电视休闲的共生环境

媒介都有休闲功能，如果要比较它们的休闲异同，华南理工大学李幸先生的观点比较经典："现在人的个体性愈强，就愈显现出来。书、报、刊的实际接受状态，是一个人在那儿读。广播有过一段家庭感觉，不过很快就成了随身听。电影虽是集体的，但除了相邀同去电影院的，基本状态是陌生人在一块儿接受。即使在家里看碟，更多是一个人的事儿。新媒体都是一对一的。唯有电视。尽管可能一家有几个电视机，但客厅里的那个是魂。我们唯一的家庭传媒啊！有多少关于家庭的赞美，诸如避风港、幸福港湾一类。关于家庭与国家的关系，字面上就能看出来。祝福语里，家庭幸福，难道不是最多见的？”[①]因此，电视休闲是具有家庭意义的媒介方式，其家庭集合能力是其突出的优点或者叫核心竞争力。

一、电视与传统媒体休闲的共处

在影像没有产生之前，人类的休闲活动基本是参与性的，更多是作用于身体的运动。电视出现之后，它使人们更多的是以观赏的方式参与休闲，满足的是一种心智的愉悦和休憩。“在电视构造的空间里，人们无须理会效率的高低，而可以使自己心无羁绊，随便放松，展开想象的翅膀，体会从容、忘却时光流逝的生存状态；电视是一个安慰者，它可以把人们带到任何地方，同时又让他们体会家庭式的关怀；面对电视，个人不易产生参与的心理障碍，它可以成为人们对抗焦虑感的工具。”[②]因此，与其他休闲活动相比，电视休闲的核心要素是触动心灵的情感。

（一）电视与报纸：文字养心与视觉快感

在《收入和时间双重视野下的休闲需求》一书中，郭茜根据我国的休闲需求，将休闲类型按“六分法”进行了分类[③]（如表6-1所示）。

表6-1　休闲“六分法”

休闲类型	休闲需求	休闲活动举例
社交型休闲	通过为别人提供帮助而获得满足及以与他人接触为目的	教育子女、公益活动和探亲访友

① 李幸：《电视是这个世界上唯一的家庭传媒》，《综艺报》2010年7月上。

② 杨柳：《休闲与人们的电视情结》，《采写编》2005年第6期。

③ 郭茜：《收入和时间双重视野下的休闲需求》，对外经济贸易大学出版社，2009，第75页。

续表

休闲类型	休闲需求	休闲活动举例
知识型休闲	以扩大知识面、增长见识，提高自身文化修养为目标	学习科学文化知识、读书和看报纸
康体休闲	提高自身体魄，增强身体素质	体育锻炼、游园散步
观赏型休闲	以转换心情和审美为目的	观看文体表演和展览
自娱自乐型休闲		看电视、听广播、上网
消磨型休闲	无事可做、消磨时间	休息

按照郭茜的分类方法，看电视与报纸不属于同一类型的休闲。看电视属于自娱自乐型休闲，休闲的目的是娱乐、放松。而看报纸属于知识型休闲，休闲的目的是扩大知识面、增长见识，提高自身文化修养。

随着社会的发展，人们对培养自身文化素质的重视程度逐渐增强，在周末或节假日，越来越多的人选择读书、看报等知识型休闲。而随着人们生活节奏的加快、压力的加大、私人空间的被强化，选择看电视、听广播、上网等自娱自乐类的休闲活动也有增无减。公民知识体系提高将会对休闲生活提出更多的要求，因为知识与休闲是密切相连的，知识越丰富的人对休闲感知越明显，他们会对休闲活动或设施提出更多要求，并且愿意尝试新事物。因此，报纸的知识性将促进电视在休闲领域中发挥更大优势。

(二)电视与电影：家庭休闲与公共娱乐

电影和电视都是一种休闲产品，它们从内容生产制作到观众观看心理，很多地方都很相似，但是两种媒介的收看地点不一样导致了休闲效果差之千里。

看电影带有强烈的仪式性，它把观众从日常生活中拽出来，进入专门的收看场所。观众在电影院时时被提醒这是公众场合和集体活动场所，要安静，勿打扰他人，然后共同被带入“梦”的世界进行短时的沉浸式心理休闲。看电视则不然，观众经常是“扫视”，偶尔瞥一眼即可完成收看。电视是群众性、浅参与的媒体。[①]因此，与看电影相比，电视剧更休闲，因为电视剧更拖沓、口水话多，常常观众打个盹它还在演，还可以接着看。这也是为什么电视刚诞生时完

① 尼古拉斯·阿伯克龙比：《电视与社会》，张水喜、鲍贵、陈光明译，南京大学出版社，2007，第132页。

全依赖电影，但很快电视媒介就摆脱电影，开始播独具特色的电视剧，因为两者休闲原理和休闲节拍不一致。电视更多的时候是家庭生活的休闲过程和状态，是粗糙的、随意的休闲，而电影则是精良的、主题精巧的文化赏析。

电影的内容尽管很丰富，但多以剧情表现为主，仅相当于电视节目中的电视剧，但电视的内容表现形式复杂得多，除了电视剧还有电视新闻、综艺节目、体育节目等多种节目形态。

电视主要是一种娱乐媒体，在电视上播出的主要内容都具有娱乐性。与电视相比，电影的娱乐手段比较单一、传播场所受到限制。

二、同为虚拟休闲的网络休闲迅速崛起

调查结果表明，从2010年开始，上网超过看电视成了人们花费最多时间的休闲活动。网络社会的到来使越来越多的人开始把闲暇时间花在网上，不是看朋友圈就是刷微博、玩游戏，或者用视频App追剧、刷抖音。今天，网络正以不可阻挡之势，成为人们最普遍使用的休闲产品。由于网络既是当下人们生活、工作中必不可少的工具，又是人们休闲娱乐、聊天、解闷的重要休闲产品，因此，无论在办公室还是在家中，网络都陪伴在我们的周围。借助网络，人们坐在家中，既可以休闲也可以办公，同样，借助网络，人们在办公室既可以工作，也可以娱乐。网络模糊了人们工作与休闲的界限，成为大众越来越依赖的工具和休闲品。

（一）网络休闲的个人属性与电视休闲的家庭属性

在第一章第三节，本书已专门论述过电视的家庭属性。在这一点上，互联网与电视截然不同，互联网属于单独个体操作的媒介，具有明显的个人属性。网络的使用“总是一件私人的事情，因为每一个键盘都是由作为个体的使用者操控的，而且每一个登录的身份都是人类生物体使用者的一个模拟物（无论在任何一个给定的时间点，我们占据了多少个虚拟的环境）。”[1]复杂的键盘操作是电脑高高的一道门槛，键盘上26个英文字母和其他代码的设计要求使用者双手配合才能完成满意的选择和使用，尽管有鼠标的配合，但鼠标更多的时候

① 方建移、张芹：《传媒心理学》，浙江大学出版社，2004，第171页。

也仅仅是增加了选择操作的复杂性。

从内容上看，网络是比电视更为丰富的媒介，它除了休闲娱乐的用途外，还有强大的工具功能，电视的用途则更多的表现为休闲。

上网，分家庭场所上网和工作场合上网。虽然网络媒介在用于娱乐目的方面可与电视分庭抗礼，但它无法与电视的其他功能等量齐观，特别是其休闲价值以及作为消磨时间的手段相对逊色。

与网络休闲相比，电视休闲的独有优势是：电视是可以被动接受可以主动选择的最轻松传媒，其休闲层次具有可选择性，而网络休闲几乎都是主动休闲，无法进行低层次的休闲选择，无法满足低层次的休闲需要。

（二）同为虚拟休闲的网络和电视

虚拟指"事物并非是真实的存在，但是仍然产生实际的效果和效能"[①]。网络的首要特征便是虚拟性，它是一个与现实世界完全不同的空间。比如QQ群或微信群，本身并不具有任何物理性质的存在，在现实世界中哪里也找不到，不具有现实存在的地域条件，但是它却能使QQ群成员或微信群成员产生心理上的认同感，以至于唤起畅所欲言的交流感。电视休闲与此类似，也是一种心理上的虚拟休闲。电视画面上的内容并非真实地发生在现实世界的观众眼前，但观众收看之后确实能产生亲眼所见的感觉。以体育为例，在体育用品实体商店里，橱窗里展示的是与体育相关的内容，我们会认识到体育所被赋予的"文化价值"。而在电视报道中，那些"公开报道的转会费和奖金则体现了体育的经济价值"[②]。这说明实体展示体现的是物体本身的文化价值，电视展示则只是体现出一种不在场的虚拟欣赏。因此，网络和电视一样都是通过一些手段让行为者体验到一种完美的感官幻觉，即提供的都是一个虚拟空间。网络和电视都构筑了一个巨大的立体休闲空间，并将刚开始只是想寻求浅层休闲的受众迅速卷入，带领他们在这一休闲空间里寄存理性、寻求安慰，最终将这一虚拟空间演变成心灵休闲栖息地。

除了虚拟性外，网络和电视带给受众的休闲还有一个共同特征，那就是感官体验。人们通过电脑（或手机）屏幕或电视荧屏上传播的文字、图像或者声

① 方建移、张芹：《传媒心理学》，浙江大学出版社，2004，第178页。

② 格雷姆·伯顿：《媒体与社会——批判的视角》，史安斌主译，清华大学出版社，2007，第345页。

音实现与外界联系的需要。网络在这方面的体验还有独特之处，它通过个体主动地与外界交流和参与，能让人产生一种虚拟权威、虚拟尊严、虚拟情感，乃至虚拟生命的体验，大大丰富了休闲文化的内涵。

此外，电视受众和网络使用者的身份都具有一定的隐匿性。《纽约客》一幅漫画“谁也不知道在网络的另一端是不是一条狗”精炼地表述了网络使用者身份的隐匿性。“网络空间提供了这样一种可能，那就是能够塑造一个全新概念上的自我，我们不再受到地理位置、肉身、个人历史等等的影响：在这样一个平行宇宙中，我们能够重塑自我，并且无人能够分辨。”[①]电视受众同样如此，但电视受众完全不可知，而网络使用者已经在线的另一端了，只是另一端的受众到底是一个什么样的人却不可知。

网络和电视之所以具有其他传统媒体无可比拟的休闲性与它们具有的上述虚拟特征紧密相关，它能帮助人们实现逃避、放松等休憩心理的需要。正是这种休憩心理的需要与满足推动着媒介的发展往越来越休闲、越来越娱乐的方向发展。

三、实体休闲的电视开发：旅游、体育与购物

与电视带来的虚拟休闲相对，旅游、体育、时尚购物等属于实体休闲活动。在实体休闲领域，电视作为一种休闲传播媒介，一方面，与各种休闲方式整合，如开播时尚电视购物、旅游频道、体育节目……发挥自己作为大众传播媒介的作用；另一方面，电视与报纸、杂志、广播等其他媒介一样，对受众开展休闲教育、引导休闲舆论、引导人们参与休闲活动。

休闲的核心产业包括旅游、文化娱乐、体育运动三个方面。电视与旅游和购物等实体休闲产业携手的实际价值早已显现。“长假制度实行以来，人们已经形成了一种以休闲旅游、聚会购物和看电视为主的假日生活模式。一项调查显示：消费先导型城市的居民长假期间选择出行旅游的达到3成以上，选择聚会购物的有5成多，而选择看电视的排在第三位。在广大农村地区，上述三个方面的内容同样是人们长假期间的主要生活方式，区别在于排位的变化：收

① 方建移、张芹：《传媒心理学》，浙江大学出版社，2004，第176页。

看电视和走亲访友的选择几率高于出行旅游。”①

在实体休闲里，电视通过策划报道时尚和流行话题能够为实体休闲建构新的意义空间，比如能刺激我们拥有各种物质和渴望得到各种体验的欲望等。以电视建构的汽车消费为例，电视节目里，汽车代表着自由自在不受约束的生活，可以让人们住在远离工作场所的地方；人们能够在休闲时间自由地驾车兜风；自驾游的惬意与展现……电视不仅向我们展示了另外一个世界，还极力煽动我们去尝试一下。电视中的许多栏目都是以制造种种新观念来打动观众的消费欲求。比如中央电视台财经频道的《时尚购》，就是以休闲购物为新观念引导观众消费。这些购物新观念无所不包，大到世界流行趋势和大众审美情趣，小到日常行为的言行举止和生活细节等。它们常常以时尚和流行为说服力，去建构一整套新的行为模式（或者说兜售一种新的消费观念），以此开发新的欲望和消费。

电视通过对人们日常生活中衣、食、住、行等生活观念方面的渗透实现了消费价值观的引导与消费意识形态的传递。按照麦克卢汉的观点，媒介是人体的延伸，电视与实体休闲结合，正是将人体延伸至实际的休闲旅游、体育，甚至时尚购物活动中，达到实体休闲可能实现的休闲效能。

（一）旅游

旅游是休闲活动的重要内容之一，它事实上是电视休闲的“敌人”。正如前文所述，休闲与时间和收入水平两项指标紧密相关，当这两项指标都达到一定条件时，人们会倾向于选择实体休闲，旅游便成为重要的休闲选择。这时电视成了休闲的弃儿。相反，当休闲时间具备，但收入水平不够，人们会选择电视休闲这项既随意又便宜的休闲方式。

就大众传播的角度而言，旅游信息无疑为其所传播内容的丰富与拓展注入了新的资源。更何况，电视节目在为人们提供旅游休闲服务方面具有得天独厚的优势，它能够带人们在短时间内“走遍”世界，超越时空，跨越现实。它允许人们在漫游世界时根本无须离开家中的沙发。正是由于电视的这一特殊优势，每届世博会期间，来自世界各地的国家在推广自己的旅游产品时，都会播放大量电视风光片，争取借助电视这一平台进行旅游推介。电视的旅游类

① 钟伟：《假日生活与假日电视》，http://www.caogen.com/blog/Infor_detail/5347.html（2020年12月15日查询）

节目中通常既有娱乐性信息又有服务性信息，生活在这些媒介带给人们的旅游景点中，人们可以间接地游历世界，体验不同的生活。于是大众传媒把原来不是它的系统所创造的旅游文化也纳入自己的系统，并赋予其新的形态功能。

中国电视真正与旅游休闲携手的时间很晚，在2001年第三届中国国际旅游交易会上，中国旅游报与唐龙传媒宣布合作，共同打造一档综合旅游电视栏目《旅游中国》。这可能是中国电视与旅游这一实体休闲携手的开端。此前，《正大综艺》也做过旅游类节目，但其定位的综艺性、内容的多面性与《旅游中国》存在很大差别。引起业界关注的先是杭州电视台播出由国内16个重点旅游城市电视台联合采制的《城市旅游报道》节目，之后浙江卫视于2001年3月推出了“浙江卫视旅游版”。这是一个旅游主题的电视节目集群，六个栏目，在全国电视界首创连续九个小时在卫星频道中展开旅游报道。同年11月还召开“浙江电视台旅游版节目研讨会”。此后，旅游内容成为各电视频道重点拓展的领域之一。

2002年1月28日，海南省成立全国第一家以旅游为主要内容的专业电视频道——旅游卫视，作为国内第一家旅游卫视，旅游卫视开创了全国性旅游专业电视媒体之先河。人们最初是从经济的角度来认识旅游现象和旅游学的，随着传媒文化与旅游互动及增值效应的显现，传播学界开始从旅游杂志、旅游广告尤其是假日经济旅游广告方面研究旅游信息传播；与此同时，旅游学、地理学专家则纷纷运用传播学原理对旅游业进行研究。

2002年开始，其他电视媒体无疑也逐渐发现了旅游传播这一新领域。许多省级卫视纷纷开办了旅游节目，如云南电视台的《走遍云南》、山东电视台的《走四方》等栏目。2003年元旦开播的北京电视台公共频道的基本定位是旅游和交通，将原来分散在各个频道的旅游品牌节目《好山好水好心情》《四海漫游》等集中在公共频道播出，对外的宣传语为“引领旅游时尚”。并非每个人都有时间和金钱满足周游世界的愿望，借助大众传媒，人们能够“坐地日行八万里，巡天遥看一千河”。无论是影视还是印刷媒介传播的旅游信息，不仅为准备旅游的人提供了可供参考选择的信息；而且还给那些暂时不能去旅游的人先睹为快的心理满足。对于后者，这可以说是一种信息娱乐或者信息消费，而不是实体休闲，它使电视受众在“耳濡目染”中进入一种无时空限制的“体验”状态。客观地说，受众不可能全都成为游客；因此，电视旅游起到了实际旅游行动的补偿作用。

电视最大的魅力在于可视、图文兼容、形象生动，对于旅游景区和旅行社而言，拥有声音和图像的电视实际上比任何其他大众传媒都更接近面对面的销售模式，更利于传播体验，它们需要电视这种覆盖范围广、权威性强的媒体平台，传播更多更新的旅游信息和旅游体验。例如，2010年世博会期间，上海电视各频道的节目就精心构筑了一个多方位的世博体验王国。电视媒体以世博会奇特的视听效果，为观众营造了一种“我在现场观看”的虚拟空间。电视中再现或表现的镜头，唤起了观众“不在现场的现场体验”。“由于电视的加工处理，这种体验比身临其境的现场体验更强烈、更真切、更全面，是一种超现场体验。”[①]

（二）体育

“体育与电视的联姻，造就了体育电视这项当今社会最广泛的大众传播活动。”[②]在电视媒介的介入下，体育比赛的赛场移到了千家万户的客厅里或者卧室里。分布在世界各地的观众，无须亲临现场，只用舒服地坐在自家客厅里的沙发上，喝着啤酒，吃着零食，便可对着电视机大喊大叫、大悲大喜，感受着竞技体育带来的快感。2006年德国世界杯期间，当“五星”巴西首次亮相时，全球200多个国家和地区、大约有10亿观众收看了现场比赛直播，而球场的实际容纳观众人数却只有区区几万人。如果没有电视直播，至少9亿人无缘这场足球赛事。

实际上，许多球迷可能根本不会踢足球，但是这并不妨碍他们成为喜欢看球的球迷。他们为什么喜欢看球，世界杯的魅力到底在哪里？有网友认为：人们之所以热爱世界杯，并不仅仅是热爱足球，而是热爱运动的激情、竞争的奔放、上帝之手的话题、黑马王子的悬念。那些永无休止奔跑着的球员们，他们已经成为一个世界情感的符号。他们带走了人们日常工作中的沉闷和压抑，也带走了今天世界政治中过多的斗争、杀戮、阴谋诡计，让我们重新回归到一个纯净天真的秩序中。在今天日益复杂和多元的全球政治里，有什么比这种纯净更珍贵的呢？社会——受众论认为电视体育是人类基本的娱乐需要的结

---

① 张立伟：《传媒竞争发则与工具》，清华大学出版社，2007，第157页。

② 格雷姆·伯顿：《媒体与社会—批判的视角》，史安斌主译，清华大学出版社，2007，第343页。

果(如为了宣泄等)。有些人本身不一定喜欢实际的体育运动,但他可能是十足的电视体育运动迷,这种人只是喜欢电视里体育节目带来的兴奋、刺激、激情、宣泄等。

事实证明,“大量的媒体体育受众的确是一种相当值钱的商品”[①]。这是广告主和媒体共同发现的意外惊喜,于是“媒体已经把体育转变成为一个全球性的超级产业。其中,播放时间、版面空间、体育明星、体育团队及其受众都具有一定的价值,它们之间都是相互关联的,并且共享了一个相当实际的层面——金钱”[②]。不仅如此,体育本身是地道的自然活动,是运动员的活动,其意义在于增强体质,然而电视中的体育和体育报道却常常使体育具有了思想性和民族性,让体育运动观与民族的生活方式产生密切的联系。

1.电视酝酿的体育狂欢

体育比赛带给观众的本身仅是一种现场参与者的狂欢,电视让体育比赛变成了大众的狂欢。电视直播让体育比赛更直接地进入人们的视野,运动时的“尖峰时刻”,如最佳表现,流畅体验、高峰体验等良好的情绪体验,通过电视画面,能真切地传播至受众的个人面前。“2008年北京奥运会时,电视收视盛况空前,仅中国观众的收视规模就高达11.2亿人;2010年南非世界杯足球赛也延续了电视体育的收视神话。根据央视索福瑞的调查数据显示,2010年6月11日至6月17日期间,赛事主转播频道CCTV-5在世界杯期间全天收视比世界杯前期增长了3倍多。比上一届世界杯期间的收视也增长了1/3。”[③]

体育与电视早已密不可分。一方面体育竞技具有视觉和娱乐上的吸引力,非常适合电视传播优势的发挥,因而成为电视节目内容中的重要组成部分;另一方面体育运动的普及和推广离不开电视的介入。两者之间相互推动。大众对“体育”这一概念的认知主要是从媒体上获得的。法国社会学家皮埃尔·布尔迪厄认为:“当我们说奥林匹克运动会时,它的确切含义到底是什么?表面的所指,是一个‘真正的’盛会,也就是说是一个纯体育的盛大场面,是来自世界各地的运动员在普遍主义的旗帜下进行的较量,也是一个带着浓重的民族色彩,甚至民族主义色彩的仪式,包括各国运动队的进场仪式和升国旗奏

① 格雷姆·伯顿:《媒体与社会—批判的视角》,史安斌主译,清华大学出版社,2007,第343页。

② 格雷姆·伯顿:《媒体与社会—批判的视角》,史安斌主译,清华大学出版社,2007,第343页。

③ 郑维东:《体育的电视盛宴》,《广告人》2010年第8期。

国歌的发奖仪式。隐含的所指，是电视录制并演播的整个盛会的情景，是展现在运动场上表面看去没有任何民族区别的(因为比赛是国际性的)材料经过各国选择处理后的情景。”①体育赛式主办方与电视台共同打造出了现代电视体育。由于电视台花费巨资购买了体育赛事的转播权，体育赛事的时长和相关规则经过了多次调整，以更好地满足电视转播和电视观众收视的需要。因此，体育赛事“真正”的受众不是坐在体育场内的那些观众，而是广大的电视观众。

2.体育的娱乐价值开发

“随着越来越多的受众花钱观看体育比赛，体育的本质被逐渐改变了。换言之，对其娱乐价值的开发导致了体育的转型。”②“19世纪后半叶，足球与其他体育项目一样逐渐成为流行的休闲活动。它也经历了一个以‘现代化’为核心的重新定义的过程——即开始实施一定的竞赛规则。例如，昆斯伯里制定了一系列规则，把赤手空拳的搏斗改造为现代拳击运动。实施体育竞赛的规则是在中产阶级的推动下进行的。中产阶级接受了现代教育的理念，从而达成了‘按照游戏规则行动’的共识。规则操控了比赛的过程和结果，使得运动员和观众可以采用共同的标准来理解体育运动，从而塑造出了现代体育运动的形式，对观众产生了一定的吸引力，并且把它变成一种具有可操作性的娱乐形式，以及一种有利于媒体报道的形式。”③“借助于媒体——尤其借助于其资金和技术手段，体育的再现和定义得以延展，甚至于被重新界定。拿板球项目来说，其赛程原来需要一天时间。现在，它已经被改造成为一种更加刺激的、适合电视转播的比赛项目。其对抗更为激烈，并且引入了‘突然死亡’的规则。媒体推广了——有时候甚至是创造了——摔跤或格斗这类‘准体育项目’。这类格斗的场面出现在影片《角斗士》当中。这些‘准体育项目’跨越了体育和娱乐的界限，显然是把体育变成了一种娱乐工具。例如，美国电视上常见的‘世界摔跤联盟赛’实际上是一出虚构的舞台剧。其胜负结果在赛前就已经定好了。用叙事学的术语来说，它是一种‘闭合性的叙事’。真正有趣的部分是通向这个结局的精彩过程。选手夸张的咕哝声和摔举动作，违背常规的攻击动作，甚至连摔跤场外的人也加入进来——上述这些元素都构成了一种仪式和

① 皮埃尔，布尔迪厄：《奥林匹克运动会——分析提纲》，《关于电视》，许钧译，辽宁教育出版社，2000。

② 格雷姆·伯顿：《媒体与社会—批判的视角》，史安斌主译，清华大学出版社，2007，第341页。

③ 格雷姆·伯顿：《媒体与社会—批判的视角》，史安斌主译，清华大学出版社，2007，第341—342页。

奇观。”[①]

体育赛事可以在电视上进行重播和回放，从而使观众能够随时了解赛事进行的全过程。这是电视体育节目吸引观众并且让他们感到最满意的地方。

（三）电视购物：消费时代的电视休闲

逛街、购物历来是人们日常休闲的重要内容，尤其是女性休闲的重要内容。商场不仅仅是商品被购买或者销售的地方，它早已逐渐演化为女性休闲的公共空间。女性常常并非出于购物的目的在商场内辗转，她可能仅仅因为放松而喜欢在商场内四处走走，保持着兴致，释放压力、心中充溢着逛街所见的各种景观带给她的快乐，从而实现了休闲的满足。电视购物节目中的销售模特通过展示实物、生活片段，或商场、家庭、办公室、街头、郊外等情景，为观众提供了一种替代式体验，通过对模拟真实场景的播放，电视观众仿佛得到了亲身体验，激发出真实体验的欲望，产生购物的激情和冲动。电视购物正是基于这种基础而产生。在消费时代，它成了电视休闲的一种具体形式。

电视购物使商品可以在电视上展出和销售，电视上的商品具有时尚性和物美价廉的特点，又有送货上门的服务，让购物减少了体力上的疲劳，而又有购物的快感，因此，电视购物很快成为新型的休闲方式。2004年“五一”期间，央视经济频道推出一档消费者的竞技娱乐节目《超市大赢家》，寓“卖”于乐，是从购物的角度开发的电视休闲节目。节目让消费者在超市里较量生活常识、比拼消费知识，整个节目悬念迭出，刺激与欢乐同在，让观众和参与者体验到购物的乐趣。《超市大赢家》推出后，在央视经济频道创下了收视率第一名的成绩。

更普遍的电视购物则是买卖双方通过电视屏幕进行商品交易的形式，它是电视在休闲领域功能的延伸。中国的电视购物经历了电视直销购物（传统电视购物）和电视购物频道（现代家庭电视购物）两种模式，从1994年至2007年为电视直销购物时期。在这一时期，电视购物以播出广告为宣传手段。主要模式是工厂到电视台买下时段，播出自己的直销广告，自发配货，售后常常无保证。电视直销用的是广告促销的诱导式语言。从2007年开始，电视直销转向专业电视购物频道的经营模式，强调受众的体验消费，认为顾客是理性与

① 格雷姆·伯顿：《媒体与社会—批判的视角》，史安斌主译，清华大学出版社，2007，第342页。

感性相结合的购买者，受众既可能理智地“货比三家”然后购物，也可能因追求乐趣和刺激而冲动性购物。因此，与过去电视直销主要采取广告、推销、促销等呈现方式不一样，2007年后的电视购物频道主要依靠电视画面展现功能性，一方面讲究货真价实，另一方面营造旺销气氛，刺激那些冲动型消费者的购物欲。圣诞、元旦期间，各商家都在打折，不管是实体商场，还是网上、电视上都营造出浓浓地购物氛围，让人觉得此刻就是购物季，如果错过了就是损失，于是许多人冲动地购买了一些没有用处的东西。在2007—2008年两年时间内，电视购物行业新增机构200家，购物频道和购物公司总数由300多家上升到500余家（其中电视购物频道100多家），电视购物的市场规模也由2007年时的190亿元增加到2008年时的300亿元。

购物频道背靠电视台，拥有强大的品牌和顾客信誉度，又着力培育受众在售前、售中、售后服务的体验效果，售前气氛营造，售中服务热情耐心，售后送货上门，包退换货，很快产生了奇妙的电视购物效果，尤其不习惯网络购物，又不适宜劳累奔波于商场的老年人成了电视购物频道的主要消费者。目前上海文广的CJ家庭购物、湖南广电快乐购物、浙江好易购家庭购物等都是新一轮电视购物的排头兵。

此外，电视广告也是促进时尚休闲购物的重要因素。中国石化集团曾经策划过一个经典的IC加油卡的主题广告片：“趁着清晨阳光的明媚，走遍千山和万水，载满轻松快乐的滋味……让我们飞，一路相随，中国石化加油卡，一路随行，为你加油”。这一广告片不仅歌词和音乐很美，画面和人物气氛也带给人们一种休闲的空气清新体验和郊游心旷神怡的视听感觉。让每一个看到这一广告的人都产生轻松、快乐幸福，如飞一般的感觉。

此外，饮食文化在电视上的呈现也是电视休闲的内容要求之一。对吃的研究、鉴赏和介绍，传播饮食文化，是电视满足受众休闲需求的另一个方面。

第二节　数字技术对电视休闲发展的影响

进入21世纪以来，现代通信技术快速发展，移动互联网、手机等现代传播工具不断演进，社会传播体系和传播方式均发生了重大转折。数字技术和网络技术的发展使影像领域涌现出新的播出载体，新的收视载体和收视环境带给受众全新的收看行为和休闲方式。电视的全面数字化、流媒体技术、视频网站的发展使人们的影像休闲习惯从电视时代逐渐过渡到了视频时代。人们不再以电视的播出时间为自己的作息时间轴，而是自由地以自己的零碎空间时间见缝插针地接触着媒介。受众的媒介休闲活动正在悄然发生变化！

一、多屏化发展的影像环境

流媒体技术使网络视频迅速兴起，大众的、社会生产的影像内容在这里分享、传播与消费。媒介技术的发展使全民都可以进行影像内容生产与传播，影像日益深入人们日常生活，成为人们最常用的消遣、娱乐、资讯获取方式。观看网络视频成为人们最主要的休闲方式之一，影像休闲环境与传统电视时代已经有了巨大改变。

归结起来，新媒体时代人们日常收看的影像大体包括以下几种载体形式：

1. 网络视频——包括视频网站在内的网络播出平台播出的影像内容。

流媒体技术的发明，突破了网络无法在线直播视频的缺陷。2005年后，美国和中国几乎同时出现了大量视频分享平台，以优酷、爱奇艺、腾讯视频等为代表的视频网站纷纷开办，搜狐视频、凤凰视频、芒果TV等都是其中的主力平台。门户网站也增设了视频播出频道，视频自媒体也吸引了大量的粉丝关注，网络直播、抖音短视频等其他平台也根据自己的定位上传了视频供自己的受众观看。各大视频网站都将短视频列为自身娱乐生态模式的重要组成部分。2018年上半年，CNNIC发布第42次《中国互联网络发展状况统计报告》，短视频应用迅速崛起，74.1%的网民使用短视频应用，以满足碎片化的娱乐休闲需求。截至2018年6月，网络视频用户规模达6.09亿，占网民总体的76.0%。手机网络视频用户规模达到5.78亿，占手机网民的73.4%。

2.网络电视——在网上用电脑或手机收看电视。个人电脑和电视技术的融合带来了新兴的影像呈现形式——网络电视，其收视载体主要为电脑。网络电视既具有传统电视的视频收看功能，同时又融合了许多电脑的功能，具有互动性，受众可以收看到直播的一些电视节目，同时也能有选择性地点播节目库中的视频内容，还能享受到通信联络、网上冲浪、游戏竞猜等其他多项服务。近几年，我国的网络电视发展迅速，2005年被称为“网络电视年”。但由于网络技术的限制，接收终端格式的多样化以及利益主体(内容提供商与渠道经营商)的竞争，网络电视的音频和视频的播出不够流畅、节目内容不够丰富。

3.移动电视——利用无线数字信号和相应的地面接收设备实现电视节目的播放与接收，包括车载电视、楼宇电视、掌中电视(在网上用平板收看电视)和手机电视(在网上用手机收看电视)。在网上收看电视，除了可以收看传统电视节目外，观众还可以收听到数字音频广播，享受购买彩票、购物、游戏竞猜等其他服务。

4.社交平台上传播的各种版权模糊的视频。包括QQ空间、QQ群、QQ用户之间传播的视频；微信朋友圈、微信群、微信用户之间传播的影像内容；这些视频内容常常是短视频、版权模糊，多为社交用户自制视频(UGC)。

此外，人工智能、物联网、智能硬件、植入式设备、VR、AR等技术与传媒产业的结合正在催生出许多新的视频形态、内容生产方式、传播渠道和盈利模式，影像行业也正在不断形成新的产业链，电视的概念已经被颠覆，甚至不再重要——它已经汇入“视频”这一更宽泛的概念之中。而视频更深入地嵌入人们的日常生活之中，视频休闲几乎无处不在。

二、多空间的全时影像收看

传统的影像收看环境是在家庭环境中收看电视。这种家庭共同收视的媒介环境大多在客厅里进行，一家人围坐在一起，共同收看、交流品评。也因此，早期的电视所播放的大多是老少皆宜的电视节目。21世纪以来，世界各国的电视逐步数字化转型，电视频道逐渐增多，影像内容也越来越丰富，节目类型越分越细。家庭内部成员不同的收视需求均获得满足成为可能，影像收看向分众化方向发展。个人选择收看自己喜欢的影像内容的机会得以大幅提高。

受众不再局限于传统的家庭空间，而是朝两个截然相反的空间发展：公共场所和个人私密空间。

在公共空间里，公共场所人流量大，接触楼宇电视和移动电视的人比较多。楼宇电视在人来人往的商业街、电梯的门口或者电梯里，不管受众接收意愿如何，影像都肆无忌惮地播放。而日常的交通工具，如公共汽车、出租车、火车和飞机等都能看到影像内容，影像已经成为诸多公共空间的一种重要媒介，受众的影像收看变得越来越公开，素不相识的陌生人共享着同一个载体，收看着相同的内容。而且，公共空间的收视内容基本由运营商决定，普通受众无法享受到影像内容的选择权，只能被动地收看载体运营者播出的内容，尽管不同的空间，受众群体不同，运营商也会安排不同的影像内容。一般来说，商业街的电子显示屏和电梯内外的楼宇电视主要播放的是广告，包括商业广告和公益广告。移动电视的影像内容相对丰富一些，一般除了播放广告外，还会播放其他一些节目，看视频成为一些人在交通工具上休闲的主要方式。比如，公共汽车上的移动电视常常转播一些新闻、资讯、生活服务类、城市交通信息等内容，同时穿插一些广告；飞机上的移动电视以播放一些滑稽短片为主，也穿插一些广告。

个人私密空间里的影像休闲则更为个性化。手机和电脑将影像的收视环境带入个人独享的私密空间，手机、电脑、i-pad当用来收看影像时，由于屏幕小，通常只适合个人收看。于是受众越来越少地与其他人共享收视环境。甚至电视也常常不再是与家人共同分享影像的娱乐形式，而是个人化的休闲时光。受众不必再与家人争夺遥控器、争夺影像收视的控制权。

影像收看已经成为随时随地的一种受众行为，可以在排队等候公共汽车或者等候登机时收看，也可以在工作的间隙消遣。收视空间和时间的解放是新媒体时代全新的影像休闲体验。现代技术使观看电视不必按照电视节目时刻表定时收看。受众可以点播影像节目，可以回放，按需消费：随时暂停，随时继续，从而摆脱时间的束缚。数字技术的发展将人们从影像消费的固定时空中解放出来，具有了自我掌控的权力。因此，影像更深入地介入受众的日常生活中，具有更大的社会影响力，充斥社会的每一个角度，更为深刻地影响人们的世界观和价值观。5G时代到来之后，受众将被更多影像载体所包围，生活在影像所建构的世界里，虚拟的社会现实与真实世界通过影像实现互渗。影像交互则为受众带来了更新的收视体验:人机对话、与陌生人沟通和遥远的亲近等等成为可能。

三、互动理念的形成与观众的分化

数字媒体对整个受众群体影响最大的可能就是互动理念,它包括言论上的互动——发言(平等的双向交流节目)和行动上的互动——参与节目等。互联网上平等的双向交流导致互动成了现在所有媒介的普遍需求。在电视领域,电视台纷纷开发可能激发观众互动的节目,比如各种真人秀节目都面对观众广泛地征集参与者。《非诚勿扰》每期节目结束时,主持人孟非都会不厌其烦地对观众发出邀请:“观众朋友,如果想了解我们24位女嘉宾的个人资料和联系方式,现在可以拿起手机,编辑短信81206加女嘉宾编号发送到10666666620,或者登录步步高vivo智能手机《非诚勿扰》的官方网站,给她们留言。想要征婚相亲交友的朋友,可以通过珍爱网或者百合网、新浪微博或者QQ家园、腾讯微博报名,来到我们节目现场,在《非诚勿扰》的舞台上追求你们的幸福。报名方式出现在屏幕下方。……”互动成分的加入使电视休闲的消极性中融入了积极的成分。“看电视”中“看”的成分被弱化。其他热线节目,如情感热线、点歌热线和益智竞猜类节目等也调动了观众的参与热情和积极性。

然而多数老年受众对电视的互动取向却不以为然,在他们眼中,“导演把一切都安排好了,我为什么要互动呢?我看电视的目的就是休息,不想互动”。中国已经进入老年社会,老年人的休闲心理是值得重视的一块内容。不喜欢互动的除了老年人,另外还大有人在,许多忙于工作的上班族,看电视的目的有时就是业余放松和休闲,他们并不愿意卷入电视台鼓动的参与性活动中。这是电视休闲在面对新媒体冲击时必须保持冷静的地方。

在互动文化的熏陶下,受众明显地分化为积极的受众和消极的受众。消极的受众只接受信息,不反馈,不互动,不参与,是传统意义上的观众。而积极的受众既是信息的接受者,也是信息内容的生产者。UGC,是指用户生产内容,正是积极受众生产的内容产品。参与和互动是重要的融合文化。参与程度随着技术的提高而不断增强。视频网站的UGC(用户内容生产)的模式,引发了全民参与热情。观看或拍摄在线视频已经成了人们的日常活动。在影像受众中，他们有的喜爱电影，有的追国外的电视剧和电视真人秀节目，有的是国产剧或网剧网综的忠实粉丝，还有的追的是“星”而不是影像产品。

数字技术使电视频道和节目极大地丰富，影像载体和收视形式日益多样化，为受众提供了更多的选择，但由于影像服务不再是一种无须付费的公共资源，而成为一种交易商品，必然会产生收视人群的分化。事实上，只有有经济能力的受众才有机会进行多种影像选择，享受到各种信息和多种娱乐，而那些经济条件有限的受众，只能选择无须付费的公共电视，或者选择少数几个付费频道和无数的垃圾信息，因而这类受众其实接触影像内容机会反而减少了。腾讯视频、爱奇艺等视频网站每月15元的VIP会员费，数字电视各种资费套餐组合，其实就是一道门槛。对此，媒介研究者戈尔丁指出：“对于富裕家庭来说，进入新媒体的娱乐场是相对便宜的（只占整体收入的一部分），这只需对消费方式进行一个小小的（而且是简单的）调整就可以了。相反，对于贫穷家庭（而且由于英国最近的收入差距有增大的趋势，这种情况必然会变得更严重）来说，价格是计算机会成本时应当考虑的一个重要因素。因此，接触媒介产品的考虑和日常生活衣食住行的精打细算就被不和谐地搅和在一起。”[①]在此，经济条件作为一道鸿沟，将受众划分为接触影像内容机会的富裕者和贫穷者，最终使受众产生信息鸿沟和知识鸿沟，导致人们休闲方式与休闲机会进一步分化。

四、新媒体时代的电视休闲

数字技术、网络技术、移动通信技术三种技术的结合与碰撞产生了超越人类想象的许多媒介现象。具体到电视行业，数字电视采用了数字编码和压缩技术，带给观众最直观的变化就是家里电视节目数量大大增加，而且数字技术与网络技术、移动通信技术的结合，还大大改善了视频的画面和音质效果，提高了电视休闲的质量，从而影响到人们日常生活的电视休闲理念、方式和习惯。

1. 节目数的增加

数字技术使电视频道、视频播出平台不断增多，手机摄像头的全民使用，

① 戴维·莫利：《电视、受众与文化研究》，史安斌主译，新华出版社，2005，第253—254页。

影像内容生产趋于全民化，带来影像信息的极大丰富，影像内容消费明显分众化和个性化。英国的天空卫视目前已经拥有了400多越来越小众的专业频道，包括新闻、体育、娱乐、音乐、生活与文化、儿童、宗教、电影、纪录片、购物、国际、游戏、交友、专家、成人等14种主题频道。每个主题频道再细分为更为专业的频道。比如仅电影频道就拆分成28个专业频道，包括天空动作片、天空喜剧片、天空家庭伦理片、天空故事片、天空经典片、天空惊悚片、电影4、电影4+1、恐怖片地带、惊悚片地带、真实电影、真实电影2等。在中国，数字付费频道达140多个，涵盖电影、足球、美食、财经、美容等大量专业性频道，甚至还有围棋、钓鱼、育婴等小众化的频道。在这样的频道资源背景下，观众获取的影像信息越来越深入。而一些增强型电视和交互电视又为受众获取更为深入的信息提供了便利。比如，在观看一场足球赛事时，受众可以边看赛事边使用遥控器从屏幕的菜单中获取更为详细的赛事情况、球员的基本信息、比赛双方以往的交战战绩等。

许多电视播出平台都为受众提供了十分详尽的各类服务信息，如出行的交通信息天气信息、餐饮娱乐信息购物信息、分类广告等。

2.交互式收看

视频点播是数字电视的重要特点。电视观众可以根据自己的需要在电视上自由点播节目库中的电视节目，满足了观众个性化的需求。中央电视台音像资料馆已完成了23万小时的节目数字化转码工作，内容包括新闻节目、体育节目、电视剧、综艺节目和专题节目，为视频点播服务做足了准备。

当数字电视技术完备时，在传送视音频节目的同时，还可以播送一些链接在节目上的附加信息。电视观众在收看节目时，可以通过遥控器选择一些叠加在屏幕上的信息。比如，英国天空数字电视旗下的Spy Sports在播出英超比赛时，观众就可以选择收看球员的背景资料、技术统计、花边新闻，可以选择某个镜头的回放、不同摄像机位的镜头，可以选择球队的赞助商、广告商的产品，还可以参与球赛的竞猜和讨论，也可以直接按动某个遥控按钮，为自己喜欢的球队或演员投票表示支持等。这些互动的形式不仅使用户有了更好的电视体验。

此外，数字电视节目可储存，为人们有目的地收看自己喜欢的节目提供了方便。收看电视成了一种更便利、随心的休闲行为。

3.网络电视的影响

网络电视又被称为IPTV,是将电视机、个人电脑及手持设备等作为显示终端,通过机顶盒或计算机接入宽带网络,实现数字电视、时移电视、互动电视等服务。网络电视的出现给人们带来了一种全新的电视观看方法,它改变了以往被动的电视观看模式,使人们既可以在移动中观看电视,也可以以网络为基础按需观看、随看随停等。

网络电视带给人们另一个方便之处在于扔掉了广告这块电视节目中的“口香糖”。人们不仅可以想看就看,不受播出时间的限制,而且可以跳过广告,不用为了收看自己心仪的电视节目而百无聊赖地等待广告时间的结束。

第三节　电视休闲发展的社会环境

休闲作为一种文化符号,标志着一个城市的精神风貌与社会和谐的程度。休闲虽然是个体行为,但与社会环境休戚相关,政府在其中扮演着重要角色。除了公共休闲设施和服务的供给外,更重要的是,政府需要从管理机构及其职能设置、相关政策引导等方面创建有利于休闲发展的制度环境。这一制度环境的创设前提是政府必须具备健康的休闲价值观。正如罗素所说,是否懂得休闲是对一个社会文明程度的最终检验。如果政府没有这个认识,休闲发展,以及电视休闲的发展都会遭遇不可突破之阻力。

一、社会主流意识对休闲传播的制约

休闲是全人类文化的一个普遍组成部分,但在不同的文化中,休闲有不同的表现。休闲受到文化的制约。

在任何社会结构和政治体制的国家里,社会主流意识都深刻地影响着休闲的实现和丰富。当下,中国社会主流意识对休闲权利的重视,休闲方式的关注,以及对健康积极的休闲方式的倡导,个体快乐的实现对社会和谐稳定的意义等都达到了历史上前所未有的重视程度。但休闲的价值和意义,还没有得

到其他学科领域、政府部门和大众的普遍认可。电视休闲所追求的游戏、娱乐思想则更是常常被摒弃于主流正统思想之外。

(一)传统文化对休闲的抵制

“拥有闲暇是人类最古老的梦想——从无休止的劳作中摆脱出来;随心所欲,以欣然之态做心爱之事。”[①]尽管如此,休闲不被重视,在中外学术界和主流社会都一样。按照杰弗瑞·戈比的推测,“这或许是因为在我们的社会中,大多数人依然持有传统观念,以为只有像‘工作’这样的大事才值得人们去全力以赴,至于娱乐或者休闲这类区区小事,只能‘靠边站’;又或许是因为难以用任何系统化的方式来考察休闲”[②]。在中国,休闲更不被重视。在中国的传统文化中,儒家文化长期占主导地位,儒家文化讳言休闲,抵制休闲,鞭笞休闲,儒家文化又成为社会文化的主流思想、统治思想。在传统文化里,中国人以自己是“勤劳勇敢”的民族而自豪;休闲,让人联想到追求享乐,好逸恶劳。从意识形态来看,不少人认为提倡休闲就是鼓吹消费主义、物质主义,就是穷奢极侈、好逸恶劳,就是推崇所谓的炫耀性消费。劳动光荣、竞争社会、艰苦劳动等都是主流社会一直倡导的人生观。在主流意识看来,休闲,至多不过是工作之余的放松、消遣,是从属于工作的,人的休闲意识培养总是不如竞争意识、效率意识、工作赚钱的意识等的培养来得正当和重要。于是休闲便失去了话语权,失去了它在社会结构中应有的地位。

中国传统价值观都倡导“勤劳致富”,但这一价值观却缺失了一个环节:“勤劳致富”目标已经实现,人们已经富裕,接下来应该干什么?实际上,休闲是“勤劳致富”后的很好选择。因此,在人们生活水平日益提高,闲暇时间日益增多的社会里,有必要重新认识休闲。受传统意识和经济发展程度影响,我国长期以来重生产轻生活,重工作轻休闲,对休闲存在一定的偏见和误解,认为休闲就是游手好闲,是吃喝玩乐,是有碍于社会进步的,是反经济的。不管是政府政策、居民消费还是理论研究,都没有对休闲给予足够的重视。

正是由于没能深刻认识到休闲对经济繁荣、人类发展和社会进步的重要意义,我国目前对休闲发展还缺乏长远的战略规划,也未制定出明确的发展政

① 杰弗瑞·戈比:《你生命中的休闲》,康筝译,云南人民出版社,2000,第1页。

② 杰弗瑞·戈比:《你生命中的休闲》,康筝译,云南人民出版社,2000,第1页。

策，导致休闲水平低下，休闲产业发展不成熟，休闲供给严重不足。

（二）“电视有害论”的电视观

电视休闲对于人们的作用如同麻将对于中国人的作用一样极具争议性。麻将是中国人最普遍的休闲方式之一，被数学家誉为世上最聪明人的发明。麻将的最大游戏特点是多变——它精密的必然性和偶然性排布使之适合任何人群。对于沉闷少变的中国人来说，麻将满足了人们力求多变的心理。它以无休止的循环往复成为消磨时间的最佳方式，成为古往今来一部分人花费时间最多的一种活动。但麻将也是最具争议的一种休闲方式，当它是娱乐时，它可能因为消磨了人们大量时间而减少了犯罪可能性；当它成为一种赌博时，它又可能酿成犯罪。

电视与麻将给人们带来的休闲有些类似，尤其对于儿童。看电视导致久坐不动，而久坐不动是儿童肥胖的一个重要原因。主流观点认为，不管人们多么爱看电视，电视都不宜成为主要的休闲方式。因为看电视只能使观众被动地获得间接感受，无法对真实环境施加任何影响，健康的休闲理念应当是主动采取行动。持这类观点的人认为，休闲的本意是提高生命的质量，强调个体在休闲活动中的创造性。然而电视适得其反，电视使人们处于被动之中，与休闲的初衷背道而驰。

事实上，电视休闲的过程其实是观众经历审美创造的过程。首先，电视向人们传播信息，提供直接的、真实的娱乐；其次，电视通过画面向观众输出连续的符号，观众在解读符号的同时创造和建构着文化，为自己营造了一个理解文化的空间。然而电视休闲的这些作用不像实体休闲那样显见而常常被主流人群漠视或轻视。

二、电视休闲的瓶颈与休闲障碍

尽管电视目前仍是“第一媒体”，“但是在对电视媒体的使用中，许多人看电视的目的只是消磨闲暇时间，或者在工作之后转换自己的情绪。而与此同时，人们休闲生活的广阔天地却在加速扩张，电视媒体之外的休闲活动如雨后春笋般地成长，早已不局限于传统的吃、穿、用等方面，‘户外休闲’成为新的休闲观念，当人们享受户外休闲方式的乐趣时，电视的休闲作用明显受到局限”①。

英国著名思想家罗素认为，能聪明地休闲是对文明的最终考验。

（一）休闲的价值指向有待进一步清晰和明确

休闲在人们的生活中到底处于一个什么样的位置，社会主流意识对休闲的态度还处于摇摆期。对休闲的重视不够，是休闲发展最大的瓶颈。

正是由于社会主流意识对休闲的态度不明确，导致休闲的目标价值指向模糊。电视“休闲的目标价值应帮助人成为快乐的、自由的、富有创造力和具有追求真善美能力的人，对休闲活动的反映最终要指向实现对人类精神家园的守护，形成一种对社会发展具有矫正、弥补、平衡等功能的人文力量”②。然而，电视休闲理念目前仅仅停留在寻找感官的、欲望满足层面上的快乐，而忽视了寻找生命的快乐意义，较少深入反映休闲活动中精神价值的实现。强调对简单的、表面的快乐的追求，比较忽视休闲对于人自我完善和发展意义的关注。这实际上降低了休闲在人类生命中的意义高度，而把休闲生活简单理解为现代生活的一种补偿、一种元素。

电视休闲和其他休闲一样，当它作用于人时，包括外在形式和内部精神状态的自我实现两个层面。也就是说休闲根据作用的程度有休闲层次之分。浅层次的休闲能使人放松、愉悦，高层次的休闲能展现休闲的真谛和要义，促进人的自我完善。高层次的休闲已经不是简单地寻找快乐，而是在寻找生命的意义。从这种意义上说，休闲是一种“成为人”的过程，它为个体完成自身和社会发展的任务提供了主要存在空间。

从国家决策层面来看，休闲还没有纳入全面小康的指标体系当中，十六大和十七大都提出要建设全面小康社会，但是如何界定全面小康，根据国家主管部门权威的指标体系，现在有六大项二十五个指标，在这些指标体系里面很少有体现休闲的内容，有恩格尔系数、基尼系数，还有包括经济、社会、文化方面的发展，尽管这些指标都跟休闲有关系，但是完整地把休闲概念和休闲地测评纳入这个指标体系里面现在还没有。没有把休闲纳入全面小康指标体系里

① 曾志华：《电视与休闲生活的相互渗透和矛盾现象解读》，《电视研究》2005年第3期。

② 王玲玲：《关于休闲传播的现状与未来构建》，《自然辩证法研究》2006年第10期。

面，就意味着政府没有把休闲作为发展目标，也就是说，从城市规划到社会政策，包括相关的一些配套设施，都没有考虑休闲因素。

(二)带薪休假制度尚待落实

休闲时间的充足与否、可用于休闲活动的可支配收入多少，是制约居民能否参加休闲活动的两大要素。居民收入反映了一国的现实发展水平、财富分配结构、就业市场供需状况、产业结构状况甚至个人的工作能力和贡献程度，具有一定的刚性，而当前的政府财政也较难进行大规模的补贴。因此，休闲产业获得大发展的重点是从调整大众的休闲时间着手，以“带薪休假制度”为突破口，完善现行工休制度，带动休闲相关产品和产业的发展。

作为一种制度安排，休假制度对人们的休闲生活具有重要影响。现在，劳动者的公休假制度和带薪休假制度，还有待落实。

三、文化认同与电视休闲的国际视野

地域文化对传播者和受众都会产生重大的影响。我国幅员辽阔，受众收视习惯由于地域文化而显示出巨大的差异。就南北地区而言，北方山少平原多，方圆几十里一览无余，因此，北方人的性格多直爽豁达，大方而不拘小节；而南方山地纵多，河流纵横交错，地形地貌被山水阻隔，人们的视野被禁锢在狭窄的空间内，南方人在有限的土地上精耕细作，为了生存，他们养成了精打细算、小心谨慎、善于运用“现有资源”发挥聪明才智的思维习惯。就东西部地区而言，东部地区经济发达，是中国的商业中心，人们的竞争意识强烈，生活节奏很快，比其他地区人们更渴望放松，他们的收视需求和口味大都倾向于轻松幽默、时尚前卫的电视节目。而西部地区经济欠发达，社会竞争激烈程度也不如南方和东部地区，人们小富即安，享受着闲适的生活状态。他们的收视需求和口味大都偏向于生活类电视节目。

与此同时，对于电视节目来说，受众的理解和认同至关重要，没有建立在文化认同基础上的观众参与和与节目的互动是难以想象的。电视节目的新闻性、娱乐性和喜剧性效果都需要审美主体的积极参与和配合。比如搞笑，“幽默在笑者那里”，在娱乐节目中，无论笑话多么幽默风趣、事件多么微妙睿智，如果没有被受众理解,那么它就是失败的。而观众的积极解读和配合能力,不仅来自其自身的幽默感觉,更需要特定文化背景的熏陶与滋养,以及一定的媒介素养。就像我们常常难以理解西方的一些喜剧节目一样,西方人有时也读不懂中国式的幽默文化。

社会行动理论认为观念是行为的先导。休闲观念,是休闲生活主体——人或人群对休闲生活意义的价值判断。它反映了人们的生活观念和生活态度,同时也体现了一个社会的经济文化发展状况。

娱乐带有很大的文化认同内涵。外国人看中国电视与中国人看外国电视一样,常常很有意思的节目,由于文化差异而反响差之千里。娱乐本身不是一个简单、表层的东西,不同的价值观会有不同的娱乐追求。

中国自古以来就存在着多种休闲方式。不同的休闲方式体现着人们当时不同的休闲观念。古时候的有闲阶层主要是文人、士大夫,他们因为生活有足够物质保证,不用为生计奔波,闲暇时间充裕。其“休闲观念简单说来就是回归自然、讲求人的自由,重视精神生活,轻视物质享受,强调勤以修身,俭以养德,反对挥霍无度,这也正是当今休闲学家们所倡导的生活方式”①。

“游戏是孩子们接受其出生地文化的一种途径。”②因此,在电视上提供与出生地文化有关的游戏项目并邀请大众参与是值得去做的事。

电视休闲文化与受众的地域有一定的关系。基于地理环境的物质生产和文化习俗以及生活方式等因素使不同地域的受众对休闲、娱乐的理解不同,其对电视休闲的期待也会有所不同。同为小品、相声等曲艺节目,赵本山的二人转以及郭德纲的相声在定位上就会有区别。

第四节 电视休闲的趋势与展望

闲暇是一种社会财富,但对闲暇时间的潜力挖掘需要人类共同努力。原始社会物质财富极为有限,闲暇时间无法掌控;封建社会,闲暇时间就像物质

① 张敏:《大众传媒对城市老年人休闲生活的影响》,华中农业大学2007年硕士论文。

② 杰弗瑞·戈比:《你生命中的休闲》,康筝译,云南人民出版社,2000,第19页。

财富一样，分配极度不均。进入现代，电视空前占有了人们的闲暇时间，改变了人们的业余生活方式。现在，在电视与闲暇时间的关系上，需要对电视在休闲活动中进行一个合理的定位与研判，这不仅是电视人应当思考的问题，也是日渐重视休闲的人类应当思考的问题。

一、电视与休闲的悖论：普遍的休闲与惰性休闲

电视休闲功能的发展进程一直伴随着理性的谨慎与感性的享受两种力量的博弈。正如前人已经论证过的那样，电视对人类的社会交往起着正反两方面的作用，一方面它可能阻碍了社会交往，另一方面，由于媒体具有社会化作用，它又可以促进个体的社会化。而电视是人们在社会化过程中影响最大的媒介之一。例如，交谈是一种正常的社会交往方式，电视讲话的方式和交谈风格可以促进社会交往的发展。因此，电视与休闲的悖论长期存在并影响着电视休闲的发展。

（一）普遍的休闲

根据《中国广播电视年鉴2019》的介绍，2018年我国人均每日电视收视时间为129分钟；2017年，我国人均每日电视收视时间为139分钟。也就是说，电视占了我们每天2个小时的闲暇时间，是我们日常休闲活动的重要组成部分。看电视是一项普遍的休闲活动。而且，电视休闲具有广泛的社会价值，主要表现在：

1.促进社会整合

电视休闲能促进社会的整合。因为电视既能解构意义又能建构意义，对社会而言，电视既能消解意义又能整合意义。它一方面满足了人们感官享受和时间消遣的需求，为社会提供了一种服务，对整个社会来说是一种必不可少的安慰剂和宣泄口。另一方面，电视促使人们从分散的个体群落向整合的有机环境转变。作为"家庭媒介"，电视不仅具有凝聚家庭成员情感与爱的作用，而且还有利于形成一种文化"共同体"和社会"共同体"，构成对社会的整合和凝聚作用，有助于大众主体身份的认同和建构以及对社会的归属感。例如，《中国诗词大会》《中国汉字听写大会》《中国成语大会》《中国谜语大会》等文化

益智节目，定位“赏中华诗词，寻文化基因，品生活之美”，既弘扬了中华优秀传统文化，使古代经典诗词深深印在观众的脑子里，成为“中华民族文化基因”。

2.加强大众的社会交往和精神沟通

电视使我们和这个世界保持着交流。“人类社会是作为一个交流共同体而发展的。”美国芝加哥学派通过对人与社会关系的思索，指出：“交流传播是人类关系的基础，它导致了社会关系的产生，将人们连接到一起，使社会生活得以可能。”社会只有通过传递、通过交流才能继续生存，人们因为有共同的东西而生活在一个共同体内，而沟通是他们实现占有共同东西的有效方法。

电视节目中的娱乐功能是电视休闲在人们生活中占有重要地位的首要原因。从个体发展的全过程来看，娱乐一直起着不可忽视的作用。“在人类社会发展史上，从自我娱乐、人际娱乐、群体娱乐到组织娱乐、大众娱乐，反映了人性总体上从自然属性、社会属性到精神属性的拓展。”[①]可见，娱乐是人类的调适器，不仅调适个人，而且调适社会，交互推动着人类的进步。就社会层面而言，个人的发展就是要学会做人，要学会与人共处，首先要尊重人、理解人、关心人，扩展平等价值观，增进对相互依存的认识；其次要学会与人合作、与人分享，不是损人利已，而是合作共赢。学会与他人分享与共处是人类社会和谐发展的需要。在此意义上，娱乐就是人类的一种自我完善，不仅仅是对个人的完善，更促使社会的自我完善。娱乐文化除了“自娱自乐”和“互动娱乐”以外，有着重要的交流和沟通作用，在娱乐游戏中人与人容易达到一种快乐交流的生活语境，使人与人之间拥有和谐的人际关系，进而推动人类生活的和谐交往。

在现代社会里，由于都市生活流动性很大，同时又是一种高度社会化和个体化的矛盾结合体，身处其中，每一个社会成员难免会对这个喧嚣世界产生一种“熟悉的陌生”感，体验到一种“热闹的孤独”，而人们的社会心理并没有与城市文明的发展同步而行。这些心理体验显然容易加剧人们固有的焦灼心态，毁坏人们的自信心，造成严重心理失衡。在此状况下，大众能够通过电视娱乐节目中营造的交流感和沟通“场域”，通过对电视的积极参与和相互认同来摆脱心中的焦虑和孤独感，通过电视“粉丝”的狂热与相互感染传递快乐情绪。作为沟通桥梁的电视，通过快乐交流的方式，满足了人类的精神交往需求，提

① 张小争：《娱乐财富密码——引爆传媒心经济》，复旦大学出版社，2006，第155页。

高整个人与人、人与社会的生活质量。

3. 电视休闲对和谐社会的建构作用

正确地发展电视休闲文化对和谐社会的建构能起正向促进作用。休闲有助于文化认同,使文化得到保护,经济得到发展。休闲选择本身也是一种文化选择。文化特性,部分是在休闲情境中成形的。电视可以通过其凝聚作用,强化休闲的文化认同。

2006年世界休闲大会在杭州召开,会后发布“杭州共识”,与会学者认为,休闲对个人和社会的影响主要表现在:

(1)对个体的影响:通过自主选择、价值认同、自我表现,来释放压力,达到生理、认知和情感上的健康。

(2)对社会的影响:促进联系与交流,增进情感,对家庭和谐、社区团结、文化发展等的创造机遇和条件。

(3)休闲的消极影响:个体与集体、不同的利益团体和阶层、族群可能存在的冲突,休闲选择也可能成为文化偏见与社会分化的载体,休闲的过度商业化也将带来消极后果。

(4)获得休闲的机会不平等:个体特质(性别、种族、民族、是否残疾等)、社会经济状况(收入、教育等)、文化背景、地理环境的差异是造成不平等的原因。

(5)政策作用:需要公共政策来支持、促进休闲参与和休闲机会,公共政策可以使休闲的益处最大化,而使休闲的消极方面降到最小。

因此,休闲帮助人们获得具有文化价值的生活方式,将带来更好的生活满足感和更佳的心理与生理健康。

(二)惰性休闲

尽管“看电视”被大众看作最便利、普遍的休闲方式,然而电视休闲被多数学者认为是一种惰性的、消极的休闲,对其他休闲活动有一定的抑制作用,主要表现在:降低休闲行为能力,降低休闲文化层次和阻碍社会交往。很多专家学者对此进行过论述。其中最著名的是拉扎斯菲尔德和默顿的观点,他们认为:“现代大众传播媒介将现代人淹没在表层信息和通俗娱乐的滔滔洪水当中,人们每天在接触媒介上花费大量的时间和精力,降低了积极参与社会实践的热情:他们在读、在听、在看、在思考,但是,他们却把这些活动当作行动的代替物。他们有知识、有兴趣，也有关于今后的各种打算，但是，当他们吃完晚饭、听完广播、读完晚报以后，也就到了睡觉的时间了。”[①]电视使人们成为“沙发上的土豆”，让人们在电视前的沙发上花的时间太多。拉扎斯菲尔德与默顿将这种现象称为大众传播媒介的“麻醉作用”，认为过度沉溺于媒介提供的表层信息和通俗娱乐中，个体就会沉醉在虚幻满足之中，从而不知不觉地失去社会行动力。

电视的消极休闲还表现在对暴力行为的描述上。电视通过报道或描述大量的暴力事件，使受众认为暴力事件充斥着现实生活，青少年更是深受其害，常常模仿电视中的画面进行暴力行为。

阻碍社会交往，是电视休闲的另一消极性后果。时间对于每个人来说，都是平等的每天24小时，如果人们花费了大量时间在看电视上，那么他们从事其他更为积极健康的休闲活动的时间将大大减少。这也是电视休闲一直被休闲学界所诟病的地方。20世纪60年代，匈牙利社会家亚历山大·萨莱，在同一文化中，对有无电视机的人每天的时间支配情况进行比较。结果发现，“电视机拥有者在以下各项活动中使用的时间减少了：睡眠时间每天平均减少13分钟，外出社交时间每天平均减少12分钟，听收音机时间每天平均减少8分钟，读报时间每天平均减少6分钟，家务时间每天平均减少7分钟，旅行时间每天平均减少5分钟，读书时间每天平均减少6分钟，闲谈时间每天平均减少5分钟”[②]。

这一结果明确告诉我们，电视确实降低了人们的休闲行为能力，一定程度上阻碍了人们的社会交往。持这一观点的人进一步认为，看电视是不健康的休闲方式，它只能使人被动地取得间接感受，获得的是一种虚幻的满足感，不能对环境施加任何实际的影响，而健康的休闲激发人们采取行动而不是处于被动之中。“电视消费在导致家庭成员聚集的同时，却导致了家庭与家庭之间的‘隔离’。因此，在某种意义上，电视社会是一个‘孤独社会’，电视发明之前，人们通过聚会、面对面地交谈或其他群体性交往进行休闲娱乐活动，这些社会性、主动性的交往让人们之间产生亲密感，而电视普及之后，休闲时间里人与人之间的关系让位于“人——机”关系。看电视这种休闲方式更多的是自寻乐趣而非跟其他人打交道的娱乐休闲方式，减少了人们之间从事集体休闲活动、

① 郭庆光：《传播学教程》，中国人民大学出版社，1999，第116页。

② 威尔伯·施拉姆、威廉·波特：《传播学概论》，何道宽译，中国人民大学出版社，2010，第240页。

在社会中学习的机会。另一方面，电视又是沟通私人领域与公共领域的渠道。尽管我们与外界的'物理接触'减少了，但是，由于电视的原因，我们与外界的'符号接触'或'替代接触'却大大增加了。按照卡斯特尔的说法，电视成为家庭的另外一个环境，即'符号环境'。借助于它，我们不但获得了'替代性在场'的体验，而且可以与亿万大众同步分享外界发生的重大事件，电视因而也使我们与外界发生了前所未有的紧密联系。"[①]但所有这些体验、联系与交往，都仅仅停留在精神层面、虚拟空间，是否能对现实世界发生作用，既需要我们分出部分看电视的时间去检验，也需要我们假以时日观察检验结果。

因此，"人们对电子媒体（或大众媒体）充满爱恨交织的感觉，对其既利用又批判"[②]。电视与休闲生活产生的上述悖论本质上是人与电子媒体的矛盾。"一方面人们几乎每时每刻都通过电子媒介与外界发生关系，另一方面，渗入日常生活的电子媒介又让人无法逃避，它剥夺了人与人之间的交流和接触，使人们失去了在社会接触中学习的机会，进而损害人类的精神情感生活。媒介对人类交往行为的占领使人的感情表达、动作姿态等可见可感的行为在人际关系中的作用减弱。"[③]

此外，电视一方面被人们作为休闲产品而消费，另一方面，电视传播的休闲观念、休闲方式，以及休闲娱乐服务、休闲场所、户外健身场所等，又将人们推向其他休闲活动而远离电视。也就是说，电视一方面为了满足观众的休闲需求而不遗余力地表现自己的休闲性，另一方面却又在电视里对观众说："休闲有很多种方式，去选择更富创造性的休闲吧！"结果可能使越来越多的观众离开电视而身体力行其他休闲活动。

二、通向未来之途：探寻电视休闲的发展与定位

西方对休闲的研究大约已经有一百多年的历史，而中国的此项研究才刚刚起步，主动地学习、吸收国外的休闲理论完全必要，但是，休闲理论本身具有时代性和民族性。如何构建符合中国国情的、能满足中国人文化需求的、能对

---

① 夏骏：《十字路口的中国电视》，清华大学出版社，2006，第21页。

② 曾志华：《电视与休闲生活的相互渗透和矛盾现象解读》，《电视研究》2004年第10期。

③ 曾志华：《电视与休闲生活的相互渗透和矛盾现象解读》，《电视研究》2004年第10期。

人们的文化行为作出指导的电视休闲的理论和实践体系，是研究电视、电视休闲、休闲的中国学者必须共同思考和回答的问题。

著名未来预测学家格雷厄姆·T.莫利托指出，休闲是新千年全球经济发展的五大推动力中的第一引擎。英国《经济学家》则预测，21世纪休闲产业将取代信息产业成为推动全球经济增长的最大推动力。近年来我国经济保持稳步增长，扩大内需仍将是目前和未来很长一段时间内我国拉动经济增长的最主要力量。因为，对于一个人口庞大的发展中国家来说，国内需求是其经济发展的坚实基础。内需包括投资需求和消费需求两个方面。消费需求的增长点绝不仅仅局限在日用消费品领域，休闲领域的消费需求将随着小康社会的到来成为中国消费需求的一个重要方面。

但是，正如前文所述，电视与休闲的矛盾关系给两者相互之间的共同发展造成了障碍。而且，尽管迄今为止电视仍是人们休闲的重要途径和工具，但网络正在成为电视休闲的主要威胁，甚至部分观众收看电视剧的主要途径已开始从电视机移至电脑。未来电视在休闲领域将扮演什么角色？有学者认为，"用发展的眼光看，电视等大众传媒作为人们度过闲暇时光的主要方式的优势，迟早会被别的休闲行为、特别是包括许多户外运动在内的健身体育所代替"，即便是媒体休闲方式具有"转换情绪"的作用，"今后也将更多地通过以文娱体育为中心的其他休闲活动而实现"①。但事实上，"电视是否会退出休闲领域"就相当于回答"电视媒介是否会退出人类的生活一样"，答案应该是否定的。

首先，看电视是一项文化审美过程，观众在解读电视传播而来的符号的同时，进行着文化的创造和建构，因此，电视提供的是一个理解文化的专属空间。只要人类的精神文化还存在，电视就有其存在价值。

其次，网络确实挖走了许多网络休闲者，但永远会有不能上网、不能独自外出的小孩或者老人，至少他们跟现在一样需要电视陪他们度过在家中无人理会的孤独时光。

事实上，电视已经深深地嵌入人们的日常生活中，它能满足网络不能实现的社交性休闲。"听"电视的行为非常普遍："50%以上的人说他们一边听电视一

① 曾志华：《电视与休闲生活的相互渗透和矛盾现象解读》，《电视研究》2004年第10期。

边做别的事，吃东西、说话、睡觉、熨衣服，等等。听电视的做法也吸纳了与网络有关的使用：40%的网民边听电视边查邮件或浏览网站。”[1]

长远地、客观地看，未来电视休闲的发展方向主要集中在以下两个方面：

(一)被动娱乐的放松感——方便是金

人们会为了消遣娱乐、为了放松而打开电视机，让自己完全处于一种被动休闲的状态。未来，这种被动休闲需求仍将长期存在。

遥控器为人们的被动休闲创造了实际的渠道。可以说，它是电视休闲的一个创造性发明。遥控器看起来增加了人们主动选择的方便性，但事实上，它推动人们向被动娱乐的方向更进了一步，人们坐在沙发上，懒洋洋地一按，选择便可完成，而电脑可不行，没有双手的配合操作很难实现选择的满意度。

遥控器使人们的休闲选择越来越随意，越来越方便。它让观众有一种“主宰者”的感觉，观众通过遥控器来表达自己喜欢什么样的电视节目。从电视收视率调查的角度看，遥控器使观众的收视行为变得更加主动。

施拉姆曾经提出过一个关于媒介接触的公式：

$$\text{某种媒介(或信息)被受众选择的或然率}=\frac{\text{预期能获得的报偿}}{\text{付出的代价}}$$

任何人都希望付出最小的代价却获得最大的报偿。因而假使预期能获得的报偿一样的话，某种媒介(或信息)能否被受众选择，关键在于它的传播方式是否方便易得。付出的代价既包括时间、成本、方便程度等，也包括心理上的进入内容的程度。“看电视”在媒介接触上付出的代价是最低的。

这里还有另外一个优势，就是接触媒介的门槛，电视几乎是没有门槛的，而网络则不行，不会使用网络的大有人在，如小孩、老人，但不会使用电视的人则几乎没有。

电视使用上的这些方便之处是其他任何媒介很难超越的优势。广播虽然也有这种优势，但广播声音带来的单一性与电视的视听兼具特性又不具有可比性。

随意性、便利性都是电脑不具备的。使用电脑是一种有意识的，精神相对比较集中的行为，一般来说，打开总是有明确目的，而电视的收看则常常处于

① 埃里克·麦格雷：《传播理论史——一种社会学的视角》，刘芳译，中国传媒大学出版社，2009，第204页。

一种无意识行为之中,打开不一定有目的,使用也并不一定聚精会神。这正是电视不可取代的独有优势。电视已经成为人们生活的背景,成为客厅或卧室器具构成的一部分,并融入为人们的无意识活动。

应该看到,电视带来的“被动”休闲或惰性休闲有时正是其独有的优势。人们并不是永远都喜欢主动性休闲的,也并不是人人都喜欢互动。劳累了一天的人们回到家,他可能什么也不想,也不想动,就喜欢赖在沙发上变成一个“土豆”,被动地休息一下、放松一下。只要人类还有这种需求,电视未来的生命力就会常在。

但是,加拿大传播学者麦克卢汉说过这样一句话:“那些包含了须由观众来一起完成某些过程的电视节目,是最有效的。”大众传播学者施拉姆也说过,最佳的传播效果将由受众参与而最终完成。随着互联网带来的“平等”意识、“主体”意识、个性化意识在受众之间的泛化,互动已渐渐成为大众在接触媒介时的当然逻辑需求。因此,适当地增加一些互动的内容和渠道也是电视发展的必需,就像《非诚勿扰》,看到高兴处,当兴趣被点燃时,人们还能有参与的渠道。电视需要让这条参与的渠道畅通,但参与绝不应该成为电视的主要收看模式,“被动”才是电视生命力的重要源泉。

电视互动的方式和渠道仍然在探索之中,有的通过电话、手机短信等方式直接将自己的意见传达给媒介;有的电视栏目现场接受观众批评、投诉和提意见;有的栏目专门设计了现场调查,在节目的开始公布一个公众关心的现场调查题目,并提供几个备选答案,然后通过电话按钮让观众进行选择;有的在网络上辟有专门的讨论版,让观众直接对电视节目发表看法;而越来越多的电视台采取另一种更富吸引力的方式是:报名成为嘉宾,现场参与节目。

(二)受众心理休憩满足的不可替代性

在人类社会的群居背景下,受众的心理宣泄、情感抚慰、休憩等众多心理需求都需要以电视为主的媒介予以提供和满足。

第一,缓解精神压力——电视娱乐功能异常凸显。

在社会转型期人们的思想观念、行为方式、生活状态以及价值体系变化,加快了社会的流动。各种利益关系的不断调整使生活中未知的、可变的因素增多,人们在获得更多自主选择权利的同时,身处其中的个人可能会趋于原子化、孤立化。面对快节奏的现代生活和日益激烈的行业竞争，人们不仅仅是有了更多实现自我价值的机会，还必须承受随之而来的心理焦虑和精神压力。[1]娱乐，本身是电视传媒的基本功能之一，在当下受众普涨的心理焦虑和精神压力下，受众对电视娱乐的需求比以往任何时候都更为迫切。于是综艺节目、益智节目、选秀节目等遍地开花、大受欢迎，甚至新闻节目这一与娱乐节目有着明显界限的电视内容也开始娱乐化，追求自身的娱乐元素，以迎合受众的需求。

第二，重建心灵家园——情感慰藉大行其道。

由于市场经济快速发展带来了激烈的社会竞争和物质化倾向，一方面，人们越来越务实，生活的快节奏以及不断膨胀的物质欲望使个人在追求自我成功的同时可能也与周围的人日益疏离；另一方面，转型期整个社会的思想观念、在变化发展中存在"真空"，信仰缺失、道德幻灭是这一时期许多人的共同困惑。因此，现代人的普遍症候表现为情感的苍白空虚和内心的孤独迷茫，而寻求情感抚慰、重建心灵家园则成为现阶段受众另一个重要的心理需求。[2]为满足这一心理需要，当今的电视荧屏，无论是电视剧中家庭伦理剧的热播，还是各类文艺娱乐节目里都十分强调情感成分的张扬。江苏卫视甚至将整个电视台的定位都改为"情感"和"幸福"，正是其对当下中国受众这种心理需求的一种积极呼应。

第三，对未来缺乏安全感——学习型休闲增多。

社会转型不仅推翻了以前人们的一些错位的价值观念，也更新了人们脑海里的知识和手中掌握的技术。以前一技在手，不愁后半生，现在，什么都有可能过时，什么技术都有可能被淘汰，这种来自心底深处对未来的没有安全感使人们拼命地希望更新自己的知识而与时代同步，于是便不停地学习，以期掌握社会上先进的信息、知识和技术，以不被时代所淘汰。2010年，清华大学与《小康》杂志的调查显示，在"休闲活动的十大目的"排行榜上，"增长知识、开阔眼界"排在第二位，仅次于"放松身心"。而在"公众最喜欢光顾的十大公共休闲场所"排名中，"图书馆"也位列第三，仅次于"公园"和"旅游景点"，甚至排在了"商业街"的前面。在电视休闲的领域，从电视上获得知识，进行学习型休闲

① 欧阳照：《电视新闻传播的叙事学研究》，四川大学2008年博士论文，第120—121页。

② 欧阳照：《电视新闻传播的叙事学研究》，四川大学2008年博士论文，第123页。

成为越来越多受众收看电视的重要诉求。英语频道、科教频道、国际频道等都是电视台为响应受众的学习需求而开办起来的专题型频道。

(三)家庭休闲的强化——电视休闲的集体性

除被动娱乐的独有优势外,集体休闲性是电视的另一核心竞争力。这两个特性可能是未来电视生存和与互联网时代的新媒体比拼的利器,也是与其他休闲产品较劲的着力点。

在聚集受众进行集体休闲方法方面,电视超越了其他所有媒介。书报的阅读都有排他性,任何人只要在阅读,他就同时发出了一个信号:请勿打扰!电脑也给人同样的感觉,当某一个人在使用电脑时,别人很难介入他的休闲状态。唯有电视不同,电视天然地对他人有一种召唤作用,只要电视开着,它就在向周围发出不遗余力的邀请,邀请大家观看它的内容,邀请周围观众以它为中心聚合起来共同休闲。因此,越来越多的电视出现在公共场所,安装在公交、地铁上等公共交通上的移动电视,在餐厅、茶楼等公共消费场所的普通电视,以及安装在商务楼宇电梯间的楼宇电视等都聚集中大量需要休闲的人们的注意力。

电视的集体召唤性既利于大众传播,也利于家庭成员共同休闲。家庭是人类社会特有的生物化再生产单位,是一种制度化的社会单元。当代社会发展的基本结构仍然将是“以家庭为中心”。

首先,从国家层面看,中国是一个注重家庭观念的国家,传统文化对“家”十分重视,“家国同构”的社会政治模式在中国传统文化中影响深远。近年来,对传统文化的重视使人们开始重新审视“家”的重要性,2007年假日制度的重新调整就是一个典型例证,该次调整,国家把“五一”的七天假期改为三天,却增加了彰显传统文化的清明、端午、中秋三个中华传统节日,清明强调对家族祖先的尊重,端午、中秋,则是举家团圆的节日,是中国社会主流意识形态倡导重视家庭、呼唤家族成员情感交流的一项重大举措。因此,在未来,家庭观念将在中国得到更多的强化,家庭休闲也将会越来越丰富,而居家休闲仍将占据重要位置,电视作为家庭休闲的重要工具,也将继续承担起为聚合全家共度闲暇时光的重要作用。

其次,从个体层面看,现代社会生活使人们的活动越来越私人化,人们对私人空间的需求欲望越来越大，而电视作为一种大众传播媒介，它不需要观众的互动仍可以继续播放，因而人们能够以自己的方式自由自愿地看电视，哪怕是开着电视而不看电视仅仅坐在沙发上发呆。

最后，电视在聚合家庭成员方面发挥着不可替代的作用。家庭成员是长期的、亲密的、面对面交往的稳固群体，成员之间的交往比较直接，情感联系比较密切。有时候成员之间的交流只需要一个眼神，一句话，或者只是看到对方就达到了交流的功能。因此，家庭成员共同待在客厅里，表面上看是在看电视，其实这或许是在交流或培育情感。我们很难想象一家人客厅里没有电视时，而大家还能天天共同待在客厅里正正经经地沟通感情。一项调查表明，“当某个家庭成员的收视偏好与群体的意愿不一致时，例如家人看的节目不是自己所喜欢的，受访者的反应依次是：无所谓、跟着家人一起看、开始干自己喜欢的事、拿电视当背景、不看了、坚持看自己喜欢的节目、转而看另一台电视”[①]。也就是说，当家人所看的节目不是自己喜欢的时候，多数人都选择无所谓或跟着家人一起看。有时，看电视不是家庭成员的目的，共处一时的温馨家庭氛围才是他们选择电视休闲的主要动机。

有人说，美国的肥皂剧之所以具有强大的生命力，是因为肥皂剧只包含四大主题：“描绘日常平凡的世界；大多是女人的天下；家庭的重要性；社会作用。”[②]四项主题都与家庭紧密相关。“故事中的事情应该以家庭方面为主，应该有重要的女性角色，最恰当的场景是家里。”[③]

但是硬币总有正反两方面，电视在集合家庭成员共同休闲方面具有强大的优势，却使家庭与家庭之间日渐隔离，人们由于有电视而更愿意待在家里，不愿外出，不愿社会交往。既然过多的收视行为可能影响人们面对面的社会交往，电视正在努力对这一点做出弥补，如调动家庭参与、共赏热情等，在节目的编排和设置上以家庭为基本单位，增强家庭的凝聚力，为家庭制造团聚气氛。在这一方面，江苏卫视走在了所有电视台前面，其在为家庭收视做出努力。《老公看你的》便是典型的为家庭参与打造的电视节目。

对于许多城市观众而言，平时因为工作繁忙缺乏与家人团聚和交流的机

① 张同道主编《电视看客——调查中国电视受众》，安徽教育出版社，2003，第350页。

② 尼古拉斯·阿伯克龙比：《电视与社会》，张水喜、鲍贵、陈光明译，南京大学出版社，2007，第44—46页。

③ 尼古拉斯·阿伯克龙比：《电视与社会》，张水喜、鲍贵、陈光明译，南京大学出版社，2007，第25页。

会，期望利用假日闲暇做弥补，常常选择在假期里居家休闲，此时电视可能成为他们的最大休闲品，但如果假日仍旧是自己守在自己房间看只有自己才喜欢的节目，将会使“家庭同乐”的满足期待无法实现，反而认为电视疏离了家庭成员之间的关系，并最终在闲暇时光里放弃电视，因此，电视台安排节目时有意识地播放一些适于家庭共同观赏的节目是必须的。

（四）直播的多重利用——满足休闲受众“围观”心理

现场直播曾经给电视观众以严肃、大气的氛围，但“随着电视直播的常态化、日常化，电视直播越来越变成提供和满足大众‘猎奇欲’和‘窥视癖’的一种‘娱乐行为’。大众在围观各种各样的‘现场’中，获得一种心理和视觉的满足感。”[①]1999年匈牙利飞行员森叶在张家界天门山上盘旋近1分钟后，成功穿越天门洞的精彩表演，让大家见识了电视直播应用于休闲领域的魅力。此后，新疆达瓦孜传人阿迪力高空走钢丝的精彩表演、古埃及金字塔现场揭秘之旅……电视直播改变着人们度过休闲时光的心理预期。

现在，日常生活中各种各样的现场直播越来越多，体育赛事直播、重大活动直播，娱乐选秀节目直播，为了制造现场感和悬念，就连整形美容也用来直播。

电视频道之所以越来越喜欢频繁地采用直播手段，是因为电视直播能吸引观众收看。“电视直播从最根本的意义上说，就是给那些由于忙碌或者种种原因造成的对于正在发生的事件和活动（这些事件未必是重大的，完全可能就像日常生活中发生在街头市井里的民间纠纷）具有某种程度的疏离、隔阂的观众提供了一次次的即时围观。”[②]从心理学的角度考量，电视直播在观众中制造了一种“即时围观”的场面，直播产生的强烈现场感和真实感，使电视直播的新闻比非现场直播的新闻更容易激发观众的围观心理。

劳拉·穆尔维在《视觉快感与叙事电影》一书中曾提出了“观看癖”这一概念，认为大众在观看电影过程中支持其看完电影的动力是一种心理上的“观看癖”的满足。与此相似，电视观众在看电视节目时也会有“观看癖”。“电视作为一种更通俗的大众媒介，自然为观众提供了观看的快感，而现场直播更容易引

① 熊忠辉、葛翔：《电视直播：灾难事件检验下的新闻实践》，《视听界》2008年第4期。

② 熊忠辉、葛翔：《电视直播：灾难事件检验下的新闻实践》，《视听界》2008年第4期。

起观众的'观看癖'，事实上，随着电视直播越来越普及化，直播越来越成为一种娱乐行为。尤其是一些地方电视台的大量市民新闻的现场直播，为了提高收视率，总是挖掘那些离奇、古怪的现场，以满足观众的猎奇心理和窥视欲望。总之，随着电视直播的日常化和普及化，实际上它离事实越来越远，日益变成了大众娱乐的一种媒体活动。"[1]

总的来看，从宏观上考察媒介的发展，方兴东的预测比较有道理。方兴东认为，未来媒介的发展主要有两种模式：大教堂模式和大集中的模式[2]，传统媒体的模式都是大教堂的模式，即少数人对所有人的传播模式。在大教堂的传播模式中，电视是最适于发挥这种优势的媒体，它视听兼有、声色俱备的特点能够让受众招之即来、一呼百应、应者云集。新媒体不会推翻大教堂模式，但是未来社会的主流将是两种传播模式互补并存的情形，也就是说，这个世界就有了新的可能性，不再是一种传播模式主导了，也不是互相填补，而是两种模式互补、融合、竞争。这两种模式之间的发展导致整个社会的传播模式发生变化，将严重影响到传媒、生活、政治、经济、社会、文化各个方面。

三、电视休闲的可作为空间

从休闲的角度看，电视在以往的传播行为中对休闲生活的探索还不够深入，从内容生产到编排手段，及整个审美倾向多数都停留在休闲的表面层次，没有充分引导受众科学合理地享受闲适生活，使休闲的质量和水平没有得到淋漓尽致的发挥。

首先，社会越发展，人们的文化素质越高，对政治等国家大事便会越关心，然而，我们国家的电视节目对国家发展、政策走向、政治管理等的深度报道还可进一步加强，以吸引广大的受众群体。

其次，节假日休闲的多元引导还有待探索。"对于一个民族来说，节日是其实现族群认同、文化传承的重要方式。节日文化通常是一个民族生活文化精神的集中展示，现代国家的节假日体系是反映一个国家根本的价值取向和民

① 曾一果：《媒介仪式与大众娱乐——关于现场直播的媒介分析》，《当代传播》2010年第5期。

② 方兴东：《新媒体动能来自于人民群众的力量》，《商务周刊》2006年第17期。

族精神状态的文化指标。”[1]电视媒介很大程度上成为在节日时营造节日气氛，共同宣泄节日情绪的公共空间和渠道。节假日的闲暇时光里，许多日常与家庭疏离的人群开始回归家庭，而平时就守着电视的观众更是无处可去，这都为电视承担起更多的社会职责提供了一个广阔的平台，轻松的娱乐节目可以排遣情绪的郁积，适时的深度报道也能提高观众的认知水平、文化素养和休闲层次。我们的电视节目在这方面还做得不够。

第三是儿童电视节目定位的模糊。中国城市儿童的主要休闲方式是在家看电视、玩耍，以及在社区中和家人、伙伴玩耍、游戏。一方面由于固定的寒暑假、周末、晚上等休闲时光，他们有大量的闲暇；另一方面由于年龄的能力水平限制和父母的管制，中国城市儿童的网络使用率还比较低，因此，很多城市儿童因父母没有时间照看，使儿童将大量时间花费在电视机前。但现实情况却是，儿童休闲的电视节目少之又少。

在寒暑假期里，儿童电视节目的单调乏味是不少青少年远离电视选择网络的主要原因。假期里他们常常年复一年地收看《西游记》《还珠格格》等几部播了一遍又一遍的电视剧。电视台不能应时而需提供与青少年同步成长的电视节目，一些电视台瞄准的是少年儿童的闲暇时间和以此可能带来的消费，却没有制作出真正适合他们需要的影视产品。这也是湖南卫视设计一档专门针对学生的节目——《超级女声》马上就受到学生们追捧的一个原因。中国儿童在电视机前消耗的闲暇时间很多，却没有人考量过收看成人剧的儿童是否真的得到了娱乐休闲。

少儿节目还有一个问题是没有年龄段区分。电视节目常常只是把“儿童”放在与“成人”相对应的概念上理解，统称为儿童节目或少儿节目，但做过父母或用心观察过孩子的人都知道，在孩子生命成长的最初阶段，甚至相隔数天，他们的成长变化也是惊人的。不同年龄段的孩子理解力、想象力和认知能力都存在着巨大的差异，然而电视节目却很少区别对待这些不一样的孩子。

除了儿童电视节目的模糊定位，老年观众常常成为电视制作者忽视的一个群体，目前中国的电视从业者呈现出越来越年轻化的倾向，他们集体无意识地在制作节目时忽略了老年观众的存在。

---

① 凌燕、杨凌：《节假日，电视不思考：从黄金电视周谈起》，《南方电视学刊》2006年第3期。

此外，农村电视休闲脱离实际。农村受众是一个特殊的群体，他们长时间农闲，具有特殊性，电视应针对性地做出符合农民休闲需求的节目。即使考虑经营效益和市场压力的原因，但是对这一部分人休闲忽略。如果不着力解决，势必影响到未来受众文化的多元性。

休闲是人生的重要时段，它能帮助人们恢复体力和智力机能。当温饱问题解决之后，怎样解决人们的过剩精力现实地摆在每个人面前。带薪休假执行和落实后，人们的休闲时间还将进一步增多，因此，研究电视的休闲和休闲传播已经成为一个应时而需的问题。既然电视充分地介入到休闲当中，对于人们关于休闲的认识和满意程度，它都发挥着重要的作用。现在的电视节目不少内容重复，缺乏个性。对于此类千篇一律内容的消费，只能算是娱乐，而无法达到休闲的境界。如果总是处于这种相互模仿的节目中，人们会感到一切都变得没有意义，因为所有的事情都好像是可以预知的。"[①]电视在人们的休闲领域到底应该扮演什么角色，目前还有很多争议，但不管怎样，对于一个有着14亿人口的大国而言，中国电视更重要的是对普通居民的日常文化休闲需求的满足。如果我们相信持批评论者的观点，认为观看暴力内容的电视节目是攻击性或暴力行为的一个原因，那么我们也同样有理由相信，观看电视亲社会行为的内容能够使人们更友好地对待他人。尽管电视内容中有可能存在着暴力、血腥，但更多的还是美好、善良和友爱，以及能带给人们快乐的内容和情节，因为电视内容在制作之时都进行了认真地审查。在此种认知的基础上探讨电视休闲的发展才有意义。

复旦大学童兵教授认为，大众传媒对休闲至少有四件事可做：1.要提出和休闲相关的各种各样的新的理念，比如提前消费、过好8小时以外的生活、充电加油、能赚会花。2.推动潮流和时尚的形成。3.塑造和领略明星的风采，如体育明星、影视明星都离不开媒体的推动和炒作。4.以内容为突破口发展传媒创意产业。[②]

宏观来看，电视与休闲的共同发展，休闲价值观和电视休闲价值观是长远发展电视需要解决的根本问题。中国的娱乐精神、休闲理念等核心内涵是什么，如何通过电视节目来反映和呈现等，比如，日本民族中娱乐精神很少，但日

---

① 杨柳：《休闲与人们的电视情结》，《采·写·编》2005年第6期。

② 童兵教授在南昌大学人文学院所作学术报告的观点。

本的媒介娱乐内容却能大行其道，值得中国传媒界研究和思考。中国的一些民间游戏内涵丰富，民族娱乐特点鲜明，民俗休闲历久不衰，但富含民族特色的独立的休闲文化体系仍然需要加强建设。电视休闲可以将散落于民间的一些游戏理念运用于电视节目的游戏设计之中。

未来电视的重要作用仍然表现为家庭室内集体休闲性，根据家庭收视行为的调查，“当家庭成员共同收看一台电视时，通常会选择热闹娱乐型节目，紧随其后的是温馨轻松型，有教育意义和刺激紧张的节目也有很大吸引力，相比之下有文化品位的节目较少受到青睐”[①]。家庭成员越多，热闹娱乐型节目的选择率越高。因此，热闹娱乐类节目将一直成为电视节目不可缺少的重要成员，制作这类节目将会有更长久的强劲的生命力，它也可能是未来电视内容发展的一个主流方向。

电视与休闲生活结合的空间和潜力还有待进一步挖掘，面对常变常新的休闲领域，电视媒介需要不断调整适应，不断寻求自身的新的定位角色。

① 张同道：《电视看客—调查中国电视受众》，安徽教育出版社，2003，第363页。

结语

作为一种理论梳理和功能分析,本书将电视受众的收视行为置于休闲学视野下进行考察,通过对时间前提、文本作用、心理期待与致效等多维度分析,得出的主要结论有:

一、时间是电视休闲的首要条件

电视是一种以时间维度所展开的传播形式,而电视传播效果的达成最终要以有人看为前提。特定时间段的生活状态直接决定了人们收看电视节目的方式和心理。不同的时间决定了不同的人群坐在电视机前,不同的时间决定着观众的生活状态,不同的时间影响着人们对电视的收视需求。时间成为联系与贯穿收看电视行为的决定性纽带。

闲暇时间和经济许可是休闲的两个重要前提条件。电视休闲活动也不例外,由于电视休闲的经济成本低廉,且变化因素单一、可选择性小,因此,闲暇时间成为电视休闲的决定性因素。利用和开发闲暇时间是电视淋漓发挥休闲功能的重要实现途径。

二、电视休闲与实体休闲相似,它带给人们的休闲感受既有消遣,也有欣赏,还有学习,存在着层次之分;而且这种休闲层次还可以相互转化。

看电视,这一休闲行为本身已经成为人们日常生活的一部分。它既有实体休闲的部分,比如家里开着电视而实际并不看,或跟着电视上的健身节目一起运动,或跟着电视上的音乐节目一起大声歌唱等,但更多的时候,电视带给人们的是虚拟休闲,是人们心理上的一种情感体验。

人们接触电视这一休闲产品时,休闲程度的深浅是可以控制和调节的。既可以专心致志,全情投入电视节目构筑的虚拟世界,与剧中人物同悲同喜;也可以三心二意,一边看电视一边同家人朋友聊天、接电话,或者与做家务等活动同时进行。具体采取何种介入程度收看电视取决于每个人当时的生活状态。比如,很多中国居民的早间是忙碌的,此时,非独占状态就成了人们收看电视的突出特点。可以说,特定时间段的生活状态直接决定了人们电视休闲的程度。是全神贯注,还是一心多用;是看听结合,还是以听为主,人们运用自如。

电视休闲的低级层次以消遣类电视休闲为主,即以消遣(打发时间)的态度来看电视,这一层次的电视休闲基本上没有思想或艺术上的追求目的。在这一层次的休闲里,人们要么百无聊赖,坐在沙发上盯着电视却想着另外的事情,也就是说形式上在看电视,精神上却在发呆或走神;要么就是让电视开着,却主要做别的事情,电视只是做其他事情时的伴随动作。

中级层次的电视休闲者以一种比较近距离的姿态跟电视机接触,在选择收视时注意力相对集中,有时甚至"胶着"在某些节目或者频道上;比较专心致志看电视,或者以看电视为主,同时做点别的对转移注意力影响不大的事,如喝水、吃零食等。观众可能会选择坐着看电视,也有可能选择经常变换姿势,但在看到自己喜欢的节目时,他们会表现出凑近电视机、鼓掌、跺脚、大笑、叫好叫骂、哭泣等幅度较大或者比较具有感染力的行为。

电视休闲的高级层次是在看电视中学习。通过电视进行学习的行为既可能是电视观众有意为之,比如收看英语节目提高自己的英语水平,也可能是电视观众在一种完全无意识的休闲状态下完成,比如当一个好看的电视剧吸引我们时,我们常常在主题曲的带领下进入了剧情,连看几集后我们可能也不自觉地学会了这一电视剧的主题曲。学习型电视休闲主要包括模仿型学习和认知型学习。

当人们无所事事打开电视时,比较靠近人类"思维惰性、追求舒适"

的低级需求;随着对电视节目的喜欢程度,人们会逐渐变化介入电视内容的深浅,一旦被电视节目所吸引,则可能产生或心理或行动上的互动,此时产生的对互动和认同的需求则更多地接近"交往、被承认"等中级需求;当电视受众在电视节目的感染下模仿学习电视内容时,他已经进入了自我实现的高级需求阶段。

三、电视文本具有一定的休闲逻辑

无论是电视新闻、综艺节目还是电视剧,其内容生产过程中都存在着明显的休闲逻辑。电视新闻从新闻价值标准中对趣味性、显著性的重视,到电视新闻叙事中对故事化叙事的追逐,都表明电视新闻文本蕴含着一定的休闲逻辑。综艺节目通过搞笑、猎奇、煽情、"消费"明星等手段,将其文本中的娱乐内涵充分地演绎出来,达到满足受众休闲娱乐的目的。电视剧文本则由于其选材的日常生活化、故事化叙事、虚构表演、慢节奏等属性,充分地满足着受众的虚拟休闲,成为电视节目中重要的组成部分。

四、电视较实体休闲的核心竞争力是其被动娱乐的心理放松感

电视之所以能为受众提供虚拟休闲主要缘于受众在电视收看过程中,从不同的电视内容中获得了放松、体验、学习等不同休闲层次的虚拟满足。

人们会为了消遣娱乐、为了放松而打开电视机,让自己处于一种完全被动放松的休闲状态。未来,这种被动放松的休闲需求仍将长期存在。

遥控器是电视休闲的一个创造性发明。遥控器看起来增加了人们主动选择的方便性,但事实上,它推动人们向被动休闲娱乐的方向更进了一步,人们坐在沙发上,懒洋洋地一按,选择便已完成,而电脑可不行,没有双手的配合操作很难实现选择的满意度。

遥控器使人们的休闲选择越来越随意,越来越方便。它让观众掌控一切的感觉,观众通过遥控器来表达自己喜欢什么样的电视节目。从电视收视率调查的角度看,遥控器使观众的收视行为变得更加主动。

电视几乎是没有门槛的，而网络则不然，不会使用网络的人大有人在，比如小孩和老人，但不会使用电视的人则几乎没有。电视使用上的这些方便之处是其他任何媒介很难超越的优势。

电视带来的“被动”休闲或惰性休闲有时正是其优势。人们并不是永远都喜欢主动性休闲的，也并不是人人都喜欢互动。劳累了一天的人们回到家，他可能什么也不想想，也不想动，就喜欢赖在沙发上变成一粒“土豆”，被动地休息一下、放松一下。只要人类还有这种需求，电视未来的生命力就会常在。

但是，加拿大传播学者麦克卢汉说过这样一句话：“那些包含了须由观众来一起完成某些过程的电视节目，是最有效的。”大众传播学者施拉姆也说过，最佳的传播效果将由受众参与而最终完成的。随着互联网带来的“平等”“主体”意识在受众之间的泛化，互动已渐渐成为大众在接触媒介时的当然逻辑需求。因此，适当地增加一些互动的内容和渠道也是电视发展的必须。

此外，在人类社会的群居背景下，受众的精神压力缓解、情感抚慰、休憩、安全感的获得等众多心理需求都需要以电视为主的媒介予以提供和满足。

五、电视在媒介休闲领域的核心竞争力是家庭式集体休闲

书报的阅读都有排他性，任何人只要在阅读，他就同时发出了一个信号：请勿打扰！电脑也给人同样的感觉，当某一个人在使用电脑时，别人很难介入其状态之中。只有电视天然地对他人有一种召唤作用，只要电视开着，它就在向周围发出不遗余力的邀请，邀请大家观看它的内容，邀请周围观众以它为中心聚合起来共同休闲。

无论从宏观层面还是从微观层面看，当代社会发展的基本单元都仍将是“以家庭为中心”。电视在聚合家庭成员方面发挥着不可替代的作用。家庭成员是长期的、亲密的、面对面交往的稳固群体，成员之间的交往比较直接，情感联系比较密切。有时候成员之间的交流只需要一个眼神，一句话，或者只是看到对方就达到了交流的功能。因此，家庭成员共

同待在客厅里，表面上看是在看电视，其实这可能是在交流和培育情感。

对于许多都市人而言，平时因为工作繁忙缺乏与家人团聚和交流的机会，期望利用假日作弥补，所以他们常常选择节假日里居家休闲，此时电视可能成为他们的最大休闲品，但如果节假日仍旧是各人守在自己房间看只有自己才喜欢的电视节目，将会使“家庭同乐”的满足期待无法实现，反而认为电视疏离了家庭成员之间的关系，并最终在闲暇时光里放弃电视，因此，部分电视台安排节目时有意识地播放一些适于家庭共同观赏的节目是必需的。

参考文献

(一)中文著作

[1]卜卫:《媒介与性别》,江苏人民出版社,2001。

[2]曹晋:《媒介与社会性别研究》,上海三联书店,2008。

[3]陈崇山、孙五三:《媒介·人·现代化》,中国社会科学出版社,1997。

[4]陈来成:《休闲学》,中山大学出版社,2009。

[5]陈立强:《电视频道的本体阐释与传播研究》,新华出版社,2007。

[6]陈龙:《在媒介与大众之间:电视文化论》,学林出版社,2001。

[7]陈鲁直:《民闲论》,中国经济出版社,2005。

[8]陈章龙、周莉著:《价值观研究》,南京师范大学出版社,2004。

[9]陈正荣:《电视第三次浪潮——解析"南京现象"》,中国传媒大学出版社,2006。

[10]陈正荣:《中国城市电视台发展报告》,中国传媒大学出版社,2007。

[11]程遂营:《北美休闲研究:学术思想的视角》,社会科学文献出版社,2009。

[12]崔欣、孙瑞祥:《大众文化与传播研究》,天津人民出版社,2005。

[13]戴元光:《戴元光自选集传学札记:心灵的诉求》,复旦大学出版社,2004。

[14]方建移、张芹:《传媒心理学》,浙江大学出版社,2004。

[15]冯友兰:《中国哲学简史》,赵复兰译,天津社会科学院出版社,2008。

[16]浮石:《非常媒介》,东方出版社,2009。

[17]高晓虹主编《电视传播思想力——在中国传媒大学听讲座》,中国传媒大学出版社,2009。

[18]高小康:《狂欢世纪——娱乐文化与现代生活方式》,河南人民出版社,

1998。

[19]高鑫等:《21世纪电视文化生存》,中国国际广播电视出版,2006。

[20]高鑫:《电视艺术学》,北京师范大学出版社,1998。

[21]高振强:《全球著名媒体经典案例剖析》,中国国际广播出版社,2003。

[22]宫承波:《新媒体概论》(第三版),中国广播电视出版社,2011。

[23]郭茜:《收入和时间双重视野下的休闲需求》,对外经济贸易大学出版社,2009。

[24]胡黎明:《"焦点现象"研究》,新华出版社,2007。

[25]胡亚敏:《叙事学》第2版,华中师范大学出版社,2004。

[26]胡任:《大众传播效果问题与对策》,新华出版社,2006。

[27]胡智锋:《电视节目策划学》,复旦大学出版社,2006。

[28]黄会林:《中国电视艺术发展史教程》,北京师范大学出版社,2006。

[29]黄会林、彭吉象、张同道、陈旭光、周安华主编《电视学导论》,高等教育出版社,2008。

[30]郎咸平:《破解娱乐传媒产业以小博大之谜》,东方出版社,2007。

[31]冷智宏、许玉琪:《电视生活服务类节目:定位、形态与包装》,中国广播电视出版社,2003。

[32]李培林:《和谐社会十讲》,社会科学文献出版社,2006。

[33]李培林:《重新崛起的日本》,中信出版社,2004。

[34]李岚、张群力:《中国电视前沿:关于理念与运作的对话》,新华出版社,2002。

[35]李仲广:《休闲经济学:闲暇与经济增长第1辑》,科学出版社,2010。

[36]李希光:《畸变的媒体》,复旦大学出版社,2003。

[37]厉新建主编《中国休闲研究:2006~2007》,旅游教育出版社,2009。

[38]梁洪浩:《外国新闻事业百题问答》,中国新闻出版社,1988。

[39]刘德谦、高舜礼、宋瑞主编《2010年中国休闲发展报告》,社会科学文献出版社,2010。

[40]刘桂林、陈万利、刘斌:《电视新闻栏目定位与运作实录》,中国广播电视出版社,2005。

[41]刘晓红、卜卫:《大众传播心理研究》,中国广播电视出版社,2001。

[42]刘习良:《中国电视史》,中国广播电视出版社,2007。

[43]刘颖悟:《三网融合与政府规制》,中国经济出版社,2005。

[44]陆地:《中国电视产业的危机与转机》,中国人民大学出版社,2002。

[45]陆扬主编《文化研究概论》,复旦大学出版社,2008。

[46]陆晔、赵民主编《当代广播电视概论》,复旦大学出版社,2010。

[47]罗钢、王中忱:《消费文化读本》,中国社会科学出版社,2003。

[48]罗鸣主编《中国发展新闻学概论》,社会科学文献出版社,2010。

[49]吕正标、王嘉:《电视新闻节目理念、形态与实务》,中国广播电视出版社,2004。

[50]马惠娣:《走向人文关怀的休闲经济》,中国经济出版社,2004。

[51]马惠娣、张景安主编《中国公众休闲状况调查》,中国经济出版社,2004。

[52]马惠娣:《休闲:人类美丽的精神家园》,中国经济出版社,2004。

[53]梅文慧、何春耕:《综艺大本营——〈快乐大本营〉娱乐模式》,中国传媒大学出版社,2007。

[54]欧阳宏生:《电视文化学》,四川大学出版社,2006。

[55]欧阳宏生:《电视传播核心价值论》,北京大学出版社,2010。

[56]欧阳宏生:《电视批评学》,北京大学出版社,2006。

[57]欧阳宏生、陈笑春、王安中主编《电视批评:理论·方法·实践》,四川大学出版社,2007。

[58]彭吉象主编《数字技术时代的中国电视》,北京大学出版社,2008。

[59]青连斌:《城市生活方式》,江西人民出版社,1991。

[60]邵培仁、陈建洲主编《传播社会学》,南京大学出版社,1994。

[61]沈国芳:《中国传媒大趋势》,四川人民出版社,2003。

[62]石长顺:《电视栏目解析》,华中科技大学出版社,2003。

[63]石培华:《新经济条件下的朝阳产业》,贵州人民出版社,2002。

[64]时统宇:《电视批评理论研究》,中国广播电视出版社,2003。

[65]孙宝国:《中国电视娱乐节目形态学》,新华出版社,2009。

[66]孙玉胜:《十年:从改变电视的语态开始》,生活·读书·新知三联书店,2003。

[67]陶东风主编《粉丝文化读本》,北京大学出版社,2009。

[68]唐世鼎、黎斌主编《世界电视节目荟萃》,中国传媒大学出版社,2005。

[69]田本相:《电视文化学》,文化艺术出版社,1990。

[70]童兵:《理论新闻传播学导论》,中国人民大学出版社,2000。

[71]童清艳:《超越传媒——揭开媒介影响受众的面纱》,中国广播电视出版社,2002。

[72]童星:《现代性的图景:多维视野与多重透视》,北京师范大学出版社,2006。

[73]汪文斌、胡正荣:《世界电视前沿III》,华艺出版社,2001。

[74]王逢振主编《电视与权力》,社会科学院出版社,2000。

[75]王广群、顾令阳主编《2009陕西电视台蓝皮书》,太白文艺出版社,2009。

[76]王珉:《终极关怀》,新华出版社,2000。

[77]王宁:《消费社会学——一个分析的视角》,社会科学文献出版社,2000。

[78]王雅林:《人类生活方式的前景》,中国社会科学院出版社,1997。

[79]王阳:《电视新闻节目中的创新思维》,中国广播电视出版社,2004。

[80]夏骏:《十字路口的中国电视》,清华大学出版社,2006。

[81]谢国明、祝昌泽:《新闻理论百题问答》,中国新闻出版社,1988。

[82]徐沁:《媒介融合论:信息化时代的存续之道》,中国传媒大学出版社,2009。

[83]徐立军、袁方:《电视播出季——频道编播创新前沿》,《中国记者》2007年第6期。

[84]叶浩生主编《西方心理学的历史与体系》,人民教育出版社,1998。

[85]叶家铮:《电视传播理论研究》,北京师范大学,2000。

[86]叶子:《电视新闻学》,北京广播学院出版社,1997。

[87]尹鸿、冉儒学、陆虹,程宏、苏峰、罗琴主编,王甫、张群力副主编《娱乐旋风——认识电视真人秀》,中国广播电视出版社,2006。

[88]于光远、马惠娣:《于光远马惠娣十年对话——关于休闲学研究的基本问题》,重庆大学出版社,2008。

[89]于光远:《论普遍有闲的社会》,中国经济出版社,2005。

[90]喻国明:《变革传媒:解析中国传媒转型问题》,华夏出版社,2005。

[91]喻国明:《媒介的市场定位——一个传播学者的实证研究》,北京广播学院出版社,2000。

[92]喻国明:《传媒影响力》,南方日报出版社,2003。

[93]云国强、吕品:《从娱乐的文化起源、本质解析电视传播的娱乐功能》,载张

国良、黄芝晓主编《全球信息化时代的华人传播研究》,复旦大学出版社,2004。

[94]赵毅衡编《符号学文学论文集》,百花文艺出版社,2004。

[95]赵毅衡:《窥者之辨——形式文化学论集》,时代文艺出版社,1996。

[96]赵毅衡:《文学符号学》,中国文联出版公司 ,1990。

[97]张国良主编《传播学原理》,复旦大学出版社,1995。

[98]张国良主编《新闻媒介与社会》,上海人民出版社,2002。

[99]张国良主编《20世纪传播学经典文本》,复旦大学出版社,2005。

[100]张海潮主编《电视中国——电视媒体竞争优势》,北京广播学院出版社,2001。

[101]张立伟:《传媒竞争法则与工具》,清华大学出版社,2007。

[102]张同道主编《电视看客——调查中国电视受众》,安徽教育出版社,2003。

[103]张同道主编《时尚拼贴——解析中国电视栏目》,安徽教育出版社,2002。

[104]张小争:《娱乐财富密码——引爆传媒心经济》,复旦大学出版社,2006。

[105]张小争、郑旭、何佳:《明星引爆传媒娱乐经济》,华夏出版社,2005。

[106]张永红:《马克思的休闲观及其当代价值》,湖南人民出版社,2010。

[107]张玉台主编《迈向全面小康:新的十年》,中国发展出版社,2010。

[108]张云、方世彤:《电视品牌战》,广东经济出版社,2004。

[109]张政、罗振宇:《理解电视的一个角度》,中国青年出版社,2000。

[110]张志安主编主笔《媒介败局》,南方日报出版社,2006。

[111]郑保卫主编《论媒介经济与传媒集团化发展》(论文集),中国人民大学出版社,2003。

[112]郑兴东:《受众心理与传媒引导》,新华出版社,1999。

[113]宗匠:《电视娱乐节目理念、设计与制作》,中国广播电视出版社,2006。

[114]周裕新:《女性社会心理》,上海社会科学院出版社,1998。

[115]朱虹:《中国广播影视发言人答问录》,中国传媒大学出版社,2010。

[116]中国广播电视年鉴社编《2010中国广播电视年鉴》,中国广播电视年鉴社2010年版。

[117]中国广播电视学会电视受众研究委员会编《电视受众探析:2004年电视受众研究获奖作品选编》,中央编译出版社,2005。

[118]李京盛主编《中国电视剧2005-2006年度发展报告》,中国传媒大学出版社,2007。

(二)外文著作

[1]阿尔文·托夫勒:《第三次浪潮》,黄明坚译,中信出版社,2006.6。

[2]爱丁顿、陈彼得:《休闲:一种转变的力量》,李一译,浙江大学出版社,2009.12。

[3]艾伦:《重组话语频道》,麦永雄、柏敬译等译,中国社会科学院出版社,2000。

[4]埃弗利特·E.丹尼斯:《媒介争论:19个重大问题的正反方辩论》,王纬等译,北京广播学院出版社,2004。

[5]丹·吉摩尔:《草根媒体》,陈建勋译,南京大学出版社,2010。

[6]丹尼尔·戴扬、伊莱休·卡茨:《媒介事件:历史的现场直播》,麻争旗译,北京广播学院出版社,2000。

[7]凡勃伦:《有闲阶级论——关于制度的经济研究》,蔡受百译,商务印书馆,1964。

[8]戈比:《你生命中的休闲》,康筝译,云南人民出版社,2000.7。

[9]赫伯特·马尔库塞:《单向度的人》,上海译文出版社,2006。

[10]詹姆斯·B.斯图尔特:《迪士尼战争》,赵恒译,中信出版社,2006.1。

[11]John H.McManus:《市场新闻业》,张磊译,新华出版社,2004。

[12]卡拉·亨德森等主编:《女性休闲:女性主义视角》,刘耳、季斌、马岚译,云南人民出版社,2000.8(2002.1重印)。

[13]隆·莱博:《思考电视》,葛忠明译,中华书局,2005。

[14] 尼尔·波兹曼(Postman,N.):《娱乐至死·童年的消逝》,章艳、吴燕莛译,广西师范大学出版社,2009.5(2009.7重印)。

[15]李普曼(Lippmann,W.):《公众舆论》,阎克文、江红译,上海人民出版社,2006。

[16]里斯、特劳特:《营销战》(修订版),李正栓、贾纪芳译,中国财政经济出版社,2002.8。

[17]罗伯特·C.艾伦:《重组话语频道》,麦永雄等译,中国社社会科学出版社,2000。

[18]伦纳德·小唐尼、罗伯特·G.凯泽:《美国人和他们的新闻》,党生翠、金梅、

郭青译，辽宁教育出版社，2003。

[19]马斯洛：《人性能达到的境界》，马良诚译，陕西师范大学出版社，2010。

[20]迈克尔·J.沃尔夫：《娱乐经济》，黄光伟、邓盛华译，光明日报出版社，2001。

[21]默多克、刘长乐：《东西论剑：东西方传媒大亨的对话》，北京出版社，2006。

[22]彼得·F.德鲁克：《已经发生的未来》，许志强译，东方出版社，2009。

[23]派恩、吉尔摩：《体验经济》（修订版），夏业良、曹伟等译，机械工业出版社，2008.4。

[24]施拉姆、波特：《传播学概论》，何道宽译，中国人民大学出版社，2010。

[25]苏珊·朗格：《情感与形式》，刘大基、傅志强、周发祥译，中国社会科学版社，1986。

[26]托马斯·古德尔、杰弗瑞·戈比：《人类思想史中的休闲》，成素梅等译，云南人民出版社，2000.8。

[27]沃纳·塞弗林等：《传播理论起源、方法与应用》，华夏出版社，2000。

[28]W.兰斯·班尼特：《新闻：政治的幻想》，杨晓红、王家全译，当代中国出版社，2005。

[29]威尔伯·施拉姆、威廉·波特：《传播学概论》，何道宽译，中国人民大学出版社，2010。

[30]约翰·菲斯克斯：《电视文化》，张鲲、祁阿红译，商务印书馆，2005。

[31]戴维·莫利：《电视、受众与文化研究》，史安斌译，新华出版社，2005。

[32]格雷姆·伯顿：《媒体与社会——批判的视角》，史安斌主译，清华大学出版社，2007。

[33]詹姆斯·卡伦：《媒体与权力》，史安斌、董关鹏译，清华大学出版社，2006。

[34]泰玛·利贝斯：《意义的输出，〈达拉斯〉的跨文化解读》，刘自雄译，华夏出版社，2003。

[35]凯伦·桑德斯主编《道德与新闻》，洪伟译，复旦大学出版社，2007。

[36]迈克·费瑟斯通：《消费文化与后现代主义》，刘精明译，译林出版社，2000。

[37]约翰·米尔顿：《论出版自由》，吴之椿译，商务印书馆，1958。

[38]约翰·塔洛克：《电视受众研究——文化理论与方法》，严忠志译，商务印书馆，2004。

[39]尼古拉斯·阿伯克龙比：《电视与社会》，张永喜、鲍贵、陈光明译，南京大学

出版社,2000.9。

[40]罗杰·迪金森、拉马斯瓦米·哈里德拉纳斯、奥尔加·林耐编《受众研究读本》,单波译,华夏出版社,2006.6。

[41]肖克罗斯:《默多克传》,樊新志等译,世界知识出版社,2001.9。

[42]麦奎尔(McQuail,D.):《麦奎尔大众传播理论》(第四版),崔保国、李琨译,清华大学出版社,2006.7。

[43]丹尼尔·麦奎尔:《受众分析》,刘燕南、李颖、杨振荣译,中国人民大学出版社,2006。

[44]马歇尔·麦克卢汉:《理解媒介——论人的延伸》,何道宽泽,商务印书馆,2004。

[45]马尔库塞:《审美之维》,广西师范大学出版社,2001。

[46]乔治·瑞泽尔:《后现代社会理论》,谢立中等译,华夏出版社,2003。

[47]约翰·R.霍尔、玛丽·乔·尼兹:《文化:社会学的视野》,周晓红、徐彬译,商务印书馆,2004。

[48]约翰·费斯克:《理解大众文化》,王晓珏、宋伟杰译,中央编译出版社,2001。

[49]皮埃尔·布尔迪厄:《关于电视》,许钧译,辽宁教育出版社,2000。

[50]罗歇·苏:《休闲》,姜依群译,商务印书馆,1996。

[51]让·鲍德里亚:《消费社会》(3版),刘成富、全志钢译,南京大学出版社,2008.10。

[52]孙海植等:《休闲学》,朴松爱、李仲广译,东北财经大学出版社,2005.10。

[53]W.钱·金、勒妮·莫博涅:《蓝海战略:超越产业竞争,开创全新市场》,吉宓译,商务印书馆,2005。

[54]竹内郁郎:《大众传播社会学》,张国良译,复旦大学出版社,1989。

[55]Simon Cottle主编《新闻、公共关系与权力》,李兆丰、石琳译,复旦大学出版社,2007。

[56]麦克卢汉:《机器新娘——工业人的民俗》,何道宽译,中国人民大学出版社,2004。

[57]哈贝马斯:《公共领域的结构转型》,上海:学林出版社,1999。

[58]罗兰·巴特:《符号学原理》,李幼蒸译,中国人民大学出版社,2008。

[59]密苏里新闻学院写作组:《新闻写作教程》(中译本),新华出版社,1986。

（三）论文

[1]阿明:《对当前新闻“娱乐化”的思考》,《五月风》2007年6月。

[2]蔡贻象:《合法化的快感:电视的休闲文化策略》,《文艺研究》2004年第3期。

[3]陈瑞娟:《浅析K歌节目的流行》,《青年记者》2009年第14期。

[4]陈绍富:《从〈本周〉看电视新闻传播的平民化理念》,《重庆工商大学学报》2005年1月。

[5]陈世斌:《城市休闲产业合理规模评价研究》,《生产力研究》2006年第7期。

[6]陈晓洲、周欣欣:《2010年中国电视市场收视动态》,《现代传播》2011年第5期。

[7]陈新:《也说新闻娱乐化》,《新闻知识》2007年第1期。

[8]杜友君、赵芳芳:《休闲理念与假日电视新闻创新》,《现代传播》双月刊2008年第5期。

[9]方兴东:《新媒体的发展动能主要是来自于人民群众的力量》,参见搜狐财经《“新媒体的冲击”——商界名家共商互联网新发展》。

[10]冯涛:《浅谈电视广告传播的优势》,《新闻传播》2010年第7期。

[11]冯夏萍:《从综艺节目的嬗变看电视娱乐功能的开发》,《当代电视》2007年第1期。

[12]冯资荣:《电视休闲文化的和谐功能初探》,《学术研究动态》2007年第5期。

[13]高莹:《大众媒介的休闲传播责任》,《魅力中国》2009年第12期。

[14]高延华:《媒体在休闲生活中应更有作为》,《新闻战线》2008年第11期。

[15]高原:《周立波海派清口的艺术创新》,《现代传播》2010年第5期。

[16]耿文婷:《美感文艺与快感文艺》,《清化大学学报》(哲社版)2003年第5期。

[17]苟德培:《“开心农场不开心”的媒介帮闲学透视》,《营销学苑》2010年第2期。

[18]郭晋晖:《“脱口秀”在中国——试评近年兴起的电视谈话节目》,《文艺争鸣》2002年第2期。

[19]郭永建:《整合营销传播理论在我国休闲业中的应用研究》,《中国市场》2008年第49期。

[20]胡莉霞、谭天:《打造电视节目的“黄金周”》,《新闻与写作》2005年第5期。

[21]胡秀梅:《电视休闲与休闲电视》,《声屏世界》1998年12期。

[22]黄和节、陈荣美:《新闻娱乐化:形式与功能的错位——对当前新闻的娱乐化倾向的新探索》,《当代传播》2002年第5期。

[23]黄蓉芳:《我国新闻受众中的女性缺席》,《新闻与传播研究》2000年第6期。

[24]靳智伟:《最大众化的营销方式——娱乐营销》,《第二届“广告价值最大化”系列论坛之——娱乐营销高峰论坛》,《广告主》2006年第5期。

[25]金玉萍:《媒介中的国家认同建构—以春节联欢晚会为例》,《理论界》2010年第1期。

[26]赖大仁:《大众娱乐文化的一个“范本”——“超女现象”的文化解读》,《现代传播》2006年第1期。

[27]雷静、卢佳音:《浅谈跨年晚会发展策略—以台北跨年晚会为例》,《中国科技信息》2010年第14期。

[28]李碧森:《试析新时期电视媒体的功能》,《青年记者》2009年第7B期。

[29]李建凯:《浅析“假日电视”的编排策略》,《山西电视》2004年12月。

[30]李建凯:《别让“假日电视”停留在概念上》,《广告大观》(综合版)2005年第1期。

[31]李立、李强:《我们应该怎样娱乐?:电视娱乐节目之感悟》,《现代视听》2011年第10期。

[32]李立功:《理性的回归改革的突破———为我国第一个公益频道喝彩》,《声屏世界》2011年第7期。

[33]李瑞植、邱秀桐:《我国内地电视娱乐节目解析》,《新闻前哨》2004年第6期。

[34]李婷:《电视与休闲文化》,《科教文汇》2006年07期上半月刊。

[35]李文、姜勇:《新传播形态下城市电视媒体新闻传播竞争策略》,《视听纵横》2010年第4期。

[36]李幸:《新的传播环境与电视节目编排》,《现代传播》2010年第2期。

[37]李幸:《电视是这个世界上唯一的家庭传媒》,《综艺报》2010年7月上。

[38]李永周、张雨、官媛媛:《我国休闲经济发展与居民消费力提升战略研究》,《消费经济》2010年01期。

[39]梁勇:《关注城市晚间休闲经济》,燕赵政协新闻网 http://www.zxxw.gov.cn/ReadNews. asp? NewsID=676&BigClassName= % C8%C8%B5%E3%BE% DB% BD%B9&SmallClassName=%C8%C8%B5%E3%BE%DB%BD%B9&SpecialID=0

[40]凌燕、杨凌:《节假日,电视不思考?——从黄金周电视谈起》,《南方电视学刊》2006年第3期。

[41]刘红霞:《我国体育新闻娱乐化的成因探析》,《沈阳体育学院学报》2008年第1期。

[42]刘慧梅、黄健:《儒家德性伦理与中国休闲伦理建设》,《浙江大学学报》(人文社科版)2008牛第4期。

[43]刘凌:《新闻的故事化问题研究》,《新闻天地》(下半月刊)2011年第7期。

[44]刘正勇:《"假日电视"随想》,《电视研究》2001年04期。

[45]楼姗姗:《从休闲传播的角度看"播客"现象》,《广西师范学院学报哲学社会科学版》2006年7月。

[46]马惠娣:《人类文化思想史中的休闲—历史·文化·哲学的视角》,《自然辩证法研究》2003年01期。

[47]马惠娣:《推动我国休闲产业发展的几点建议》,《中国软科学》。

[48]马臻宇,孙一楠:《管窥中国假日电视》,《山东视听》2006年第3期。

[49]梅柏青:《子德:休闲产业是关注人的产业》,《成都日报》2007年6月25日。

[50]苗棣:《电视剧的自然化技巧》,《北京广播学院学报》1994年第2期。

[51]牟婕:《谈新闻娱乐化》,《山东视听》2005年第1期。

[52]南振中:《普及中国特色的"休闲学"》,《中国记者》2006年第06期。

[53]欧阳海燕:《公益休闲时代来啦》,《小康》2010年第10期。

[54]邱锴俊:《娱乐资讯节目评析》,央视国际网站 http://www.cctv.com/tvguide/tvcomment/special/ 2005/05/12,10:55

[55]宋楠:《新闻娱乐化的价值分析》,《记者摇篮》2007年第3期。

[56]宋瑞:《休闲研究:社会文化与经济发展的新课题》,《2002~2004年中国旅游发展:分析与预测》。

[57]宋妍:《构建和谐社会打造新闻媒介的休闲时空》,《新闻传播》2005年第6期。

[58]司磊、沈久城、刘元强:《试论“休闲体育”与“体育休闲”》,《体育文化导刊》2006年第4期。

[59]拾景炎:《“快乐至上”传播思想的人文审视》,《扬州大学学报》2003年第6期。

[60]石培华、冯凌、于靖:《文件解读:<国民休闲纲要>指导思想与主要内容》,中国网 http://www.china.com.cn/travel /txt/2010-04/27/content_19920108.htm

[61]孙宝国:《电视娱乐节目形态的概念、分类与特性》,《北方传媒研究》2009年第5期。

[62]孙晓伟、付道华:《我国休闲体育传播的现状和趋势》,《体育文化导刊》2008年第3期。

[63]谭天、项盈:《从“栏目运作”到“项目管理”——假日电视的突破》,《视听界》2006年第2期。

[64]唐晓煜、王强、朱文峰:《新闻娱乐化趋势之反思》,《新闻前哨》2004年第7期。

[65]王涛:《新闻的娱乐化将何去何从—对新闻的娱乐化的扫描与思考》,新华网2007年4月。

[66]王进:《休闲与生活质量的理论辨析》,《体育科学》2005年第11期。

[67]王宁:《电视深刻地改变了人们的文化生活》,《南方日报》2004年3月11日。

[68]王玲玲:《大众传播对现代休闲理念的影响与作用》,《浙江社会科学》2005年第4期。

[69]王玲玲:《传播视野中休闲理念的现状及其未来构建》,《湖南休闲网信息中心》2007年1月4日。

[70]王玲玲、刘慧梅:《当下大众媒体的休闲传播意识及其话语方式—以杭州〈杭州日报〉〈钱江晚报〉〈都市快报〉分析为例》,《中国传媒报告》2010年第3期。

[71]王玲玲:《关于休闲传播的现状与未来构建》,《自然辩证法研究》2006年第10期。

[72]王小本:《论娱乐新闻和新闻的娱乐化》,《风尘花絮》2007年7月。

[73]王彦:《新闻娱乐化的源与流》,《浙江大学学报》(人文社会科学版)2006年第3期。

[74]王琪延:《中国城市职工生产时间分配研究》,《统计研究》1998年06期。

[75]王琪延:《对我国休闲经济发展战略的思考》,爱思想网 http://www.aisixi-

ang.com/data/30380.html

[76]王裕桂、王进、高红艳:《媒体互动促进城市居民体育休闲意识的实证研究—以杭州市民为例》,《中国体育科技月刊》。

[77]王裕桂、王进:《媒体传播对城市居民体育休闲价值观的影响研究》,《山东体育学院学报》2009年1月第1期。

[78]吴春光:《谈谈人本主义心理学在电视传播中的应用》,《新闻传播》2010年第9期。

[79]吴迪:《文化透视:通俗剧兴盛的原因及价值取向》,《当代电影》(北京)1994年第6期。

[80]吴文新、张乐:《休闲:社会主义和谐社会的润滑剂》,《山东科技大学学报》(社会科学版)2005年第4期。

[81]吴卫华:《从重庆卫视改版看我国公益频道的发展》,《传媒》2011年第8期。

[82]吴郁:《"说新闻"口语、方言词汇运用对风格的影响》,《中国广播电视学刊》2003年第2期。

[83]肖亚丽:《论"说新闻"的语言特色:以北京电视台〈第七日〉为例》,《新闻爱好者》2009年14期。

[84]逍遥小仙人:《新闻的娱乐化趋势探析》,《驿钊传媒学习》2004年6月。

[85]肖云:《新闻娱乐化的辩证批判》,《西南民族大学学报(人文社科版)》2005年第5期。

[86]解玺璋:《喧嚣与寂寞——1991年国产电视剧述评》,《电视剧》(陕西)1992年第10期。

[87]解玺璋:《大众文化的误读》,复印报刊资料电影、电视艺术研究1993年第10期。

[88]谢建华:《"迷墙"透视信息泡沫与快乐强制》,《南方电视学刊》2003年第6期。

[89]谢勤亮:《关注百姓生活 体现人文关怀——评说央视〈本周〉节目》,《中国广播电视学刊》2003年第3期。

[90]谢耘耕、唐禾:《2006中国电视娱乐节目报告》,《现代传播》2006年第6期。

[91]熊忠辉:《电视直播:即时围观的重构》,中华传媒学术网 http://academic.mediachina.net

[92]邢卓:《试论电视的文化属性在新媒介技术下的发扬》,《新闻传播》2011年

第5期。

[93]闫朝:《叙事性原则在新闻节目中应用探讨——从〈本周〉看新闻节目主持人如何讲故事》,《济源职业技术学院学报》2009年02期。

[94]央视国际:《漫话百年休闲》,中国管理传播网2004年12月26日。

[95]杨金鹏:《新闻娱乐化与传媒责任》,《青年记者》2004年第9期。

[96]杨柳:《休闲与人们的电视情结》,《采写编》2005年第6期。

[97]杨朕宇:《1930年代上海女性休闲空间的移换与拓展—以〈新闻报〉广告为视角》,《新闻大学》2009年第3期。

[98]尹鸿:《冲突与共谋——论中国电视剧的文化策略》,《文艺研究》2001年第6期。

[99]尹鸿、阳代慧:《家庭故事·日常经验·生活戏剧·主流意识:中国电视剧艺术传统》,《现代传播》2004年第5期。

[100]于长洪、何丰伦、葛素表:《1140多个"双休日"撬动2万亿大市场"休养生息"促进社会和谐发展》,新华网北京5月5日专电。

[101]赵宏伟、陈铁轮:《紧扣市场经济脉搏　搞好新闻策划》,《新闻传播》2010年第9期。

[102]张德胜、赵小峰、张伟、嵇玲:《休闲体育文化传播方式研究》,《当代传播》2007年第4期。

[103]张辉、王雯聪:《基于多元统计分析方法研究电视剧收视特征及影响因素》,《现代传播》2011年第6期。

[104]张霁、黄基秉:《试论微博的休闲传播》,《成都大学学报》(社科版)2010年第5期。

[105]张立伟:《工业化和信息化时代的休闲传播》,《当代传播》2009年第6期。

[106]张小争:《平民娱乐节目的"三国演义"》,《经理人》2006年第1期。

[107]张小争:《视频广告:媒体化才有出路》,《成功营销》2007年第9期。

[108]张小争:《视频新媒体的疯狂》,《经理人》2006年第10期。

[109]张小争:《文化力量主导产业未来》,《企业文化》2007年第8期。

[110]张小争:《娱乐业对传媒业的依赖与渗透》,《青年记者》2007年第5期。

[111]张小争:《直播购物:整合销售革命》,《成功营销》2007年第4期。

[112]张小争、喻国明:《资本在中国传媒市场的运作空间有多大?》,《传媒观察》2003年第2期。

[113]章旭清:《浅论新闻娱乐化倾向》,《新闻爱好者》2004年第2期。

[114]章云:《娱乐经济时代中国电视综艺晚会的现状与出路分析》,《魅力中国》2010年第11期。

[115]张文娟:《中国电视生态失衡的八大症候》,《现代传播》2010第8期。

[116]张星月:《快餐文化下的跨年晚会》,《魅力中国》2009年第27期。

[117]曾一果:《媒介仪式与大众娱乐—关于现场直播的媒介分析》,《当代传播》2010年第5期。

[118]曾志华:《电视与休闲生活的相互渗透和矛盾现象解读》,《山东视听》2005年第3期。

[119]曾庆瑞:《艺术事业、文化产业与大众文化的混沌和迷失 ——略论中国电视剧的社会角色和文化策略并与尹鸿先生商榷》,《现代传播》2002年第7期。

[120]曾庆瑞:《守望电视剧的精神家园:回眸20世纪90年人一声电视剧文化的较量》,《杭州师范学院学报》2000年第2、4期。

[121]郑维东:《体育的电视盛宴》,《广告人》2010年第8期。

[122]朱虹:《中国影视业的回顾与前瞻》,深圳市公益讲座,九九票务网http://www.99699.com/html/24/t-8524.html

[123]朱慧松:《娱乐节目,别拿孩子逗乐》,《中华新闻报》2003年6月16日。

[124]庄毓绵:《论传播媒介对休闲的影响》,《新闻世界》2010年第1期。

[125]《世界休闲杭州共识发布 发达和发展中国家看法趋同》,中国广播网。

[126]《小论现代人日常休闲方式对广告传播的影响》,百度文库。

[127]《2007休闲发展国际论坛文字直播》,浙江在线新闻网站2007年11月06日,www.zjol.com.cn

[128]《从旅游卫视看大众传媒中的旅游信息传播》,中国旅游新闻网http://www.cntour2.com/viewnews/20081022/Brand/20081022145652962.htm

[129]《假日生活与假日电视》,中华传媒网传媒社区传媒人论坛http://bbs.mediachina.net/index_bbs_show.php? id=74986

[130]杨状振:《21世纪中国电视批评发展研究》,四川大学2010年博士论文。

[131]欧阳照:《电视新闻传播的叙事学研究》,四川大学2008年博士论文。

[132]张敏:《大众传媒对城市老年人休闲生活的影响》,华中农业大学2007年硕士论文。

[133]夏志梅:《大众传播对都市青年白领休闲生活方式的影响研究》,华中农

业大学2006年硕士学位论文。

[134]解菲:《城市大众媒体休闲传播的文本研究:以杭州都市类报纸为研究对象》,浙江大学2010年硕士学位论文。

[135]阳辉:《电视对城市女性休闲生活的影响研究——以长沙市为例》,湖南师范大学2009年硕士学位论文。

[136]赵元元:《大众传媒界与现代人的休闲生活》,吉林大学硕士学位论文。